商务谈判与礼仪

田南生 主编

清华大学出版社
北京

内 容 简 介

本书旨在满足高职高专院校相关教学的需要,将理论与实践有机融合,贴近时代、社会和实际。全书包括认识商务谈判与礼仪、商务谈判的准备、商务谈判的过程、商务谈判的语言沟通、个人礼仪、交际礼仪六章内容,每章由学习目标、案例导入、基础知识和课后练习构成,在基础知识中设计了"小贴士""小案例""小故事""小幽默""课堂训练"等栏目,并充实了许多图片和表格,顺应了当今碎片化阅读特点,增加了可读性、趣味性、指导性和可操作性。

本书是高职高专院校国际贸易、商务英语、商务日语、应用韩语、电子商务、金融保险、报关与国际货运、市场营销等商科各专业的基础课教材,同时也是商务人士的学习参考书和企业培训用书。

本书封面贴有清华大学出版社防伪标签,无标签者不得销售。
版权所有,侵权必究。举报: 010-62782989, beiqinquan@tup.tsinghua.edu.cn。

图书在版编目(CIP)数据

商务谈判与礼仪/田南生主编. —北京: 清华大学出版社,2020.4(2024.6重印)
ISBN 978-7-302-55029-7

Ⅰ.①商… Ⅱ.①田… Ⅲ.①商务谈判—高等学校—教材 ②商务—礼仪—高等学校—教材 Ⅳ.①F715.4 ②F718

中国版本图书馆 CIP 数据核字(2020)第 040751 号

责任编辑: 张龙卿
封面设计: 徐日强
责任校对: 赵琳爽
责任印制: 沈 露

出版发行: 清华大学出版社
网　　址: https://www.tup.com.cn, https://www.wqxuetang.com
地　　址: 北京清华大学学研大厦 A 座　　　　邮　编: 100084
社 总 机: 010-83470000　　　　　　　　　　　邮　购: 010-62786544
投稿与读者服务: 010-62776969, c-service@tup.tsinghua.edu.cn
质量反馈: 010-62772015, zhiliang@tup.tsinghua.edu.cn
课件下载: https://www.tup.com.cn,010-83470410

印 装 者: 涿州市般润文化传播有限公司
经　　销: 全国新华书店
开　　本: 185mm×260mm　　印　张: 15.5　　字　数: 350 千字
版　　次: 2020 年 4 月第 1 版　　　　　　　印　次: 2024 年 6 月第 5 次印刷
定　　价: 49.00 元

产品编号: 086058-01

前言

习近平总书记在党的二十大报告中指出：教育、科技、人才是全面建设社会主义现代化国家的基础性、战略性支撑；必须坚持科技是第一生产力、人才是第一资源、创新是第一动力；深入实施科教兴国战略、人才强国战略、创新驱动发展战略，这三大战略共同服务于创新型国家的建设。

每个人都生活在一张巨大的谈判桌上，无论你是否喜欢，都需要与他人进行谈判。任何一次商务活动都离不开商务谈判，商务谈判既是一门科学，又是一门艺术，带有很强的技巧性，在社会生活中占据着重要地位。在商务谈判中，熟练运用谈判技巧以及得体的礼仪表现直接影响着商务谈判的成效和经济效益的实现。

基于此，为了满足高职高专院校相关教学的需要，我们大胆尝试，将"商务谈判"和"商务礼仪"两门课程有机融合成一门课程——"商务谈判与礼仪"，并有针对性地编写了本书。全书包括认识商务谈判与礼仪、商务谈判的准备、商务谈判的过程、商务谈判的语言沟通、个人礼仪、交际礼仪六章内容。它将理论与实践有机融合，贴近时代、贴近社会、贴近实际，使当代大学生不但能够掌握商务谈判的策略与技巧，而且能够熟悉商务谈判过程中所涉及的礼仪，从而获得多方面素质与能力的提升。

本书由田南生任主编，刘晓燕、高琳任副主编，具体分工如下：田南生编写第一章、第二章和第三章；刘晓燕编写第六章；高琳编写第五章；张岩松、韩金、薛大明编写第四章。全书由刘晓燕统稿并完成PPT课件、课后练习参考答案等工作。

本书在编写过程中，博采众家之说，参考颇多，在此向各位专家学者深表谢意。有些资料是参考互联网上发布或转发的信息，在此也向各位原作者所付出的辛勤劳动表示衷心的感谢。

由于本书的编写是新的尝试，不当之处敬请读者指正。

编　者

2023年1月

目录

第一章 认识商务谈判与礼仪 ……………………………………………… 1
学习目标 ………………………………………………………………… 1
案例导入 ………………………………………………………………… 1
第一节 认识商务谈判 …………………………………………………… 1
一、谈判概述 ………………………………………………………… 2
二、商务谈判的概念与特点 ………………………………………… 7
三、商务谈判的类型与原则 ………………………………………… 10
四、国际商务谈判 …………………………………………………… 13
第二节 认识礼仪 ………………………………………………………… 17
一、礼仪的含义和特征 ……………………………………………… 17
二、礼仪的原则与功能 ……………………………………………… 19
三、礼仪修养的方法 ………………………………………………… 23
课后练习 ………………………………………………………………… 26

第二章 商务谈判的准备 …………………………………………………… 27
学习目标 ………………………………………………………………… 27
案例导入 ………………………………………………………………… 27
第一节 商务谈判的背景调查 …………………………………………… 27
一、政治状况 ………………………………………………………… 28
二、经济条件 ………………………………………………………… 29
三、政策法令 ………………………………………………………… 29
四、宗教信仰 ………………………………………………………… 30
五、文化习俗 ………………………………………………………… 30
六、商业习惯 ………………………………………………………… 31
七、基础设施 ………………………………………………………… 31
第二节 商务谈判人员的组织 …………………………………………… 32
一、谈判的人员准备 ………………………………………………… 32
二、合格谈判小组的标准 …………………………………………… 34
三、谈判人员的素质和能力 ………………………………………… 35

第三节 商务谈判信息的准备 …………………………………… 38
　一、谈判信息收集的内容 …………………………………… 38
　二、谈判信息收集的原则 …………………………………… 41
　三、谈判信息收集的渠道 …………………………………… 42
　四、谈判信息收集的方法 …………………………………… 43
　五、谈判收集信息的处理 …………………………………… 45
第四节 商务谈判方案的拟订 …………………………………… 47
　一、谈判方案的基本要求 …………………………………… 47
　二、谈判方案的拟订过程 …………………………………… 47
第五节 商务谈判时空的选择 …………………………………… 51
　一、谈判时间的选择 ………………………………………… 51
　二、谈判地点的选择 ………………………………………… 53
　三、谈判场地的布置 ………………………………………… 55
第六节 模拟商务谈判的实施 …………………………………… 59
　一、模拟谈判的必要性 ……………………………………… 59
　二、模拟谈判的方式 ………………………………………… 60
　三、模拟谈判的方法 ………………………………………… 60
　四、模拟谈判的总结 ………………………………………… 61
课后练习 ………………………………………………………… 62

第三章 商务谈判的过程 ……………………………………… 65
学习目标 ………………………………………………………… 65
案例导入 ………………………………………………………… 65
第一节 商务谈判的开局阶段 …………………………………… 67
　一、开局的基本任务 ………………………………………… 68
　二、谈判开局的方式 ………………………………………… 70
　三、营造开局气氛 …………………………………………… 72
　四、谈判开局的策略 ………………………………………… 76
第二节 商务谈判的报价阶段 …………………………………… 80
　一、影响价格的因素 ………………………………………… 80
　二、报价的形式 ……………………………………………… 82
　三、报价的时机选择 ………………………………………… 83
　四、报价的原则 ……………………………………………… 84
　五、报价的策略 ……………………………………………… 86
　六、应价的策略 ……………………………………………… 87
第三节 商务谈判的磋商阶段 …………………………………… 88
　一、谈判磋商的原则 ………………………………………… 89

二、讨价 ………………………………………………………… 90
　　三、还价 ………………………………………………………… 91
　　四、让步 ………………………………………………………… 94
　　五、谈判僵局的处理 …………………………………………… 98
　第四节　商务谈判的成交阶段 ……………………………………… 105
　　一、谈判成交的主要标志 ……………………………………… 105
　　二、成交促成的常用方法 ……………………………………… 106
　　三、协议的工作细节 …………………………………………… 109
　　四、签约阶段策略 ……………………………………………… 110
　　五、签订书面合同 ……………………………………………… 113
　　六、合同签订后的谈判任务 …………………………………… 115
　课后练习 ……………………………………………………………… 118

第四章　商务谈判的语言沟通 …………………………………………… 122
　学习目标 ……………………………………………………………… 122
　案例导入 ……………………………………………………………… 122
　第一节　商务谈判语言的特征 ……………………………………… 123
　　一、目的性 ……………………………………………………… 123
　　二、灵活性 ……………………………………………………… 123
　　三、策略性 ……………………………………………………… 124
　　四、反馈性 ……………………………………………………… 125
　第二节　商务谈判语言沟通的技巧 ………………………………… 125
　　一、积极倾听，用心理解 ……………………………………… 126
　　二、善于提问，控制局面 ……………………………………… 127
　　三、巧妙回答，避实就虚 ……………………………………… 128
　　四、说服对手，讲究技巧 ……………………………………… 131
　　五、婉言拒绝，不伤情面 ……………………………………… 135
　　六、摆脱窘境，反败为胜 ……………………………………… 137
　课后练习 ……………………………………………………………… 138

第五章　个人礼仪 ………………………………………………………… 140
　学习目标 ……………………………………………………………… 140
　案例导入 ……………………………………………………………… 140
　第一节　仪容礼仪 …………………………………………………… 141
　　一、仪容基本要求 ……………………………………………… 141
　　二、化妆适度 …………………………………………………… 144
　　三、发型美观 …………………………………………………… 147
　第二节　服饰礼仪 …………………………………………………… 151
　　一、着装基本要求 ……………………………………………… 151

二、男士西装穿着 …………………………………………… 154
　　三、女士西服套裙穿着 ………………………………………… 158
第三节　仪态礼仪 ……………………………………………………… 161
　　一、体态 ………………………………………………………… 161
　　二、表情 ………………………………………………………… 166
　　三、手势 ………………………………………………………… 169
　　四、举止 ………………………………………………………… 174
课后练习 ………………………………………………………………… 176

第六章　交际礼仪 …………………………………………………… 180
　学习目标 ……………………………………………………………… 180
　案例导入 ……………………………………………………………… 180
　第一节　通联礼仪 …………………………………………………… 181
　　一、电话礼仪 …………………………………………………… 181
　　二、网络礼仪 …………………………………………………… 186
　第二节　旅行礼仪 …………………………………………………… 190
　　一、旅行的准备 ………………………………………………… 190
　　二、旅途礼仪 …………………………………………………… 191
　　三、入住酒店礼仪 ……………………………………………… 198
　第三节　迎送礼仪 …………………………………………………… 201
　　一、确定迎送规格 ……………………………………………… 201
　　二、制订迎送计划 ……………………………………………… 202
　　三、掌握抵离时间 ……………………………………………… 203
　　四、陪车与食宿 ………………………………………………… 203
　　五、礼貌地送别 ………………………………………………… 204
　第四节　会见礼仪 …………………………………………………… 206
　　一、会见的准备工作 …………………………………………… 206
　　二、会见时的礼仪 ……………………………………………… 207
　第五节　交谈礼仪 …………………………………………………… 220
　　一、使用礼貌用语 ……………………………………………… 220
　　二、讲究声音之美 ……………………………………………… 221
　　三、做到神情专注 ……………………………………………… 221
　　四、控制发言时间 ……………………………………………… 222
　　五、提高谈话兴趣 ……………………………………………… 222
　第六节　参观礼仪 …………………………………………………… 223
　　一、参观计划的安排 …………………………………………… 223
　　二、陪同参观的礼仪 …………………………………………… 224

第七节　签约礼仪 …………………………………………………… 225
      一、签约仪式的准备 ……………………………………………… 225
      二、签约仪式的程序 ……………………………………………… 229
   课后练习 …………………………………………………………… 231

参考文献 ……………………………………………………………… 234

第一章 认识商务谈判与礼仪

人有礼则安,无礼则危。故曰:礼者不可不学也。

——《礼记·曲礼》

你的现实世界是一个巨大的谈判桌,不管你愿意与否,你都是一个谈判者。

——(美国)荷伯·科恩

学习目标

- 明确谈判的概念、构成要素和基本原理。
- 把握商务谈判的概念、特点、类型和原则。
- 了解国际商务谈判的概念、特点与类型。
- 把握礼仪的含义、特性和功能。
- 遵循礼仪的原则。
- 加强礼仪的修养。

开局不利的谈判

经过长期洽谈之后,南方某市的一家公司终于同美国的一家跨国公司谈妥了一大笔生意,双方在达成合约之后,决定正式为此举办一次签字仪式。工作人员进行了精心的准备,他们准备了签字桌、双方国家的国旗等,并按照中国的做法"以左为上"的原则,将中方国旗摆到了签字桌的右侧,将美国国旗摆到了签字桌的左侧。结果美国人一见就很生气,差一点"临场变卦"。

资料来源:廖华. 现代商务礼仪复习提纲及答案[EB/OL].[2004-02-01]. http://www.wodefanwen.com/lhd_9abfc04c8s4ddq343gvt_5.html.

问题:在商务谈判中,应注意遵循哪些礼仪规范?

第一节 认识商务谈判

谈判是人类交往行为中一种非常广泛和普遍的社会现象。大到国家之间的政治、军事、外交、科技、文化的相互往来(如我国"入世"谈判),小到个人之间的交往(如商议去哪里度假),都离不开谈判。随着市场经济及全球经济一体化进程的飞速发展,经济领域的谈判,特别是商务谈判,在社会生活中扮演着越来越重要的角色。

一、谈判概述

1. 谈判的概念与特征

谈判说起来既简单又复杂。说它简单,是因为谈判与我们的生活息息相关,随处可见;说它复杂,是因为它的内容极为广泛,是一项充满智慧、勇气,又充满艺术和技巧的人类活动,要给它下一个准确的定义,并不是一件容易的事。在给谈判下一个准确而完整的定义之前,我们首先来看看谈判的几个基本特征。

(1) 非单一性。谈判不能是自己跟自己谈判,必须要有两方或多方参与,这是谈判的首要特征。当谈判参与方为两个以上时,则称为三方谈判、四方谈判或多边谈判等。

(2) 目标性。谈判一定要有明确的目标。谈判产生的直接动因就是谈判的参与者有需求并希望得到满足,这种需求无法自我满足,必须有他人的许可。谈判者参与谈判的最终目的是为了满足各自的利益需求,而这种需求的满足又不能无视他方需求的存在。满足利益的需求越强烈,谈判的需求也越强烈。没有明确的目标,谈判就没有产生的理由。

(3) 交流性。谈判是一个相互交流的过程,谈判不能由一方说了算,谈判各方的目的和需求都会涉及和影响他方需要的满足。就谈判而言,谈判的开始意味着某种需求希望得到满足或某个问题需要得到解决。由于谈判参与者的各自利益、思维方式不尽相同,存在一定的差异和冲突,因而谈判的过程实际上就是各方相互作用、磋商和沟通的过程,在此过程中不断调整各方的利益关系,直至最后达成一致意见。

(4) 公平性。只要谈判各方是自愿参与谈判,在谈判时对谈判结果具有否决权,这样的谈判就是公平的,无论它的结果看起来是多么的不公平。其公平性体现在谈判的自愿参与、自主决策和自我负责上,只要没有强迫性,不存在一方"打劫"的谈判就都是公平的谈判。

综上所述,谈判是参与各方为了满足各自的需求,协调彼此之间的关系,通过磋商而共同寻找双方都能接受的方案的活动。

【小故事】

"你切我挑"

美国谈判学会会长、著名律师尼尔伦伯格讲过一个著名的分橙子的故事:有一个妈妈把一个橙子分给两个孩子,不管从哪里下刀,两个孩子都觉得不公平。两个人吵来吵去,最终达成了一致:由一个孩子负责切橙子,另一个孩子选橙子。结果,这两个孩子按照商定的办法各自取得了一半橙子,高高兴兴地拿回家去了。

在国际商务谈判中经常会用到"你切我挑"的方法,这种方法看似公平,但存在着致命的双方利益损失陷阱,主要原因是双方事先没有了解清楚彼此的需求。对外经济贸易大学王健教授为"你切我挑"的故事编写了续集。

第一个孩子把半个橙子拿到家,把皮剥掉扔进了垃圾桶,把果肉放到榨汁机上榨果汁喝;另一个孩子回到家把果肉挖掉扔进了垃圾桶,把橙子皮留下来磨碎了,混在面粉里烤蛋糕吃。从上面的情形可以看出,虽然两个孩子各自拿到了看似公平的一半,然而,他们各自得到的东西却未物尽其用。这说明他们在事先并未做好沟通。也就是说,两个孩子并没有申明各自利益所在。没有事先申明价值导致了双方盲目追求形式上和立场上的公平,结果双方各自的利益并未在谈判中达到最大化。

试想,两个孩子充分交流各自所需,或许会有多个方案和情况出现。可能的一种情况,就是遵循上述情形,两个孩子想办法将皮和果肉分开,一个拿到果肉去榨汁喝,另一个拿果皮去烤蛋糕。也可能经过沟通后是另外的情况,恰恰有一个孩子既想要果皮烤蛋糕,又想喝橙汁。这时,如何能创造价值就非常重要了。

结果,想要整个橙子的孩子提议可以将其他问题拿出来一块谈。他说:"如果把这个橙子全给我,你上次欠我的棒棒糖就不用还了。"其实,他的牙齿被蛀得一塌糊涂,父母上星期就不让他吃糖。另一个孩子想了想,很快就答应了。他刚刚从父母那儿要了5元钱,准备买糖还债。这次他可以用这5元钱去打游戏,才不在乎这酸溜溜的橙汁呢。两个孩子的谈判思考过程实际上就是不断沟通、创造价值的过程。双方在寻求对自己利益最大的方案的同时,也在满足对方最大利益的需要。

资料来源:陈丽清,韩丽亚.现代商务谈判[M].北京:经济科学出版社,2010.

问题:

(1) 结合本案例谈谈:你认为究竟什么是谈判。
(2) "你切我挑"对商务谈判有何启示?

谈判有广义和狭义之分。广义的谈判泛指一切为寻求意见一致而进行协商、交涉、商量、磋商的活动。比如,公司职员为加薪或升职与老板进行的沟通,父母为孩子购买玩具进行的协商等都属于广义的谈判。可以说,广义的谈判在日常工作和生活中是随处可见的。狭义的谈判仅仅指正式场合下的谈判,并且用书面形式反映谈判结果。

【小案例】
一个英国旅行社业务员的亲身经历

伦敦柯斯塔罗旅行社的业务员常跟西班牙一家连锁旅馆的业务经理见面会谈,讨论下一季度的订房。会谈的时候,柯斯塔罗旅行社的业务员提出:客户抱怨旅馆的各个服务项目,要求变动;还有几项服务上的缺点,要旅馆改善。西班牙的经理一项一项查看,大部分的项目都同意改善,最后他停下来,叹口气说:"先生,我以为这是一次谈判,但我全在让步。""不错,"旅行社代表说,"你停止让步,我就开始谈判。"

资料来源:佚名.商务谈判——不战而胜[EB/OL].[2014-11-23].http://www.doc88.com/p-7714040526647.html.

2. 谈判的构成要素

谈判的构成要素是指从静态的角度分析构成谈判活动的必要因素。没有这些构成要素,谈判就无从进行。

(1) 谈判主体。所谓谈判主体,是指参加谈判活动的当事人。其具有双重性:一是指参加谈判的一线当事人,即出席谈判、上谈判桌的人员;二是指谈判组织,即谈判者所代表的组织。除单兵谈判外,一线的当事人通常是一个谈判小组。小组成员包括谈判负责人、主谈人和陪谈人。其中,谈判负责人是谈判桌上的组织者、指挥者,起到控制、引导和场上核心的作用;主谈人是谈判桌上的主要发言人,他不仅是谈判桌上的主攻手,也是谈判桌上的组织者之一,其主要职责就是根据事先制定的谈判目标和策略,同谈判负责人密切合作,运用各种技巧与对方进行协商和沟通,使对方最终接受己方的建议和要求或和对方一起寻找双方都能接受的共同点;陪谈人包括谈判中的专业技术人员和记录员、翻译,他们主要为谈判提供技术咨询服务以及记录谈判过程,消除语言障碍。谈判的当事人可以是双方,也可以是多方。

【小案例】
不得不承担的损失

中国内地某公司(以下称甲方)与中国香港某承建公司(以下称乙方)曾就乙方负责某酒楼的建筑工程经过若干轮谈判,并签订施工合同。合同规定:该工程总建筑面积约1000平方米,预算总造价约300万元人民币,按甲方建筑工程设计院设计图纸施工,质量规格要符合在8级震度使用的条件。第一期工程完工,甲方验收时,发现已完工部分的质量不合格,甲方就工程质量问题与乙方发生严重争执,甲方被迫向当地法院起诉。法院受理此案后,通过香港某律师行的协助,对乙方的资信作了调查,结果发现:乙方确实系在香港当地注册的公司,但注册资金仅有2000元港币。根据法律规定,有限责任公司承担责任的能力仅限于其注册资本。这意味着,即使甲方胜诉,乙方无论给甲方造成多大的损失,其赔偿额的最高限也仅限于2000元港币。甲方得知该详情后,不得不放弃赔偿要求,转而要求解除合同。最后,法院依照甲方的要求,以被告的权利能力和行为能力不足为由,终止了合同,甲方只追回了已付给乙方的全部定金,其他损失只有自己承担。从该案例看到,甲方受损的根本原因在于,谈判前没有查清乙方的关系主体资格,即使合同中对工程造价、质量条款均已作出规定,也不能避免自己的损失。

资料来源:万成林,舒平.营销商务谈判技巧[M].天津:天津大学出版社,2003.

(2) 谈判客体。它是指谈判中双方所要协商解决的问题,也就是谈判议题。谈判客体大致要具备三个条件:一是它对于双方的共同性,也就是这一问题是双方共同关心并希望得到解决的;二是可谈性,也就是谈判的时机要成熟;三是它必然涉及参与各方的利益关系。

(3) 谈判目的。它是构成谈判活动不可缺少的因素。只有谈判主体和谈判客体,而没有谈判目的,就不能构成真正的谈判活动,而只是闲谈。正因为谈判各方鲜明的目的性,才使得谈判是在涉及各方利益、存在尖锐对立或竞争的条件下进行的,无论谈判桌上表面看来是多么谈笑风生,实质上都是各方智慧、胆识、应变能力的一次交锋。而闲谈由于不涉及各方的利害关系,通常都是轻松愉快的。

(4) 谈判背景。它是指谈判所处的客观条件。任何谈判都不可能孤立地进行,而必然处在一定的客观条件之下并受其制约。客观存在的谈判条件能为谈判者实施谈判策略与技巧提供依据。这种背景既包括了外部的大环境,如政治、经济、文化等,也包括了外部的微观环境,如市场、竞争情况等,还包括了参与谈判的组织和人员背景,如组织的行为理念、规模实力、财务状况、市场地位,谈判当事人的职位级别、教育程度、工作作风、心理素质、谈判风格、人际关系等。

以上是构成谈判的四个基本要素,这些要素不仅影响谈判活动的具体进行,也是分析和研究谈判的依据。

【小故事】

图 德 拉

有一个商人叫图德拉,在20世纪60年代中期,他只是一家玻璃制造公司的老板。他喜欢石油行业,自学成才成为石油工程师,他希望能做石油生意。偶然的一天,他从朋友那里得知阿根廷即将在市场上购买××万美元的丁烷气体,他立刻决定去那里看看是否能弄到这份合同。当图德拉到达阿根廷时,他在石油方面既无老关系,也无经验可言,只能凭着一股勇气硬闯。当时他的竞争对手是非常强大的英国石油公司和壳牌石油公司。在做了一番摸底以后,他发现了一件事——阿根廷牛肉供应过剩,正想不顾一切地卖掉牛肉。单凭知道这一事实,他就已获得了竞争的第一个优势。于是,他告诉阿根廷政府:"如果你们向我卖××万美元的丁烷气体,我一定向你们购买××万美元的牛肉。"阿根廷政府欣然同意,他以买牛肉为条件,争取到了阿根廷政府的合同。图德拉随即飞往西班牙,发现那里有一家主要的造船厂因缺少订货而濒于关闭。它是西班牙政府所面临的一个政治上棘手而又特别敏感的问题。他告诉西班牙人:"如果你们向我买××万美元的牛肉,我就在你们造船厂订购一艘造价××万美元的超级油轮。"西班牙人不胜欣喜,通过他们的大使传话给阿根廷,要将图德拉的××万美元的牛肉直接运往西班牙。图德拉的最后一站是美国费城的太阳石油公司。他对他们说:"如果你们租用我正在西班牙建造的价值××万美元的超级油轮,我将向你们出售××万美元的丁烷气体。"太阳石油公司同意了。就这样,一个玻璃制造商成功地做成了××万美元的石油交易,他的竞争对手只能自叹不如。

资料来源:汤秀莲.国际商务谈判[M].天津:南开大学出版社,2009.

3. 谈判的基本原理

谈判的本质、核心任务是什么,谈判的产生条件与工具又是什么,诸如此类构成了谈判的基本原理。

(1) 谈判的本质是人际关系的一种特殊表现。人类是人的自然属性和社会属性的统一体,二者缺一不可。正是人的社会属性,决定了从地球上有了人的那一天起,人就不可避免地要为了物质或精神方面的需要而彼此打交道。这就是人与人之间的关系,简称人际关系。谈判是讨论、协商,因此,就不能只有一个人或一方,而必然至少两个人或两方。那么,它就必然表现为一种人与人之间的关系。可是,人际关系多种多样,如师生关系、同学关系、血缘关系等,我们当然不能简单地把多种多样的人际关系都归结为谈判关系。谈判乃是一种特殊类型的人际关系。

(2) 谈判的核心任务是说服另一方理解或接受自己所提出的观点。由于人们所处的自然环境以及社会环境存在差别,人们的思维素质、文化素质、道德素质等极不平衡,人们的心理发展状况呈现不同层次或水平,人们所追求、所维护的基本利益肯定存在不一致,一些人所要追求的基本利益,可能不是另一些人也要追求的;一些人所要维护的基本利益,可能和另一些人想要维护的基本利益正好相反。存在差异的双方如果希望彼此的需要都得到满足,就可以考虑通过双方之间的沟通,进行协商对话,而这就是谈判。通过谈判,双方可在需要和利益方面得到协调与适应。

【小案例】

贵国的××经理您熟悉吗

在一次出口产品交易会上,某国的一位商人想向我国的某拖拉机厂订购一批农用拖拉机,他不太相信该拖拉机厂的产品质量和销路。拖拉机厂的代表并没有单纯地用一些枯燥的技术指标来说服他,而是拉家常式地问道:"贵国的××经理您熟悉吗?"客商说:"熟悉,当然熟悉。我们都是做农用机械生意的,还合作过呢。"厂代表说:"噢,那你为什么不向他了解一下情况呢?去年他从我们厂买了一大批拖拉机,可是大赚了一笔啊。"客商回到住处后,立即通过国际长途电话验证了这些情况,第二天就高兴地与该拖拉机厂签订了订购合同。

资料来源:佚名.商务谈判案例[EB/OL].[2014-09-05]. http://www.doc88.com/p-3406764649065.html.

(3) 谈判产生的条件是双方在观点、礼仪和行为方式等方面既相互关联,又相互冲突。谈判的核心任务是一方试图说服另一方理解或接受自己的观点、基本利益以及行为方式。这就表明谈判产生的前提条件,是人们在观点、基本利益和行为方式等方面出现了不一致。如果不存在这种不一致的情况,人们也就无须进行谈判。但是,不能由此得出一个简单的结论,即只要人们在观点、基本利益和行为方式等方面出现了不一致,就一定会导致谈判的产生。

谈判产生的重要条件之一,就是两个人或两方在观点、基本利益和行为方式等方面出现了既互相联系又互相差别或冲突的状况。因此,谈判行为是合作与冲突的对立统一。例如,甲企业生产的产品急需推销,乙企业认为销售甲企业产品是有利可图的,或认为甲企业产品可作为本企业生产的原材料,这就构成了它们之间的相互联系。然而,甲、乙两家企业又都是独立的经营者,它们各自所代表的基本利益不允许它们无偿地调拨,这就使它们既要维护自身的利益,又要考虑对方的利益,从而求得两者的协调发展。这就需要借助于谈判。

【小故事】

图书馆的争执

有两个人在图书馆发生了争执,一个要开窗户,一个要关窗户。他们斤斤计较于开多大:一条缝、一半还是1/4。没有一个办法使他们都满意。图书管理人员走进来。她问其中的一个人为什么要开窗户,"吸一些新鲜空气。"她问另外一个人为什么要关窗户,"不让纸被吹乱了。"

资料来源:白远.国际商务谈判——理论案例分析与实践[M].北京:中国人民大学出版社,2008.

问题:如何协调双方的利益?

(4) 谈判的关系构成,是双方在物质力量、人格、地位等方面相对独立或对等。并非人们在观点、基本利益和行为方式等方面出现了不一致,就一定会产生谈判;也不是人们在观点、基本利益和行为方式等方面存在着既相互联系又相互冲突或差别的状况,就一定会产生谈判。例如,奴隶与奴隶主,他们各自在观点、基本利益和行为方式等方面很不一致。不仅如此,他们在这些方面也是既相互联系又相互冲突或差别的。但是他们之间不会也不可能出现谈判现象。这是因为奴隶主把奴隶看作会说话的工具。奴隶失去了人身自由,奴隶主掌握了对奴隶生杀予夺的大权。奴隶主依靠强制力压迫奴隶,使其服从自己。由此可见,在人与人之间构成谈判这种关系,还需要依赖于另一个重要条件,即作为谈判的双方,必须在物质力量、人格、地位等方面都获得了(哪怕是暂时获得了)相对独立或对等的资格。

在谈判过程中,谈判的一方如果由于特殊原因,使自己失去了与对方对等的力量或地位,那么对方可能很快就不把他继续作为谈判的对手了,并且可能图谋采取另外的方式来解决问题。这时,谈判将转化为非谈判。因此,任何谈判者,要想使谈判正常地进行下去,就必须发展和壮大自己的物质力量,保持自己独立的人格和地位。

二、商务谈判的概念与特点

我们应在把握谈判基本知识的基础上,首先明确商务谈判的概念与特点。

1. 商务谈判的概念

在了解商务谈判的概念之前,先要弄清楚商务的概念。商务是指一切有形与无形资产的交换或买卖事宜。按照国际习惯的划分,商务行为可分为四种:①直接的商品交易活动,如批发、零售业;②直接为商品交易服务的活动,如运输、仓储、加工整理等;③间接为商品交易服务的活动,如金融、保险、信托、租赁等;④具有服务性质的活动,如饭店、商品信息、咨询、广告等。此外,按照商务行为所发生的地域,商务还有国内商务和国际商务之分。

商务谈判(Business Negotiation)是指参与各方为协调彼此的经济关系,满足贸易的需求,围绕标的物的交易条件,通过信息交流、磋商达到交易目的的行为过程。英国谈判专家马什则下了这样的定义:"所谓商务谈判(或称交易磋商)是指有关贸易双方为了各自的目的,就一项涉及双方利益的标的物在一起进行洽商,通过调整各自提出的条件,最终达成一项双方满意的协议这样一个不断协调的过程。"商务谈判是买卖双方为了促成交易而进行的活动,是最普遍的谈判类型,具体包括商品买卖、投资、劳务输出输入、技术贸易、经济合作谈判等。

产生商务谈判的前提是:双方(或多方)有共同的利益,也有分歧之处;双方(或多方)都有解决问题和分歧的愿望;双方(或多方)愿意采取一定行动达成协议;双方(或多方)都能互利互惠。

2. 商务谈判的特点

商务谈判既有谈判的一般特征,又有它独特的一面。

(1) 以利益为目的。谈判是具有鲜明的目的性的,通常来说,谈判不止一个目的,但不同类型的谈判都有自己的首要目的。比如,政治谈判关心的是政党、团体的根本利益,军事谈判的目的涉及双方的安全利益,虽然这些谈判都可能会涉及经济利益,但其重点并不是经济利益。而商务谈判的首要目的则是获取经济利益,在满足经济利益的前提下才涉及其他非经济利益。当然,各种非经济利益也会影响到商务谈判的结果,但其最终目的仍是经济利益。比如,购销谈判中,供方希望把价格定得尽量高一些,而需方则希望尽量压低价格。在借贷谈判中,借方总是希望借款期限长些、利息低一些;而贷方则希望利息高一些、期限短一些。所以,人们通常以获取经济利益的大小来评价一项商务谈判的成功与否。

(2) 以价格为核心。价格谈判是商务谈判的核心环节,有人把商务谈判称为讨价还价,这是因为商务谈判所涉及的因素很多,但其核心是价格。双方经过谈判,最后到经济利益的划分,主要通过价格表现出来;双方在其他利益上的得失,或多或少都可以折算为价格,并通过价格的升降反映出来。例如,在购销谈判中,买方可以加大购买量来诱使卖方降低价格,这是数量因素在价格上的折算。另外,产品质量、付款条件等因素都可以影响最终的价格。但是,有些情况下这种折算是行不通的。比如,卖方提供的产品质量低于买方的最低心理标准,这时候,即使卖方大幅降低价格,买方也可能不会接受,或者会退货甚至提出索赔。

了解了这一点之后,在商务谈判中,既要以价格为中心,坚持自己的利益;又不能局限于价格,应该拓宽思路,设法从其他利益因素上争取应得利益。因为,与其在价格上与对手争执不休,还不如在其他利益因素上使对方在不知不觉中让步。这是从事商务谈判的人员需要注意的。

【小故事】

座　钟

一对夫妻在浏览杂志时看到一幅广告背景的老式座钟,非常喜欢。妻子说:"这个座钟是不是你见过的最漂亮的一个?把它放在过道或客厅,看起来一定不错吧?"丈夫说:"的确不错!我也正想找个这样的座钟摆在家里,就是不知道多少钱?"他们决心到古董店找那个座钟,并商定出价不能高于400元,3个月后他们终于在一家古董店橱窗里看到了那个座钟,妻子兴奋地叫了起来:"就是这个!没错,就是这个!"丈夫说:"记住,我们说过不超出400元。"他们走近那个座钟。"哦喔!"妻子说道:"钟上的标价是750元啊,回家算了。"丈夫说:"还是谈谈价试一试吧,找了那么久,不差这一会儿。"夫妻商量了一下决定由丈夫来谈价钱,争取用400元买下。

丈夫鼓起勇气对售货员说:"我看到你们要卖的这个座钟上蒙了不少灰,显得有些旧了,一定是很久也没卖出去了,我给你出个价,只出一次价,你别吓一跳,你准备好了吗?"他停了一下来增加效果说:"你听着啊,250元!"

售货员连眼也不眨一下说道:"卖了,那个座钟是你的了。"

丈夫的第一反应是什么呢?得意扬扬?"我真的很棒!以优惠的价钱得到了我想要的东西。"不是!绝不是!他的最初反应必然是:"我真蠢!我该出价150元才对!"你也猜得到他的第二反应:"这个座钟怎么这么便宜?一定是有什么问题!"

最后他还是把那个座钟放在了客厅里,看起来非常漂亮,好像也没什么。这样的思虑持续了无数个夜晚,他的健康开始恶化,并由于紧张过度而有了高血压。

资料来源:佚名.价格磋商是谈判的需要[EB/OL].[2006-08-13]http://blog.sina.com.cn/s/blog_644b2c580100n6wn.html.

(3) 以合同条款为结果。商务谈判的结果是由双方协商一致的协议或合同来体现的。合同条款实质上反映了各方的权利和义务,其严密性与准确性是保障谈判获得各种利益的重要前提。有些谈判者在商务谈判中下了很大力气,好不容易为自己获得了较有利的结果,对方为了得到合同,也迫不得已作了许多让步,似乎已经获得了这场谈判的胜利,但在拟定合同条款时掉以轻心，不注意合同条款的完整、严密、准确、合理、合法，其结果是被谈判对手在条款措辞或表述技巧上设置陷阱，不仅把到手的利益丧失殆尽，而且要为此付出惨重的代价，这种例子在商务谈判中屡见不鲜。因此，在商务谈判中，谈判者不仅要重视口头上的承诺，更要重视合同条款的准确和严密。

（4）以时效性为要求。与其他政治、军事谈判相比，商务谈判更注重时效性。这是因为商场上竞争激烈，商机稍纵即逝，错过了时机，即使在谈判中取得了胜利，也会使谈判的结果失去价值和意义。比如，在零售购销谈判中，错过了销售旺季，就只能大打折扣或不计成本销售了。所以，商务谈判中，谈判者都非常讲求谈判的自身效率和合同履行的时间保证。

以上是商务谈判的个性特点。对于国际商务谈判，由于其业务是一种跨国界的活动，所以还具有一定的特殊性。其表现为政治性强，以国际商法为准则，以及由于经济体制和社会文化背景、价值观、思维方式、风俗习惯、语言等不同，影响谈判的因素大大增加，造成谈判的难度加大。

【小贴士】
商务谈判能力的"八字真言"

谈判能力在每种谈判中都起到重要作用，无论是商务谈判、外交谈判，还是劳务谈判，在买卖谈判中，双方谈判能力的强弱差异决定了谈判结果的差别。对于谈判中的每一方来说，谈判能力都源于八个方面，就是 NO TRICKS（诚实、不要花样），8 个字母所代表了 8 个单词——Need、Option、Time、Relationship、Investment、Credibility、Knowledge、Skill。

N 代表需求（Need）。对于买卖双方来说，谁的需求更强烈一些？如果买方的需要较多，卖方就拥有相对较强的谈判力。相反，你越希望卖出你的产品，买方就拥有较强的谈判力。

O 代表选择（Option）。如果谈判不能最后达成协议，那么双方会有什么选择？如果你可选择的机会较多，对方认为你的产品或服务是唯一的或者没有太多选择余地，你就拥有较强的谈判资本。

T 代表时间（Time）。谈判中可能出现的有时间限制的紧急事件，如果买方受时间的压力，自然会增强卖方的谈判力。

R 代表关系（Relationship）。如果与顾客之间建立强有力的关系，在同潜在顾客谈判时就会拥有关系力。但是，也许有的顾客觉得卖方只是为了推销，因而不愿建立深入的关系，这样在谈判过程中将会比较吃力。

I 代表投资（Investment）。在谈判过程中投入了多少时间和精力，为此投入越多、对达成协议承诺越多的一方往往拥有较少的谈判力。

C 代表可信性（Credibility）。潜在顾客对产品的可信性也是谈判力的一种，如果推销人员知道你曾经使用过某种产品，而他的产品具有价格和质量等方面的优势时，无疑会增强卖方的可信性，但这一点并不能决定最后是否能成交。

K 代表知识（Knowledge）。知识就是力量。如果你充分了解顾客的问题和需求，并预测到你的产品能如何满足顾客的需求,你的知识无疑增强了对顾客的谈判力。反之,如果顾客对产品拥有更多的知识和经验,顾客就有较强的谈判力。

S代表技能(Skill)。这可能是增强谈判力最重要的内容,不过,谈判技巧是综合的学问,需要广博的知识、雄辩的口才、灵敏的思维等。

总之,在商务谈判中,应该善于利用"NO TRICKS"中的每种力。

资料来源:佚名.商务谈判八字箴言[EB/OL].[2015-07-02].http://www.cbiz.com.cn/display/showarticle.asp? Id=2097.

三、商务谈判的类型与原则

1. 商务谈判的类型

商务谈判按照不同的标准可以划分为不同的类型。具体如表1-1所示[①]。

表1-1 商务谈判的类型

分类标准	类型	特点
按内容分类	商务贸易谈判	一般商品的买卖谈判,主要是指买卖双方就商品买卖本身的有关内容(如质量、数量、价格)和当事人权利、责任和义务等问题进行的谈判
	投资谈判	指商务谈判的双方就双方共同参与或涉及双方利益关系的某项投资项目活动中有关投资目的、投资形式、投资内容、投资条件等方面所进行的谈判
	技术贸易谈判	指技术贸易中关于技术内容和性能等方面所进行的谈判
	劳务贸易谈判	指劳务贸易双方就劳务提供的形式、内容、时间和劳务的价格等方面进行的谈判
	索赔谈判	指在商务合同义务不履行或未能完全履行时合同当事人双方所进行的谈判
按接触方式分类	直接谈判	指商务谈判双方进行面对面口头磋商的谈判。其优点是有利于双方谈判人员交流思想意见,互相观察对方的表情、态度,审视对方的人品及交易的诚信度
	间接谈判	指双方不直接见面,而是通过信函、电话、电传和互联网等方式进行的商务谈判。其优点是简单、快捷、成本低,其缺点是不便于当事人相互了解和反馈
按地点分类	主场谈判	指某一谈判方以东道主身份在己方所在地进行的谈判。优点是易于建立心理优势,能以礼压客,能随时与自己的上级、专家顾问保持沟通,商讨对策,可以在谈判场内、场外两个领域活动;其缺点是需支付较大的谈判成本,容易被对方了解虚实等
	客场谈判	指谈判人员到对方所在地进行的谈判。其优点是客方可以省却那些东道主必须承担的迎来送往,同时在谈判遇到僵持时可借口必须回去请示而暂时退出谈判,能实地考察主方,了解主方虚实等;其缺点不仅要受旅途劳顿之苦,而且会因为不适应环境而在谈判中产生心理紧张、情绪不稳定等情况

[①] 吴湘频.商务谈判[M].北京:北京大学出版社,2014.

分类标准	类型	特点
按地点分类	客主座轮流谈判	指在一项商业交易中,谈判双方交换地点的谈判。客主座轮流谈判情况的出现,一般是交易复杂的不寻常的买卖,它可能是大宗商品的交易,也可能是成套项目的进出口,而且拖延的时间较长,至少不会是单一小额商品买卖。这种谈判,对交易效果影响也较大,因此应注意以下两个方面的问题:一是确定阶段利益目标,争取不同阶段最佳谈判效益;二是坚持主谈人的连贯性,换座不换帅
	中立地谈判	指在谈判双方所在地以外的其他地点进行的谈判。其优点是对谈判双方来说没有宾主之分,可避免某一方处于客场的不利地位,为双方平等地进行谈判创造了条件。其缺点是在第三地谈判会造成谈判成本的增加。双方首先要为谈判地点的选择和确定而谈判,地点确定本身比较复杂。因此,中立地谈判通常为相互关系不融洽、信任程度不高的谈判双方所选用

2. 商务谈判的原则

商务谈判的原则是指商务谈判中谈判各方应当遵循的指导思想和基本准则。商务谈判的原则是商务谈判内在的、必然的行为规范,是商务谈判的实践总结,因此,认识和把握商务谈判的原则,有助于维护谈判各方的权益,提高谈判的成功率并指导谈判策略的运用。

(1) 自愿原则。商务谈判的自愿原则,是指作为谈判主体的当事各方,不是屈服于某种外来的压力和他人的驱使,而是出于自身目标的追求和互补互惠的意愿来参加谈判的。自愿原则表明,谈判各方具有独立的行为能力,能够按照自己的意志在谈判中就有关权利义务作出决定。同时,只有在自愿的基础上,谈判各方才会有合作的要求和诚意,才会进行平等的竞争,才会互补互助、互谅互让,最终取得各方满意的谈判结果。商务谈判的过程中,强迫性的行为是不可取的,一旦出现,自愿原则就会受到破坏,被强迫的一方势必退出谈判,谈判也由此而破裂。可见,自愿原则是商务谈判的前提。

(2) 平等原则。这是指商务谈判中无论各方的经济实力强还是弱,组织规模大还是小,其地位都是平等的。在商务谈判中,当事各方对于交易项目及其交易条件都拥有同样的否决权,达成协议只能协商一致,不能一家说了算或少数服从多数。这也客观上赋予了各方平等的权利和地位。因此,谈判时必须充分认识这种相互平等的权利和地位,自觉贯彻平等原则。它要求谈判各方互相尊重、以礼相待,任何一方都不能仗势欺人、以强凌弱,把自己的意志强加于人。只有坚持这种平等原则,商务谈判才能在互信合作的气氛中顺利进行,才能达到互助互惠的谈判目标。可以说,平等原则是商务谈判的基础。

【小故事】

对事不对人

在一家由美国人投资经营的日本工厂中,因为劳资纠纷,工人举行了罢工。据美方经理介绍:工人早在六周前就向资方提出了警告,举行罢工的当天,双方经过协商达成了一致的意见,罢工结束之后,工人们主动打扫了示威场地,清理了满地的烟头、咖啡杯,恢复了原来清洁的面貌。第二天,工人们又自发地加班,完成了因罢工而拖欠的生产任务。美方经理对此种做法非常不解,就询问其中的一位罢工工人,这位工人是这样回答他的:"我们对资方有些意见,要想让您知道我们对此事是极其严肃的,唯一的办法就是举行罢工。但这也是我们的公司,我们不愿让您认为我们对公司是不忠诚的。"这位工人的回答给我们的谈判问题拓展了一条新的思路,那就是:在谈判中基于我们对对方提出的某一条款有意见,我们不得不言辞犀利,那是因为我们希望对手知道我们对此事的重视程度和严肃性,我们并不想搞僵双方的关系,我们进行谈判的目的在于谋求一种互利、共赢的结局。

资料来源:陈文汉.商务谈判实务[M].北京:电子工业出版社,2013.

(3) 互利原则。互利原则,是指谈判达成的协议对于各方都是有利的。互利是平等原则的客观要求和直接结果。而且商务谈判不是竞技比赛,不能一方胜利、一方失败,一方有利、一方亏本,因为谈判如果只有利于一方,不利方就会退出谈判,这样自然导致谈判破裂,谈判的胜利方也就不复存在。同时,谈判中所耗费的劳动,也就成为无效劳动,谈判各方也都只能是失败者。可见,互利原则是商务谈判的目标。正是从这一原则出发,美国著名的谈判学学者尼尔伦伯格把谈判称为"合作的利己主义"。

【小案例】

成功的交易

一位女顾客的视力不太好,她使用的手表指针,必须长短针分得非常清楚才行。可是这种手表非常难找,她费了很大力气,总算在一家名表店发现了一只能看得很清楚的手表。但是这只手表的外观实在丑陋,很可能是这个缘故一直卖不出去。就此而论,2000元的定价似乎贵了点。以下是顾客与经理的对话。

顾客:"2000元似乎太贵了。"

经理:"这个价格是非常合理的,这只手表精确到一个月只差几秒钟而已。"

顾客:"时间太精确的表对我来讲并不重要,你看我现在这只'天王'表,才800元钱已经使用10年了,这只表一直是很准确的。"

经理:"喔!经过10年了,以您的身份应该有一只更名贵的手表了。"

顾客:"可是价格有些贵了。"

经理:"您是不是希望手表让您能看得很清楚?"

顾客:"是的。"

经理:"我从来没有见过这么一只专门设计让人们容易看的手表。这样吧,1680元,便宜一点,数字也好听。"

顾客:"好吧,就这样吧。"

资料来源:佚名.商务谈判实践报告[EB/OL].[2012-09-22]. http://www.doc88.com/p-577321489560.html.

(4) 求同原则。这是指谈判中面对利益分歧,谈判各方从大局着眼,努力寻求共同利益。求同原则要求谈判各方首先要立足于共同利益,要把谈判对象当作合作伙伴,而不仅视为谈判对手。同时,要承认之间的利益分歧,正是由于谈判各方需求的差异和利益的不同,才可能产生需求的互补和利益的契合,才会形成共同利益。贯彻求同原则,要求谈判各方从大局出发,着眼于自身发展的整体利益和长远利益,着眼于互相间的长期合作;同时,要善于运用灵活机动的谈判策略,寻求协调利益冲突的解决办法,寻求共同利益;要善于求同存异,不仅应当求大同存小异,也可以为了求大同而存大异。可以说,求同原则是商务谈判成功的关键。善于求同,历来是谈判高手智慧的体现。

【小故事】

善于求同的富兰克林

那年,富兰克林在贵城的选举中获胜,担任了公职。但在竞选过程中,富兰克林与一位知名人士结下了不解之缘。

富兰克林与那位知名人士在某些问题上的观点相异,而富兰克林又非常需要他的支持。后来,富兰克林得知对方酷爱藏书,常引以为荣,还特别珍藏了一套书籍,其中有一册是非常珍贵的善本。于是,富兰克林写了一封信给那位知名人士,请求他将那册善本借给自己。对方接到信后,马上就派人把书送了过来。一个星期以后,富兰克林将书送还,并附了一封热情洋溢的感谢信,向他深表谢意。结果,下一次两人碰面时,那位知名人士第一次主动与富兰克林交谈,并表示愿意竭尽全力与富兰克林合作,支持他竞选。富兰克林运用求同存异原则获得了与那位知名人士的友谊。

资料来源:佚名.商务谈判概述[EB/OL].[2015-11-21].http://www.doc88.com/p-7778261024911.html.

四、国际商务谈判

1. 国际商务谈判的概念

国际商务谈判(International Business Negotiation)是指在国际商务活动中,处于不同国家或不同地区的商务活动当事人为满足某一需要,通过信息交流、磋商达到交易目的的行为过程。国际商务谈判是国际商务活动的重要组成部分,是国际商务理论的主要内容,是国内商务谈判的延伸和发展。

我们进一步认为,狭义的国际商务谈判是在固定谈判场所或网络进行,主要是指在国际商品、劳务、技术、投资、经济合作等方面进行的有针对性、有特定谈判人员、特定谈判地点与特定议题的谈判。广义的国际商务谈判贯穿在国际销售、营销以及每一次商务谈话和活动中甚至是与之相关的活动中。

国际商务谈判,从实质上看,是以某种利益需求的满足为预期目标,谈判双方或多方处于相互独立或对等的地位,双方或多方相对平等地对话,谋求合作、协调彼此之间关系的国际交往活动。谈判是各方沟通信息、交换观点、相互磋商、达成共识的过程。概括起来,可以把国际商务谈判理解为这样一个过程:谈判双方或多方根据各自不同的需求,运用所获得的信息,就共同关心或感兴趣的问题进行磋商,协调各自的经济利益,谋求妥协,从而使双方或多方达成协议。在现实中,国际商务谈判各方的利益目标都是满足自己的需要。国际商务谈判是从不平衡转变到平衡、从无序到有序的过程。其出发点是"合作""磋商"和"利己",即从合作的目的开始谈判,经过磋商,双方达成一致,最终达到利己或双赢、多赢的目的。

2. 国际商务谈判的特点

国际商务谈判既具有一般商务谈判的特征，又具有其特殊性。一般贸易谈判都是以经济利益为目的，以价格作为谈判核心的，而国际商务谈判则具有以下几个特点。

(1) 政策性强。国际商务谈判既是一种商务交易谈判，也是一项国际交往活动，具有较强的政策性。由于谈判双方的商务关系是两国或两个地区之间整体经济关系的一部分，常常涉及两国或两个地区之间的政治和外交关系，因此，在国际商务谈判中，当事人会面对一个以上国家的法律、政策和政治权利等方面的问题。这些法律和政策可能是不统一的甚至是彼此直接排斥的。所以，国际商务谈判必须贯彻执行国家的有关方针政策和外交政策，同时，还应注意国别政策，以及执行对外经济贸易的一系列法律和规章制度。

(2) 影响因素复杂多样。国际商务谈判具有跨国家或跨地区性，组织利益受多方面因素制约，有政治、经济、文化、科技等客观因素，也有谈判主体的情绪、性格、知识、文化等主观因素。此外，影响国际商务谈判的风险因素也较多。在国际商务谈判中，除了要考虑运输风险、价格风险、商业信用风险以外，还要考虑安全风险、政治风险和外汇风险等。因此，在国际商务谈判的准备阶段和谈判过程中，都要注意摸清对方的资信情况和经营能力，密切注意有关市场变化情况、外汇市场的走势等，并综合考虑对方国家(地区)对中国的政治态度和两国(地区)政府之间的经贸关系，以便在谈判过程中正确决策，避免失误。

(3) 遵循国际商法。国际商务谈判的结果会带来资产的跨国转移，因此必然会涉及国际贸易、国际结算、国际保险、国际运输等一系列问题。由于不同国家之间在法律、贸易政策、商业习惯等方面存在差异，因此，在国际商务谈判中要以国际商法为准则，并以国际惯例为基础。谈判人员要熟悉各种国际惯例、对方所在国的法律条款、国际经济组织的各种规定和国际法，如《联合国国际货物销售合同公约》《跟单信用证统一惯例》等。这些是一般国内商务谈判不会涉及的，应当引起国际商务谈判人员的特别重视。

(4) 谈判难度大。由于国际商务谈判的参与者代表了不同国家或地区的利益，有着不同的社会文化和经济、政治背景，人们的价值观、思维方式、行为方式、语言及风俗习惯各不相同，影响谈判的因素更加复杂，谈判的难度更大。在实际谈判过程中，对手的情况千变万化、作风各异，不同表现反映了不同谈判者有不同的价值观和不同的思维方式。因此，谈判者必须有广博的知识和高超的谈判技巧，不仅能在谈判桌上因人而异、运用自如，而且要在谈判前注意资料的准备、信息的搜集，使谈判按预定的方案顺利地进行。在处理与当地商人的关系时，不能在不知情的情况下生搬硬套固定的文化模式，而需在深入了解当地文化的基础上作出现实的假定。

3. 国际商务谈判的类型

国际商务谈判的内容是多种多样的，因此其具体类型也是多种多样的。从我国国际经济活动的主要内容和具体对象上看，经常遇到的国际商务谈判类型如下。[①]

(1) 国际货物买卖谈判。它有两种形式：一是现汇贸易谈判；二是易货贸易谈判。国际货物买卖谈判主要是买卖双方就买卖货物本身的有关内容，如货物数量、质量、货物的转

---

① 于国庆.国际商务谈判[M].大连：大连理工大学出版社，2012.

移方式、时间,货物买卖的价格条件、支付方式,货物交易中双方的权利、义务和责任等进行的谈判。它是国际商务谈判中数量最多的一种,在企业的国际经济活动中占有很重要的地位。

(2) 国际投资谈判。其主要是创办企业方面的谈判。就我国企业而言,主要涉及以下两个方面:一是创办海外企业的谈判,主要是指我国企业到境外开办企业的谈判;二是创办外商投资企业的谈判,主要是指外商在中国境内举办中外合资企业、中外合作企业和外商独资企业的谈判。这种谈判是投资者就投资活动中涉及的权利、义务、责任和相互间的关系所进行的谈判,对企业来说是经常性的,由于涉及面广、影响大、周期长而显得尤其重要。在以往的国际商务谈判中,有的企业经验不足,为了达成协议一再让步,结果造成了损失,很难挽回;也有的企业一味采取强硬的态度对待对方,结果谈判旷日持久,迟迟达不成协议。这两种极端的做法都是不可取的。

(3) 国际租赁谈判及"三来一补"谈判。国际租赁谈判是指我国企业从国外租用机器设备而进行的国际商务谈判。这种谈判主要涉及机器设备的选定、交货、维修保养,租赁期终机器设备的处理,租金的计算与支付以及在租赁期内租赁公司与承租企业双方的责任、权利、义务等。

"三来一补"谈判是在我国许多企业尤其是中小企业中开展得十分活跃的一种国际商务谈判。"三来"是指国外来料加工、来样加工和来件装配业务。这方面谈判的内容主要包括来料、来件的时间,加工质量的认定,成品的交货时间,原材料的损耗率,加工费的计算与支付等。"一补"是指补偿贸易。谈判涉及的内容包括技术设备的作价、质量要求、补偿产品的选定与作价、补偿时间、支付方式等。随着我国对外经济活动越来越活跃,"三来一补"的形式也有所发展,不仅可以是外方"三来",也可以是我方"三去"。补偿贸易也可以是我们提供设备,由外方用产品补偿。也就是在谈判中进行权利、义务、责任的换位,其基本要求仍是一样的。

(4) 国际建设项目谈判。它通常又称大型项目谈判,如对一些利用外国政府或国际金融组织贷款的大型市政建设和环保项目以及重要的技术改造项目进行的谈判。其主要是围绕项目的目的、内容、发展前景、融资条件、招标与发包等一系列经济与技术上的问题而进行的谈判。国际建设项目谈判通常分两部分进行:第一部分是由双方政府主管该项目的部门会同有关经济部门就双方合作的总体设想和商务关系进行的原则谈判,谈判涉及面较广,包括建设项目的性质、作用,建设项目的投资、贷款总额及支付方式,建设项目在建设过程中双方的权利、责任等;第二部分是具体的技术和商务谈判,由双方具体实施建设的部门或企业进行直接谈判,谈判涉及的内容较专业化,往往就其中一些技术细节、工程所用材料和设备、工程的技术标准、验收方式等进行谈判。前后两部分谈判是相辅相成的,第一部分谈判决定了第二部分谈判的范围和要求,而第二部分谈判也是第一部分谈判的必要补充。两部分的有机结合和互相补充决定了整个建设项目的成败,所以这种谈判要比其他谈判更加复杂,要求也更高。

(5) 国际技术贸易谈判。它是指技术的接受方(买方)与技术的转让方(卖方)就转让技术的形式、内容、质量规范、使用范围、价格条件、支付方式以及双方在技术转让中的一些权利、义务和责任关系等所进行的谈判。随着我国经济建设的发展和改革开放的深化,一方面需要从国外引进大量的先进技术,另一方面国内的技术也将越来越多地进入国际市场。因此,国际技术贸易谈判成为我国企业国际商务谈判的重要方面,日益受到重视。

(6)国际融资谈判。它是指双方就如何提供进出口信贷,组织国际银团融资,在对方国发行债券、股票,提供资金担保等所进行的谈判。这类谈判常常涉及融资条件、融资成本、支付方式、担保范围以及发展中国家外汇管理等问题。

(7)国际服务贸易谈判。它是目前国际贸易中应用面十分广泛并且发展得较快的谈判,包括运输、咨询、广告、项目管理、设计、劳务、旅游等方面的商务合作谈判。服务贸易涉及的常常不是货物,也不是有形的工程,而主要是无形的贸易,是以提供某一方面的服务为特征的。随着第三产业的发展和国际交流的频繁,服务贸易在国家之间的开展变得越来越经常化和多样化,这类谈判所占的比重也越来越大,成为国际经济活动中越来越重要的方面。

(8)国际并购谈判。国际并购的内涵非常广泛,一般是指兼并和收购。兼并又称吸收合并,即两种不同事物因故合并成一体。企业兼并指两家或者更多的独立企业、公司合并组成一家企业,通常由一家占优势的公司吸收一家或多家公司。收购指一家企业用现金或者有价证券购买另一家企业的股票或者资产,以获得该企业的全部资产、某项资产的所有权或对该企业的控制权。在国际并购谈判中,由于交易额一般都比较大,国际影响也比较大,所以必须计划周详,充分考虑影响谈判效果的各种环境因素。在中国当前的对外收购中,政治因素和文化因素是影响谈判成功与否的关键性因素。

(9)损害和违约赔偿谈判。它与前几种类型的国际商务谈判相比,是一种比较特殊的谈判。损害是指在国际商务活动中由于某一方当事人的过失给另一方造成的名誉损失、人员伤亡损失和财物损失;违约是指在国际商务活动中并非不可抗力发生,合同的一方不履行合同或违反合同的行为。对损害和违约负有责任的一方应向另一方赔偿经济损失。在损害和违约赔偿谈判中,首先要根据事实和合同分清责任的归属,在此基础上,才能根据损害的程度协商经济赔偿的范围和金额以及处理某些善后工作。随着我国国际商务活动的开展,损害和违约赔偿谈判是经常发生的,这方面的谈判应引起充分的重视,以维护我方的合法权益。

【小贴士】

商务谈判的模式

影响商务谈判进行方式的因素主要是速度快慢与条款顺序,由此构成谈判的四种模式,如图 1-1 所示。

1. 快速顺进式谈判模式

谈判进行节奏快,按事先商定条款顺序逐一磋商。适宜交易对象熟悉、内容简单重复、背景稳定的谈判。

2. 快速跳跃式谈判模式

谈判进行节奏快,不按事先商定条款顺序逐一磋商,而根据需要选择某些条款先行谈判的模式。适宜提出主题、解决焦点问题、时间灵活的谈判。

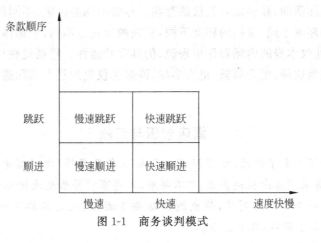

图 1-1　商务谈判模式

3. 慢速顺进式谈判模式

谈判进行节奏慢,需要长时间谈判,按事先商定条款顺序逐一磋商。适宜交易对象熟悉,但内容复杂、背景稳定的谈判。

4. 慢速跳跃式谈判模式

谈判进行节奏慢,需要长时间谈判,且不按事先商定条款顺序逐一磋商,而根据需要选择某些条款先行谈判的模式。适宜交易对象不熟悉,并且内容复杂、背景不稳定的谈判。

资料来源:聂元昆.商务谈判学[M].北京:高等教育出版社,2016.

第二节　认识礼仪

由本章案例导入的"开局不利的谈判"这一案例可以看出,一些看似微小的礼仪漏洞往往可能决定着谈判的成败,所以,商务谈判人员对商务谈判中的各种礼仪应该有足够的了解。这里首先让我们对礼仪有一个基本的认识。

一、礼仪的含义和特征

1. 礼仪的含义

礼仪泛指人们在社会交往活动过程中逐步形成、演变和发展的,为现代社会的人们所共同认可并应当共同遵守的行为规范和准则,具体表现为礼节、礼貌、仪式、仪表、礼俗等,其本质是通过某些规范化的行为,交流与表达人与人之间的真诚、尊重、友好、体谅等情感,是人的社会关系的体现。通俗地说,现代交际礼仪就是人们待人接物的一种惯例,有助于调节和增进人与人之间的交往和联系,它已经成为社会交际活动中不可缺少的内容。

2. 礼仪的特征

(1) 共通性。礼仪是人们在社会交往过程中形成并得到共同认可的行为规范。它贯穿于整个人类社会发展的始终,普遍存在于社会的各个领域,渗透到各种社会关系之中。

只要人类存在交际活动,社会就有礼仪的存在。尽管不同的国家、不同的地区、不同的民族对于礼仪内容的理解不同,重视的程度不同,表现的形式也不同,但都体现为社会共同认可的行为规范,就礼仪本身的内涵和作用来说,仍具有共通性。特别是在现代社会中,世界各地人们的交往更为快捷,更为频繁,更为多样,许多礼仪更加具有国际通用的特点。

【小故事】

酒店老板与无赖

一个人走进饭店要了酒菜,吃罢摸摸口袋发现忘了带钱,便对店老板说:"店家,今日忘了带钱,改日送来。"店老板连声说:"不碍事,不碍事。"并恭敬地把他送出了门。

这个过程被一个无赖看到了,他也进饭店要了酒菜,吃完后摸了一下口袋,对店老板说:"店家,今日忘了带钱,改日送来。"

谁知店老板脸色一变,揪住他,非剥他衣服不可。

无赖不服,说:"为什么刚才那人可以赊账,我就不行?"

店家说:"人家吃菜,筷子在桌子上找齐,喝酒一盅盅地筛,斯斯文文,吃罢掏出手绢揩嘴,是个有德行的人,岂能赖我几个钱。你呢?筷子往胸前找齐,狼吞虎咽,吃上瘾来,脚踏上条凳,端起酒壶直往嘴里灌,吃罢用袖子揩嘴,分明是个居无定室、食无定餐的无赖之徒,我岂能饶你!"

一席话说得无赖哑口无言,只得留下外衣,狼狈而去。

资料来源:关小燕.礼仪——规范行为的学问[M].北京:清华大学出版社,2008.

(2) 多样性。世界是丰富多彩的,其中礼仪也是五花八门、绚烂多姿的。世界各地的民俗礼仪千奇百怪,几乎没有人能说清楚世界上到底有多少种礼仪形式。从语言的表达礼仪到文字的使用礼仪,从举止礼仪到规范化礼仪,从服饰礼仪到仪表礼仪,从风俗礼仪到宗教礼仪等,在不同的国家、不同的场合,其表达方式也有所不同。比如,在人们常见的国际交往中,仅礼仪中的见面礼节就有握手礼、点头礼、亲吻礼、鞠躬礼、合十礼、拱手礼、脱帽礼、问候礼等。

不仅如此,有些礼仪形式所表达的内容,在不同国家或地区有可能截然相反,甚至一个国家不同地区也可能有不同的含义,如表1-2所示。

表1-2 手势在不同国家所表达的含义

手势	中国	美国	英国	法国	日本	印度	其 他 国 家
	棒、厉害	顺利	搭车	搭车	男人、父亲	搭车	在孟加拉国意味着侮辱和挑衅
	最小的或倒数第一	打赌	—	—	女人、女孩、恋人	想去厕所	在缅甸表示想去厕所;在尼日利亚等国家表示打赌
	数字0或3	征求对方意见或表示同意、赞扬、了不起	零、一钱不值	金钱		正确、不错	在韩国、缅甸表示金钱;在菲律宾表示想得到钱或没有钱;在印度尼西亚表示一无所有或一事无成;在突尼斯表示无用、傻瓜

（3）规范性。礼仪规范的形成，不是人们抽象思维的结果，而是对人们在社会交往实践中所形成的一定礼仪关系的概括和反映。礼仪来源于长期的社会生活实践，被大多数社会成员认可并施行，成为调整人际关系的习惯性标准，形成人们普遍遵循的行为准则。这种行为准则约束和支配着人们的交往行为。它虽然不像法律那样具有强制力，但作为社会成员认同并遵从的规范，往往有一种无形的力量迫使人们遵守它，因为这种规范性是人们在一切交际场合必须采用的一种"通用语言"，是衡量他人、判断自己是否自律、敬人的一种尺度。

【小故事】
修理抽水马桶的外国小男孩

龙永图曾讲过这样一件事：一次在瑞士，他与几个朋友去公园散步，上厕所时听到隔壁的卫生间里"砰砰"地响，他有点纳闷。出来之后，一个女士很着急地问他有没有看到她的孩子，他进厕所十多分钟了，还没有出来，她又不能进去找。龙永图想起了隔壁厕所间里的响声，便进去打开厕所门，看到一个七八岁的小男孩正在修抽水马桶，怎么弄都抽不出水来，急得满头大汗。这个小男孩觉得上厕所不冲水是违背规范的。

（4）传承性。任何国家的礼仪都具有自己鲜明的民族特色，其礼仪都是在继承本国传统礼仪的基础上发展起来的。离开了对本国、本民族既往交际礼仪成果的传承，就不可能形成礼仪，这就是礼仪传承性的特定含义。作为一种文明积累，人们将交际应酬中的习惯做法即礼仪固定流传下来，并逐渐形成自己的民族特色，这不是一种短暂的社会现象，不会因为时间流逝而消失。对于既往的礼仪遗产，正确的态度不应当是食古不化、全盘沿用，而应当是有扬弃、有继承，更有发展。

【小贴士】
"礼仪"的词源

在西方，"礼仪"一词最早见于法语的Etiquette，原意是法庭上的通行证。无论是在古代还是在现代，所有进入法庭的人员必须十分严格地遵守法庭纪律。古代法国的法庭不是当庭宣读这些纪律，而是将其印在或写在一张长方形的Etiquette（通行证）上，发给进入法庭的每一个人，作为其进入法庭后必须遵守的规矩和行为准则。在社会交往中，人们也必须遵守一定的规矩和准则，才能显示出人类区别于动物的特有风范，才能保证文明社会得以维系和发展。于是，当Etiquette一词进入英文后，就有了"礼仪"的含义，意即"人际交往的通行证"。

二、礼仪的原则与功能

1. 礼仪的原则

（1）遵守原则。礼仪规范是为维护社会生活的稳定而形成和存在的，实际上是反映了人们的共同利益要求。社会上的每个成员不论身份高低、职位大小、财富多寡，都有自觉遵守、应用礼仪的义务，都要以礼仪去规范自己的一言一行、一举一动。如果违背了礼仪规范，会受到社会舆论的谴责，交际自然就难以成功。

【小故事】

失礼的代价

苏联前领导人赫鲁晓夫在失礼方面就有前车之鉴,他在一次联合国会议上为了让人们安静下来,竟然脱下鞋子,并用鞋子敲打会议桌。他的不雅举止显然违背了礼仪规范,更有损他本人及苏联的国际形象。在这次会议上,联合国作出决定:对苏联代表团罚款一万美元。可见违背社交礼仪的原则是不行的。

(2) 敬人原则。尊敬是"礼"的本义,是礼仪的重点和核心。在对待他人的诸多做法中最重要的一条,就是要敬人之心长存,处处不可失敬于人,不可伤害他人的个人尊严,更不能侮辱对方的人格。可以说,掌握了敬人的原则就等于掌握了礼仪的灵魂。尊敬的作用是十分巨大的。

【小贴士】

"礼"字的由来

从"礼"字的发展演化看,"礼"的最初含义与礼仪的起源——原始宗教祭祀活动有密切关系。"礼"字在甲骨文里写为"豊",其下半部分的"豆"字是指古代的一种器具,上半部分的"玨玨"表示一块块整齐地摆放的玉,然后将"玉"放在盒子里。这反映了古人祭祀活动的一个侧面。后来在其基础上又繁化为"禮",左边加的这个"示"字旁,为古代的神祇,整个字为敬神之意。随着人类对自然与社会各种关系的认识逐渐加深,礼的范围和内容就从各种神事扩大到人事。表示对他人的尊敬、尊重就是"礼"的本质含义。

(3) 信用原则。信用原则即讲究信誉的原则,守信是中华民族的传统美德,信守约定也是交往活动中必须严格遵守的一项原则。要遵守信用,做到守时、守约、说话要算数、许诺要兑现,"言必行,行必果"。在交际中只有讲究诚信,才能赢得别人的尊敬。

【小案例】

八万两银子的破箩筐

乔致庸是中国清代著名的晋商。一次,包头东城万利聚商号的吴东家因资金周转不开,向乔致庸借了八万两银子。当时,吴东家承诺:一年后连本带息全部还清。可一年的期限到了,吴东家不仅没还一分钱,借钱的事也闭口不提。更过分的是,他还主动找上门来,可怜巴巴地向乔致庸哭诉:"我现在是穷得叮当响,家里仅剩下一只用来卖花生的破箩筐了,哪还得起你那八万两银子呀?"

乔致庸心里明白,吴东家这么做无非是想赖账。可他却安慰道:"既然你已到了这步田地,我也不能逼你,就把那只破箩筐拿来抵债吧!"吴东家一听,心里顿时乐开了花,立刻送来了破箩筐。

吴东家走后,伙计急切地问:"一个破箩筐怎么能值八万两银子,您这不是白白送他吗?"乔致庸笑了笑说:"你照我吩咐的去做,吴东家自会把钱送来。"随后,乔致庸便让伙计把那破箩筐挂在店里最显眼的地方,标价八万两银子出售。人们听说后,都跑来看热闹,自然也就知道了破箩筐的事。后来,很多生意人知道这件事,就都不愿意跟吴东家做生意了。

这时,吴东家才意识到问题的严重性,只得乖乖地把欠款还清,赎回了那只破箩筐。

资料来源:王玉苓.商务礼仪案例与实践[M].北京:人民邮电出版社,2018.

(4)自律原则。"自律"原则要求个体把学习和运用礼仪当作自己的自觉要求,通过学习,在心中树立起礼仪信念和行为准则,以此来约束自己在社会交往中的行为,并做到"吾日三省吾身",不断地用礼仪规范对照检查自己的交际行为,以形成良好的礼仪习惯。只有做到"慎独",才是一个真正讲礼仪的人。

【小贴士】
社交活动中不要随便发怒

在社交场合中随便发怒,会造成两种不良的后果:一是对发怒的对象不友好,会伤了和气和感情,失去朋友、同事之间的友谊与信任。二是对发怒者不利,一方面对本人的身体产生不良的影响;另一方面对发怒者的形象产生不良的影响,人们会认为他缺乏修养,不宜深交。

在社会生活中,人们适应环境,并求得环境的认可和接受,也是一种本能的表现,在社会交往中主要表现为以良好的心态与朋友、同事友好相处,不发怒、不发脾气,并从多方面克制自己。

2. 礼仪的功能

(1)塑造个人形象。塑造个人形象是礼仪的第一功能。在人际交往中,礼仪往往是衡量一个人文明程度的准绳,它不仅反映一个人的交际技巧和应变能力,还反映一个人的气质、风度、阅历见识、道德情操及精神风貌。礼仪有助于人们更好地设计、塑造、展现、维护个人形象。

【小故事】
小节的象征

这是《故事会》杂志"三分钟典藏故事"栏目中的一个颇值得回味的小故事:一位先生要雇一个没带任何介绍信的小伙子到他的办公室做事,先生的朋友挺奇怪。先生说:"其实,他带来了不止一封介绍信。你看,他在进门前先蹭掉脚上的泥土,进门后又先脱帽,随手关上了门,这说明他很懂礼貌,做事很仔细;当看到那位残疾老人时,他立即起身让座,这表明他心地善良,知道体贴别人;那本书我故意放在地上的,所有的应试者都不屑一顾,只有他俯身捡起,放在桌上;当我和他交谈时,我发现他衣着整洁,头发梳得整整齐齐,指甲修得干干净净,谈吐温文尔雅,思维十分敏捷。怎么,难道你不认为这些小节是极好的介绍信吗?"

(2)促进人际交往。礼仪是人们沟通思想的桥梁,也是交际个体与其他交际个体、交际群体之间的"协调器"。人与人之间的了解和沟通,一般都是从彼此的礼仪表现开始的。讲究礼仪,可以唤起人们的沟通欲望,相互建立起好感和信任,进而形成和谐、良好的人际交往过程,并推动和维护这种人际交往过程。

【小案例】

一束玫瑰花

乔·吉拉德是一位优秀的推销员。一天,一位中年妇女从对面的福特汽车销售部走进了吉拉德的汽车展销室。她很想买一辆白色的福特车。"夫人,欢迎您来看我的车。"吉拉德微笑着说。妇女兴奋地告诉他:"今天是我55岁的生日,想买一辆白色的福特车作为生日礼物送给自己。"

"夫人,祝您生日快乐!"吉拉德热情地祝贺道。随后,他轻声地向身边的助手交代了几句。吉拉德领着夫人边看边介绍,一会儿,助手走了进来,把一束玫瑰花交给了吉拉德。吉拉德把这束漂亮的玫瑰花送给夫人,再次对她的生日表示祝贺。那位夫人感动得热泪盈眶,当即在吉拉德这里买了一辆白色的雪佛兰轿车。

资料来源:佚名.叹服!乔·吉拉德——世界上最优秀的推销员[EB/OL].[2017-06-19].http://www.sohu.com/a/150227892_770237.

(3) 改善人际关系。在人际交往过程中,人们只有讲究礼仪,共同用礼仪来规范彼此的交际活动,才能够更好地表现互相尊重的感情,增进了解和友谊。当人们在社会交往中出现矛盾时,礼仪可以起到"润滑剂"的作用,促进人们相互理解、相互谦让,协调和改善人们之间的关系,有助于形成良好的社会环境。

【小故事】

日本木村事务所

日本有一家叫木村事务所的企业想扩建厂房,他们看中了一块近郊土地意欲购买。同时有其他几家企业也想购买这块地。为购得这块土地,木村事务所的董事长多次登门,费尽口舌,但土地的所有者——一位倔强的老太太,说什么也不卖。

一个下雪天,老太太进城购物顺便来到木村事务所,她本意想告诉木村先生死了这份心。老太太推门刚要进去,突然犹豫起来,原来屋内整洁干净,而自己脚下的木屐沾满雪水,肮脏不堪。正当老人欲进又退之时,一位年轻的女职员出现在老人面前:"欢迎光临!"女职员看到老太太的窘态,马上回屋想为她找一双拖鞋,不巧的是拖鞋正好没有了。女职员便毫不犹豫地把自己的拖鞋脱下来,整齐地放在老人脚前,笑着说:"很抱歉,请穿这个好吗?"老太太犹豫了。"别客气,请穿吧,我没有什么关系。"女职员接着说。等老人换好鞋,女职员才问道:"女士,请问我能为您做些什么?""哦,我要找木村先生。"老太太说。"他在楼上,我带您去。"女职员就像女儿扶母亲那样,小心翼翼地把老太太扶上楼。老人在踏进木村办公室的一瞬间改变了主意,决定把地卖给木村事务所。那位老人后来告诉木村先生说:"在我漫长的一生里,遇到的大多数人是冷漠的。我也去过其他几家想买我地的公司,他们的接待人员没有一个像你这里的职员对我这么好,你的女职员年纪这么轻,就对人这么善良、体贴,真令我感动。真的,我不缺钱花,我不是为了钱才卖地的。"就这样,一个大企业家倾其全力交涉半年也徒劳无功的事情,竟然因为一个女职员有礼而亲切的举动无意间促成了,真是奇妙之极。

资料来源:张维玲.变不可能为可能[J].领导文萃,1995(7).

(4) 促进社会和谐。礼仪反映了社会的文明程度及公民的精神面貌,是精神文明的重要组成部分。人人遵守交际礼仪,可以净化社会风气,提升个人和社会的精神品位,建立一种体现时代精神的新型人际关系。特别是在当今商品经济大潮的背景下,礼仪有助于我们看到现实中存在的差距,进而提高社会的文明程度,促进社会的和谐发展。

【小贴士】

新加坡全民礼貌运动

当年,新加坡总理李光耀先生提出开展全民礼貌运动时,有许多人不赞成。有人认为自己是炎黄子孙,秉承礼仪多年,何来不文明?有人认为由国家发起并主持这种活动似乎没有多大的必要。于是,不理解的人有之,讽刺讥笑的人有之。新加坡政府不为这些议论所动摇,坚持不懈地在全国开展了多年的礼貌运动,许多企业也积极响应号召。礼貌变成了服务,礼貌带来了效益。如今,新加坡已树立起文明、整洁、清新的形象。

三、礼仪修养的方法

1. 提高认识,高度重视礼仪

正确的认识是形成人们良好礼仪行为的先导。礼仪修养不仅是个人自尊自律的基本要求,影响个人的事业发展及自我实现,而且关系到受教育者的健康成长,关系到国家民族的文明程度。因此,要在思想认识上高度重视,把学习礼仪变成一种经常自觉的行为,内化成一种习惯,并渗透到学习、工作、生活的方方面面,最终成为自然流露,体现出良好的个人修养。

【小故事】

诺贝尔奖获得者的回答

1978年,75位诺贝尔奖获得者在巴黎聚会。人们对于诺贝尔奖获得者非常崇敬,有一名记者问其中一位:"在您的一生里,您认为最重要的东西是在哪所大学、哪所实验室里学到的呢?"

这位白发苍苍的诺贝尔奖获得者平静地回答:"是在幼儿园。"记者感到非常惊奇,又问道:"为什么是在幼儿园呢?您认为您在幼儿园里学到了什么呢?"

诺贝尔奖获得者微笑着回答:"在幼儿园里,我学会了很多很多。比如,把自己的东西分一半给小伙伴们;不是自己的东西不要拿;东西要放整齐;饭前要洗手;午饭后要休息;做了错事要表示歉意;学习要多思考,要仔细观察大自然。我认为,我学到的全部东西就是这些。"所有在场的人对这位诺贝尔奖获得者的回答报以热烈的掌声。事实上,人的一生所学到的最主要的东西,就是幼儿园老师所教的礼仪规范。

可见,礼仪对一个人的成长多么重要!对每个人来说,礼仪都将伴随终生。

资料来源:魏国友.谈培养文明的好习惯[J].成才之路,2009(22).

2. 努力学习,加强知识积累

礼仪的内涵丰富而深刻,和许多学科都有着密切的联系,一个人只有拥有广博的文化知识,才能深刻地理解交际礼仪的原则和规范。例如,学习民俗学可以更好地了解一个民族的文化传统、风土人情;学习美学可以更好地懂得什么是美,什么是丑,怎样才能做到内在美与外在美的和谐统一;学习心理学可以更好地理解和尊重他人的人格和情感,提高自我控制能力;学习公共关系学可以懂得协调沟通、塑造组织形象和个人形象的方法等。显然,注重文化知识的学习,对交际礼仪的修养来说是不可或缺的。

【小案例】

一次成功的销售

一天,一位中年日本游客在下榻宾馆的商场选购货品。她来到销售文房四宝的柜台,服务员小刘立刻上前用日语询问她有何需求。这位游客说:"我想买两方砚台送给我热爱书法的丈夫。"于是,他们来到销售砚台的柜台前,该游客指着两方刻有荷花的砚台对小刘说:"两方砚台大小正合适,可惜的是造型……"客人的话立刻使小刘想到,在日本荷花是用来祭奠死者的不吉之物,看来只有向她推荐其他造型的砚台。于是小刘说:"书画用砚台与鉴赏用砚台是不一样的,对石质和砚堂都十分讲究,一般以实用为主,您看,这方鱼子纹歙砚,造型朴实自然,保持着砚石自身所固有的特征,石质又极为细腻,比方荷花砚更好,而且砚堂平阔、没有雕饰,用这样的砚台书写研墨一定很得心应手,使用自如。"接着将清水滴在三方砚台上,请客人亲自体验这三方砚石在手感上的差异。最后,客人满意地买下了这方鱼子纹歙砚,之后又另外买了三方砚台带给她的亲人和朋友,并连声向小刘道谢,还拉着小刘的手说:"你将永久留在我的记忆中。"

资料来源:佚名.商务礼仪[EB/OL][2016-10-12] http://www.doc88.com/p-9873114632182.html.

3. 陶冶情感,时刻尊重他人

在礼仪教育过程中,情感是由知到行的一个桥梁。陶冶情感就是要使受教育者产生一种尊重他人的真挚感情,能够时时处处替他人着想,对人始终抱有一种热情友好的态度。我们大约都有这样的体验:在交际活动中,如果遇到一个对人热情诚恳的人,那么就能很快与其建立一种良好的关系;相反,如果碰到的是一个冷漠无情或虚情假意的人,则难以营造融洽交流的气氛。通常,一个人可以很快就了解一些礼仪方面的知识,但若缺少对人的情感,那么他就无法把礼仪完美地表现出来,这些礼仪形式也就成了没有灵魂的、僵死的躯壳。因此可以看出,情感比认识具有更大的保守性,改变情感比改变认识要困难得多,陶冶情感是礼仪教育中更为艰巨的一项任务。

由下面的小案例可知,发自内心地尊重他人、关心他人,充分做到以人为本,是每个人做人的根本。

【小案例】

花3分钟感谢

一家大公司的公关部招聘一位职员,许多人参与了角逐。公司的面试和笔试十分烦琐,一轮轮淘汰下来,最后只剩下五个人。这五个人都很优秀,都有较好的外表条件和学识,也都毕业于名牌大学。公司通知五个人,最终聘用谁需经经理层会议讨论才能决定。于是五个人安心地回家,等待公司最后的决定。

几天后,其中一个人的电子信箱里收到一封信,信是公司人事部发来的,内容是:"经过公司研究决定,你落聘了,但是我们欣赏你的学识、气质,因为名额所限,实是割爱之举。公司以后若有招聘名额,必会优先通知你。你所提交的材料录入计算机存档后,不日将邮寄返还于你。另外,为感谢你对本公司的信任,还随信寄去本公司产品的优惠券一份。祝你开心!"

她在收到电子邮件的一刻知道自己落聘了,十分伤心,但又为外资公司的诚意所感动。两天后,她收到了寄给她的材料和一份优惠券,还有一个电子信件中没有提及的带有公司标志的小饰物。她十分感动,顺手花了3分钟时间用电子邮件给那家公司发了一封简短的感谢信。

两个星期后,她接到了那家大公司的电话,说经过经理层会议讨论,她已被正式录用为该公司职员。后来,她才明白这是公司的最后一道考题。公司给其他四个人也发了同样的电子信件,也送了优惠券和小饰物。但是回信感谢的人只有她一个。她能胜出,只不过因为多花了3分钟时间去感谢。

资料来源:彭秀忠.面试:花3分钟感谢[J].北京纪事(纪实文摘),2007(1).

4. 磨炼意志,养成礼仪习惯

要使礼仪规范变成自觉的行为,没有坚韧不拔的意志是做不到的。意志坚强的人,能有效地控制自己的言行,特别是在不顺利的情况下,也能不畏困难,始终如一地按照自己的信念待人处世。不该以"习惯成自然"为由,姑息迁就那些不合礼仪的坏习惯,而应把对礼仪原则和规范的遵从变成一种习惯性的行为,从大处着眼,小处着手,寓礼仪于细微之中,逐渐成习。

【小案例】
对方会看到你打电话时的表情

日本有一个特别有名的推销员,有人结合他的经历写了一本书,称他是非常优秀的推销员。这个推销员的优秀之处在哪儿呢?他的工作中又有哪些有趣的故事?

有一天晚上,他回到家后,比较累了,决定先睡一觉。但他定了一个闹钟,同时告诉他妻子,晚上十点的时候,一定要把他叫起来,因为他跟一个很重要的客户约好在十点半的时候打电话。

到十点的时候,不等妻子催他,他听到闹钟就醒了,然后去洗手间洗漱,接着又是刮胡子,又是穿衬衫、打领带的,还穿上了西装和皮鞋。最后拿了个本子,在电话机旁正襟危坐,十点半一到就准时给对方打电话。

业务谈得很顺利,十几分钟就搞定了。但是他这番怪举动让他妻子感到很奇怪:不就一个电话吗?有必要搞得这么紧张吗?大半夜的还要起来精心打扮一通,好像现在不是晚上,而是星期一一大早。

他对妻子说:"如果我很邋遢、很懒散,对方虽然看不到我的样子,但是我的精神面貌不好,就会通过语气变化传达给对方。经过这么一番打扮,我看起来正式多了,人也精神多了。虽然看不见对方,我也要尊重对方,我相信,对方一定能感受到!"

资料来源:陈乾文.别说你懂职场礼仪[M].北京:龙门书局,2010.

课后练习

1. 如何实现谈判中的"双赢"？
2. 怎样理解谈判双方是问题的解决者而不是敌人或朋友？
3. 你在生活中常常扮演谈判者的角色吗？你能举一两个参与过的谈判事例吗？
4. 国际商务谈判有何特点？
5. 讨论并分析大学生掌握礼仪礼节的重要意义。
6. 调查本校学生现代交际礼仪缺失的现状，分析原因并提出改善措施。
7. 谈谈你准备怎样加强交际礼仪的修养。
8. 请观看电影《公主日记》《窈窕绅士》，总结主人公从麻雀变凤凰中的诸多礼仪元素及其礼仪修养方法。
9. 案例分析。

A 公司胜利了吗

美国约翰逊公司的研究开发部经理，从 A 公司购买一台分析仪器。使用几个月后，一个价值 2.95 美元的零件坏了，约翰逊公司希望 A 公司免费调换一个。A 公司不同意，认为零件损坏是由于约翰逊公司人员使用不当造成的。双方为这件事争执了很长时间，A 公司召集了几位高级工程师费了九牛二虎之力证明了零件的损坏责任在约翰逊公司一方。A 公司取得了谈判的胜利。但此后整整 20 年时间，约翰逊公司再未从 A 公司买过一个零件，并且告诫公司的职员，今后无论采购什么物品，宁愿多花一点钱，多跑一些路，也不与 A 公司发生业务交往。

资料来源：佚名.商务谈判概论[EB/OL].[2017-09-15].http://www.doc88.com/p-9724961943669.html.

思考题：

请你来评价一下，A 公司的这一谈判究竟是胜利还是失败？原因何在？

我不愿意在礼貌上不如任何人

《林肯传》中有这样一件事：一天，林肯总统与一位南方绅士乘坐马车外出，途遇一老年黑人深深地向他鞠躬，林肯点头微笑并摘帽还礼，同行的绅士问道："为什么你要向'黑人'摘帽？"林肯回答说："因为我不愿意在礼貌上不如任何人。"可见，林肯深受美国人民的爱戴是有原因的。1982 年美国进行民意测验，要求人们在美国历届的 40 位总统中挑选一位"最佳总统"，名列前茅的就有林肯。

资料来源：苏北雪.礼节可以为你赢得一切[EB/OL].[2017-04-18]https://www.meipian.cn/hju47dj? from=groupmessage.

思考题：

(1) 林肯向老年黑人脱帽致礼说明了什么？
(2) 本案例对你有哪些启示？

第二章 商务谈判的准备

不为明天做准备的人永远不会有未来。

——(美国)卡耐基

是故胜兵先胜而后求战,败兵先战而后求胜。

——《孙子兵法》

学习目标

- 能够开展谈判背景调查。
- 能够合理配备谈判人员,组成具有强谈判力的谈判小组。
- 能够全面地收集谈判资料,进行充分的资料准备。
- 能够制订科学实用的谈判方案。
- 能够合理地选择谈判时间和地点,并布置谈判场地。
- 能够开展模拟谈判,为正式谈判的成功奠定基础。

案例导入

一场没有硝烟的战争

在日商举办的农业加工机械展销会上,展出的正是中国几家工厂急需的关键性设备,于是中方某公司代表与日方代表在上海举行谈判。按惯例,日方首先报价1000万日元,中方马上判断出其价格含"水分"。由于中方对这类产品的性能成本及在国际市场上销售行情了如指掌,并暗示生产厂家并非你独此一家。最终中方主动提出休会,给对方一个台阶。当双方重新坐到谈判桌旁时,日方主动降价10%,我方据该产品近期在其他国家的行情,认为750万日元较合适,日商不同意。最后我方根据掌握的信息及准备的一些资料,让对方清楚,除他外还有其他一些合作伙伴,在我方坦诚、有理有据的说服下,双方最终握手成交。

资料来源:佚名.商务谈判准备[EB/OL].[2016-11-08].http://www.doc88.com/p-7798961198076.html.

问题:怎样争得商务谈判的主动权?

第一节 商务谈判的背景调查

商务谈判的背景条件是影响谈判的重要因素,是商务谈判中不可忽视的客观要素,同时也是商务谈判准备工作中必不可少的环节。这是因为商务谈判是在一定的政治、经济、文化、社会制度和法律环境中进行的。这些背景环境将会直接影响谈判。因此,充分、全面地了解和分析谈判的背景环境将有助于谈判者制订出正确的谈判计划。对于参与国际商务的企业而言,谈判本身的成功并不是最终目的,更重要的是合同的履行。如果一个企业花费了巨大的精力、物力最终按照己方的意愿达到了协议,但是在实际履约的过程中却因为某些客观因素的限制导致合同成为一纸空文,这样的谈判并不算是成功的谈判。因此谈判之前,作为谈判者必须要对客观存在的背景环境进行翔实的调查。

对于任何一项谈判内容的调查研究应努力做到以下几点:第一,调查的内容要有明确的目的,不能漫无边际。第二,收集材料要多渠道、多层次,能够反映事物的全貌。第三,整理材料时要细心,留下能够反映事物本质和特性的材料。第四,在分析材料时要科学、客观。能够做到以上几点还是远远不够的,接下来要了解的是谈判的背景调查。背景调查的内容也不尽相同,主要由影响商务谈判的主要因素决定。因此,一般要包括政治状况、经济条件、政策法令、宗教信仰、文化习俗、商业习惯、基础设施和气候等。

一、政治状况

英国的谈判专家 P.D.V Marsh 在其所著的《合同谈判手册》中对谈判背景调查进行了系统的归类,其中提到首先要做的就是关于政治状况的调查。政治状况与一个国家或地区的政治体制是紧密联系在一起的,因此这一部分调查的主要内容应该包括下列几个方面。

1. 政治背景和政局的稳定程度

政治背景主要是指该项目是否抱有政治目的,该项目是否会引起对方国家政府或者领导人的注意,以及政府买卖双方之间是否存在某种政治关系等。动荡的政局容易使谈判中止或者使已经达成的协议变成一纸空文。政局的稳定不仅仅指国内无动乱或者战乱,对方国家的大选或者政府换届也是政局稳定的因素。

2. 两国的关系

商务活动无一例外会受到外界因素的影响。如果两国关系友好,谈判中碰到的困难可能借助国家的干预进行解决,成功的可能性较大。同时在履行的过程中,如果遇到相应的困难,可以借助政府或者国家之间的友好关系进行协调解决,因此执行合同的可靠性较大。但是如果双方属于没有建立外交关系的国家或者是敌对国,谈判时交易双方可能会受到政府的干扰,这增加了谈判的障碍。即使能够签约,履行合同的困难也会很大。因为谈判双方在出现问题时无法寻求政府帮助,即使没有遇到经济或技术上的麻烦,也许会受到政府的歧视或者其设置的重重障碍。从这个角度看,两国的关系极大地影响着谈判项目的成败和合同履行的难易。

3. 两国的政治和经济体制

政治体制和社会制度的不同都会影响商务谈判的结果,这是因为不同的政治制度和社会制度使人们在思想意识上对对方采取一定的歧视态度或者敌对的态度,这相当于在谈判中设置了一堵墙。因此谈判者需要了解对方国家的政治体制和社会制度,在最大限度上消除这两种因素对谈判的影响。经济体制影响商务谈判是指在计划体制下,企业间的交往要受到国家计划的约束。因为只有列入国家计划的交易项目才会有相应的计划指标,这样的项目才能谈判。如果在市场经济体制下,企业拥有较大的自主权,企业自身就可以决定交易的内容。因此,事先了解对方的经济体制,有助于在谈判之前对对方的自主权作出准确的分析和判断。

4. 对方国家对企业的管制程度

政府对企业的管制程度会直接影响到企业自主权力的大小。如果国家对企业的管制程度高,在谈判的过程中政府会干预谈判的内容,并且涉及关键性的问题时,企业本身无权作出决定,只能由政府的有关部门来进行决策。从这一角度看,谈判成功与否将直接取决于政府的有关部门,而不是企业。相反,如果国家对企业的管制程度较低,就意味着企业享有较大的自主权,此时谈判的成败则完全取决于企业自身。

二、经济条件

一国的经济发展状况反映了该国国内投资、消费和进出口水平。如果经济发展状况良好,经济发展趋势稳定,那么该国就拥有良好的发展对外贸易的环境;反之,如果一国的经济增长减缓或者放慢,或者经济发展处于停滞或危机状态,那么该国对外贸易的发展必然会受到影响。商务谈判的最终目的是要形成跨国资产流动,因此该国经济条件对商务谈判有着不可忽视的影响。在背景调查时,应主要考虑下列因素:经济运行机制、外汇储备、汇率波动、支付信誉、税法、外汇支付能力及货币的自由兑换等。这里主要叙述的是外汇支付货币的自由兑换性。

1. 该国的外汇支付能力

首先,一国的外汇支付能力主要取决于其外汇储备和外债。如果外汇储备充足且远高于其外债,可以说明该国在对外支付方面能力较强;反之,则较弱。

其次,要看该国出口产品的结构。如果该国的出口产品以初级产品为主,附加值较低,说明该国的换汇能力较差;反之,则较强。

2. 该国货币的自由兑换

能够自由兑换的货币通常不存在风险。如果该国的货币不能自由兑换,汇率的变动趋势和兑换的限制条件必将会成为交易双方的敏感话题。因为交易双方的货币如果不能自由兑换,那么就会涉及如何兑换和用什么样的货币来支付的问题。汇率的变化对双方都有风险,如何将风险降到最低,需要双方协商解决。

三、政策法令

在谈判开始前,应当详细了解有关的政策、法令,以免在谈判时因不熟悉政策、法令而出现失误。

谈判前需要了解的法令主要包括:该国的政策和法律制度,该国的政策和法律制度的执行情况,法院受理案件的时间长短,执行他国法律的仲裁需要的程度;谈判双方有关谈判内容的法律规定,这是当事人经营是否合法的依据。特别是在国际贸易中,要了解对方国家或地区各种税收的税率、税种与征税依据方面的资料,是否与我国签订了避免双重征税的协议(非 WTO 成员方);还要了解有关国家的金融状况,如外债、创汇能力及创汇渠道,以及进出口外汇管理的有关规定等。

四、宗教信仰

在一个国家或地区,影响商务谈判的宗教信仰因素有以下两个方面。

1. 在该国占主导地位的宗教信仰

由于宗教信仰对人的思想行为有着重要而直接的影响,因此在商务谈判中首先要了解该国有无宗教信仰。如果有,占主导地位的宗教信仰是什么?有宗教信仰的人和无宗教信仰的人的思想、行为方式有什么不同?同样是信仰宗教的人,信基督教与信伊斯兰教的人的思想、行为又有什么不同?正因为宗教信仰对人的行为方式影响的客观存在,使其成为商务谈判背景调查的重要环节。

2. 宗教信仰的影响

宗教信仰对该国在政治、法律、经济及至个人行为等方面都有影响。对于宗教色彩浓厚的国家或地区,一般其国家的施政方针、法律制度等都会受到该宗教教义的影响。同时,人们对其他人的行为认可,也会受到该宗教信仰的约束。在经济上,国家或政府甚至企业对于来自不同宗教信仰国家的谈判可能持有歧视或敌对的态度或施加种种限制。由于宗教信仰对个人的社会交往和行为有着深刻的影响,那么有无宗教信仰的人或不同宗教信仰的人在社会交往方式、思维模式、价值取向以及行为选择等方面必然存在极大的不同。节假日和工作时间也会由于宗教信仰的不同而不同。为避免发生冲突,宗教信仰及其影响因素的调查成为必不可少的环节。

五、文化习俗

不同的国家有不同的文化和习俗,这些文化和习俗在一定程度上影响着谈判活动。在谈判之前,必须充分了解下列因素:首先是合乎习俗和称呼,让对方感觉熟悉。其次是穿着,要合乎对方的社会规范。再次,要注意人们习惯谈论的话题,比如是否可以谈论政治、宗教或者皇室新闻等。最后,业务洽谈时间的选择是否会引起对方的不愉快,如见面是否应准备礼品,礼品的内容和包装有什么习俗,如何赠送等;妇女是否可以参与业务,如果参与是否与男子具有等同的权利。

【小案例】

距 离

以下是我国一家石油公司经理与某阿拉伯国家的谈判代表进行谈判后的自述:我曾经在会见一位阿拉伯国家的谈判代表时,与他协商协议书上的一些细节问题。谈话时,他渐渐地朝我靠近。直到离我大约15厘米才停下来。当时我并没意识到什么,我对中东地区的商业习惯不太熟悉,我往后退了退。在我们两人之间保持着一个我认为适当的距离,大约60厘米。这时,只见他略略迟疑了一下,皱了皱眉,随即又向我靠过来,我不安地又退了一步。突然,我发现我的助手正焦急地盯着我,并摇头向我示意。我终于明白了他的意思,我站住不动了,在一个我觉得最别扭、最不舒服的位置上完成了此次交易的谈判。

资料来源:佚名.商务谈判[EB/OL].[2016-09-14].https://www.docin.com/p-1734972529.html.

六、商业习惯

影响国际商务活动的商业习惯主要有以下几个方面:该国企业的决策程序;语言文字以及翻译;在商业活动中,该国是否存在贿赂现象;在正式场合,双方领导及陪同人员的发言次序;企业在洽谈业务时,有无商业间谍活动以及律师的作用等。

七、基础设施

一国的基础设施、后勤供应状况、自然资源以及气候等因素会影响商务谈判活动。

1. 基础设施

交通状况、运输能力、通信能力、港口设施、建筑设备等会在一定程度上影响商务谈判活动。例如,在设施落后的港口进行装运,由于没有现代化的装卸设备,如果涉及装卸大型设备,那样就很难应对,谈判即使成功,也会由于无法成功装卸大型设备或成本太高而无法具体执行。

2. 后勤供应和自然资源

后勤供应主要指该国的人力、物力、财力等状况。要进行设备生产,是否有必要的、充足的熟练工人和技术人员,有无建设所需的物质材料、电力能源、水力资源等。

【小故事】

惨痛教训

苏州某公司听说南非市场很诱人,便希望将自己的产品打入南非市场。为了摸清合作伙伴的情况,公司决定组团到南非进行实地考察。到达南非后,对方立即安排他们与南非公司的总经理会面,会面地点被安排在一个富丽堂皇的大饭店里。考察团在电梯门口遇到一位满面笑容的招待员,她将考察团引入一间装修豪华的房间。

坐在皮椅上的南非公司总经理身材肥胖,手中夹着雪茄,一副自信的表情,充满激情地介绍了公司的情况、经营战略和未来的打算。总经理的介绍和他周围所有的一切都深深打动了考察团,他们深信这是一个可靠和财力雄厚的合作伙伴。考察团回国后,很快给他们"财力雄厚"的伙伴发去了第一批价值100多万美元的货物。然而,这批货物如同泥牛入海,发出后就没了音讯。公司只好再派人去调查,此时才发现他们掉进了一个精心设计的圈套里。那位肥胖的"总经理"原来是当地的一个演员,装修豪华的接待室不过是临时租来的房间。待真相大白之后,再去寻找这家公司,才知道它已经宣告破产了。

资料来源:佚名.经典案例集锦[EB/OL].[2012-03-03].http://www.360doc.com/content/12/0303/15/7006058_191355683.shtml.

问题:这个惨痛的教训带给我们哪些启示?

此外,气候状况同样会对商务谈判产生影响,气候状况不仅会间接地影响商务谈判活动,还能影响到合同的履行。例如雨季的长短、雨量的大小、全年的平均气温、冬季与夏季的温差、空气的平均湿度、地震情况等。

第二节　商务谈判人员的组织

一、谈判的人员准备

1. 谈判组成员的数量

谈判小组成员应由几个人组成没有统一的规定，就一般谈判来讲，谈判小组以不超过四个人最为理想。

当然，这并不是说谈判小组成员一定是四个人，确定小组成员人数关键是看需要。如果是大型谈判或复杂谈判，四个人会显得势力单薄，专业知识不够，甚至会被对方认为是不重视，谈判人员也可能多达十人、几十人。有时，谈判不需要有人提供专门知识，则选派两人参加较为理想。当一人主谈时，另一人观察情况，考虑对策，以便于协商统一意见。

2. 谈判组成员的构成

在商务谈判中，根据谈判工作的作用形式，谈判团队可以由以下人员组成，如表2-1所示。

表2-1　谈判组成员的构成

组成人员	主　要　职　责
主谈人员	主谈人员是指谈判团队的领导人或首席代表，是谈判班子的核心，是代表本方利益的主要发言人，整个谈判主要是在双方主谈人之间进行
商务人员	商务人员由熟悉商业贸易、市场行情、价格形势的贸易专家担任，在谈判中主要负责确定商品品种、规格、商品价格、敲定交货的时间与方式、明确风险的分担等事宜
技术人员	技术人员由熟悉生产技术、产品标准和科技发展动态的工程师担任，在谈判中负责对有关生产技术、产品性能、质量标准、产品验收、技术服务、包装、加工工艺、使用、维护等问题的谈判，也可为商务谈判中价格决策作技术顾问
财务人员	商务谈判中所涉及的财务问题相当复杂，财务人员应由熟悉财务成本、支付方式及金融知识，具有较强的财务核算能力的财务会计人员担任，主要职责是对谈判中的价格核算、支付条件、支付方式、结算货币等与财务相关的问题把关，协助主谈人员制定好有关财务条款
法律人员	法律人员由精通经济贸易各种法律条款，以及法律执行事宜的专职律师、法律顾问或本企业熟悉法律的人员担任。其职责是做好合同条款的合法性、完整性、严谨性的把关工作，也负责涉及法律方面的谈判，以保证合同形式和内容的严密性、合法性及合同条款不损害己方合法权益
翻译人员	在商务谈判中，翻译人员是谈判中实际的核心人员，应由精通外语、熟悉业务的专职或兼职翻译担任，主要负责口头与文字翻译工作，沟通双方意图，配合谈判运用语言策略。一个好的翻译，能洞察对方的心理和发言的实质，活跃谈判气氛，为主谈人提供重要信息和建议，同时也可以为本方人员在谈判中出现的失误寻找改正的机会和借口
其他人员	其他人员是指谈判必需的工作人员，如记录人员或打字员，具体职责是准确、完整、及时地记录谈判内容，一般由上述各类人员中的某人兼任，也可委派专人担任。虽然不作为谈判的正式代表，却是谈判组织的工作人员

3. 谈判组成员间的相互配合

谈判组成员间的相互配合、相互支持有多种形式,比如,当主要发言人介绍我方谈判意图、情况时,其他人员为发言人提供资料、数据等。谈判组成员互相介绍是谈判双方相互接触和认识的必不可少的环节。怎样通过介绍给对方良好的"第一印象",需要一定的策略技巧。例如,我方谈判组负责人向对方介绍一位小组成员,他可以说"这是我们的财务会计李××",也可以说"这是我们的会计李××,他具有15年财务工作的丰富经验,曾负责审查过金额达1 500万美元的贷款项目"。对比之下,显然后一种介绍更有影响力,会在第一次见面的接触中,就给对方一定的心理压力。这种方法,在介绍己方主要谈判成员时,十分有效。

在事先安排的情况下插话也是成员间相互默契的形式,如对谈判组成员的发言表示赞同、支持,或是为发言者做进一步的证明,可在同事谈话停顿或告一段落时插话。

谈判组成员间的表情、神态、动作也有助于相互沟通、支持。如果我方代表讲话时,其他成员聚精会神地倾听,不时赞同地点点头,做些必要的补充,就会给对方良好的心理印象,加重所阐述问题的分量。

【小案例】

负责人与主谈人的错误配合

在日本X公司向中国Y公司引进家用电器产品时,X公司的中村先生将报价给了公司的业务人员,约定某年某月到Y公司来进行谈判。当X公司的中村先生到Y公司与主管业务的C先生谈判搁置后,中村先生要求宴请C先生和其上司。C先生和其上司F经理接受了邀请。席间气氛十分活跃,中村先生在席上送F经理健身器材一套,F经理表示这正是他喜欢的东西。席后中村希望F经理挤时间参加谈判,F经理满口答应次日参加谈判。晚宴后,因酒喝得较多,C先生和F经理就此分手,当晚无话。

次日,继续谈判,中村先生一看F经理没到场,便问C先生:"今天F经理为什么没来会谈?"

C先生愕然:"F经理没和我讲呀!"

中村先生:"能否请您给F经理打个电话?"

C先生不情愿地说:"可以。"

C先生在会谈间拨通电话:"F经理,中村先生说您答应参加谈判的,您看怎么办?"

F经理:"噢,是的,昨天晚上我随便说了一句,他当真了,好!我马上来。"

F经理到会场后,中村先生十分高兴,把C先生搁在一边,对F经理很热情,谈判态度也好转了。整个上午又解释,又诉苦,又表忠心,又讨好,欲尽快地把谈判结束,并当着F经理面把价格降了两次,共降了5%,并要F经理还价。

F经理问C先生:"双方差距还有多大?"

C先生回答:"40%。"

F经理对中村先生说:"我看你态度不错,我们双方共同努力一下,各让一半即20%如何?"

中村先生:"我坚决响应您的建议。鉴于我在前面已让了两步,贵方也让这么多后,再折中,即我方与贵方在35%的基础上折中,我方再让17.5%。"

F经:"那就这么办。"

C先生脸露难色,散会后向F经理讲:"中村先生报价较虚,我们原计划应让其降价30%以上。"

F经理:"怎么不早讲呢?"

C先生说:"我不知道您要参加谈判。"

资料来源:佚名.商务谈判案例库[EB/OL].[2017-09-30].https://max.book118.com/html/2011/0619/311300.shtm.

问题:Y公司本次谈判失利何在?

4. 后备力量的配置

比较大型或重要的谈判,常常要准备一定的后备力量。后备力量的人选可能是企业或部门的经理、负责人,也可能是专门业务人员、技术人员,以备出现问题能及时与企业有关人员取得联系,必要时可调整,更换技术人员。

谈判组要得到后备力量的支持,必须协调同他们的关系,谈判组在谈判之前,要明确自己的责任范围、权限范围,以免因责任不清而发生冲突,贻误战机。在谈判中,必须及时同企业的后备人员沟通情况及商谈有关问题,以进一步加强商务谈判的主动性。

二、合格谈判小组的标准

合格谈判小组的标准包括以下三个。

1. 知识互补

它包含两层意思:一是谈判人员具备自己专长的知识,都是处理不同问题的专家,在知识方面相互补充,形成整体的优势。例如,谈判人员分别精通商业、外贸、金融、法律和专业技术等知识,就会组成一支知识全面而又各自精通一门专业知识的谈判队伍。二是谈判人员书本知识与工作经验的互补。谈判队伍中既有高学历的青年知识学者,也有身经百战具有丰富实践经验的谈判老手。高学历学者可以发挥理论知识和专业技术的特长,有实践经验的人可以发挥见多识广、成熟老练的优势,这样知识与经验互补,才能提高谈判队伍的整体战斗力。

2. 性格协调

谈判队伍中的谈判人员性格要互补协调,将不同性格人的优势发挥出来,互相弥补不足,才能发挥整体队伍的最大优势。性格活泼开朗的人善于表达、反应敏捷、处事果断,但是性情可能比较急躁,看待问题也许不够深刻,甚至会疏忽大意;性格稳重沉静的人办事认真细致,说话比较谨慎,原则性较强,看问题比较深刻,善于观察和思考,理性思维比较明显,但是他们可能不够热情,不善于表达,反应也可能相对迟钝,处理问题不够果断,灵活性较差。如果将这两类性格的人组合在一起,分别担任不同的角色,就可以发挥出各自的性格特长,优势互补、协调合作。

【小贴士】
谈判人员的性格类型

(1) 独立型。其特点是：性格外露，善于交际，决断能力强，敢负责任，上进心强，为人热情，善于洞察谈判对手心理。他们不愿意接受他人过多的命令和约束，有的甚至期望指挥他人，乐于承担自主性强和能充分发挥个人才能的工作。

(2) 活跃型。其特点是：性格外露，活泼开朗，情感丰富，精力旺盛，富有朝气和想象力；善于交际，思维敏捷，善于捕捉时机，容易与对手迅速成交，技术熟练，但情绪易波动，业务学习和工作有时也不够踏实，因而成熟度不够。这类人员适于从事流动性大、交际广的工作。

(3) 急躁型。其特点是：性格开朗，为人率直，情感易变，惰性急躁，接待对方谈判人员时态度热情，但显得浮躁，与对方发生矛盾时容易激动，态度因情绪波动而变动。这类人员适于从事简单的、易于快速完成的工作。

(4) 顺应型。其特点是：性格柔和，为人随和，独立性差，喜欢按别人的意见办事，情绪比较稳定，接待谈判对手时态度谦和、诚恳认真，介绍情况实事求是，能尊重对方的意见，尽量满足对方的要求，很少与对方发生争吵。但一旦发生矛盾就显得束手无策，依赖于他人解决问题。他们适于从事正常的、不紧迫的工作。

(5) 精细型。其特点是：性格沉着冷静，情绪稳定，工作细致，有条不紊，善于观察对方心理，对谈判对手的态度反应极为敏感，与对方发生矛盾时能细致分析、冷静处理，但工作缺乏魄力和开拓精神。这类人员一般适于从事精密细致的工作。

(6) 沉静型。其特点是：性格内倾，性情孤僻，高傲自赏，不爱交际，情感内隐，对待谈判对手表现得较冷淡，沉默寡言，但一般较耐心，很少与对方发生争吵，对谈判对手提出的问题一般用简单的语言回答，反应迟缓。这类人员一般适于从事较少交往的独立工作。

资料来源：佚名.商务谈判组织[EB/OL].[2017-09-20].http://www.doc88.com/p-9384962629690.html.

3. 分工与合作

谈判小组中的每个人都要有明确的分工和自己特殊的任务，不能越位工作，角色混淆。遇到争议时不能七嘴八舌、争先恐后地发言，该谁讲谁讲，要有主角和配角、中心和外围、台上和台下的区别。谈判队伍要分工明确，纪律严明。当然，分工明确的同时要注意大家都要为一个共同的目标而通力合作，协同作战。

基于上述几个方面的原因和经验，一般认为由四人组成谈判小组比较合适。但这只是一般的谈判，由于谈判的具体内容、范围、性质，特别是谈判人员的经验、素质和能力不同，谈判小组的规模也不同。无论什么样的谈判，归结为一点，就是谈判小组既能实现谈判目标，又可以实现高效率。

三、谈判人员的素质和能力

商务谈判成功与否和决定因素在于商务谈判人员的素质和能力。因此，选拔优秀的谈判人员是进行商务谈判的重要环节。优秀的谈判人员应具备下列素质和能力。

1. 良好的思想品德

参与商务谈判的人员,无论是领导、普通的谈判员还是翻译员都应该具备良好的思想品德。道德,即谈判者在谈判的过程中,不仅要维护国家、企业和个人的经济利益,还要维护国家、企业和个人的形象,不能因贪图诱惑或个人的利益而出卖国家或企业的商业机密,损害国家或企业的利益。因此,良好的思想品德是挑选谈判人员的第一要素。

2. 强烈的责任感和主观能动性

谈判最终的目的是坚持原则,达成目的。这就要求参与谈判的人员在谈判过程中始终坚守职责,不能轻言放弃,要有耐心和信心,同时具备开拓进取的精神,而且要把谋求国家和企业的利益放在首位,不能假公济私。在商务谈判过程中,要积极主动,能够独当一面。

3. 较高的个人修养和必备的涉外知识

其一,在谈判过程中,要注重礼仪和礼节,要做到举止优雅、谈吐大方、不卑不亢,尤其不能崇洋媚外,凡事应顾全大局。同时还应能经受挫折的考验,保持自信的态度应对各种问题。另外,要善于倾听,无论对方的观点如何,应听完之后再发表意见,不能断章取义。其二,谈判者应事先了解我国和对方国家的相应政策、法规和法律,避免发生无效的谈判行为,更不能发生违法行为。因此,必备的涉外知识可以防止谈判者在谈判过程中出现失误。

4. 必需的心理素质和能力

良好的心理素质是谈判人员必需的基本素质,其中包括人的心理活动的速度、强度、灵活性和稳定性等。在谈判实践中表现为灵活的应变能力、敏捷的创造性思维能力、准确的分析推理能力、较强的运筹能力和果断的决策能力。如何细致的谈判准备都不可能预料到谈判中可能发生的所有情况,因此谈判人员必须具备沉着、机智、灵活的应变能力,以控制谈判的局势。应变能力主要包括处理意外事件的能力、化解谈判僵局的能力、巧妙袭击的能力等。如果不具备良好的心理素质,即使谈判者的知识再丰富、能力再强、谈判技巧再多,经常会因为一个或者两个考虑不周的问题而失去谈判先机。

【小案例】

沉着应变的杨澜

1991年,杨澜到广州一个体育馆主持一个大型晚会,晚会进行了一半左右,又轮到她上台,不知怎的,她的一只高跟鞋的鞋跟卡在了舞台地板的夹缝里,没等她反应过来,人已应声扑倒。当时杨澜爬起来,定了定神,自嘲道:"我刚才这个动作可不怎么优美,可是在接下来的杂技表演中,您将欣赏到精彩的动作表演:狮子滚绣球。"说完提着裙摆,小心翼翼地走下台去。

资料来源:杨澜:超越阴影[EB/OL].[2001-04-21].http://news.sohu.com/78/83/news144898378.shtml.

5. 必备的专业知识和能力

谈判的准备阶段和洽谈阶段充满了多种多样、始料未及的问题和假象,优秀的谈判者能够通过观察、思考、判断、分析和综合的过程并结合本次谈判所涉及的有关专业方面的内容,了解对方的真实意图。同时,熟练掌握谈判技巧,能够灵活运用自己的专业知识,分清主次,善于抓住本质问题,不会本末倒置。

6. 较强的语言文字运用能力和健康的身体素质

谈判是人类利用语言工具进行交往的一种活动。谈判就是信息交流和磋商的过程,交流的顺利与否就取决于语言文字的运用是否得当。信息交流如果存在障碍,即使签订合同,在履约的过程中也会产生重重问题。一个优秀的谈判者,应该能够通过语言的感染力强化谈判的艺术效果。谈判中的语言包括口头语言和书面语言两类。无论是哪类语言,都要求准确无误地表达自己的思想和感情,使对手能够正确领悟你的意思,这是最基本的要求。谈判中的语言不仅应当准确、严密,而且应生动形象、富有感染力。语言运用能力还直接关系到交流通畅和谈判气氛。语言风趣幽默的人在谈判中往往更能吸引人的注意,能够活跃气氛,化解矛盾,促使谈判成功。另外,谈判的复杂性、艰巨性也要求谈判者必须有一个良好的身体素质。谈判者只有具有充沛的精力、健康的体魄才能适应谈判超负荷的工作需要。

【小贴士】

商务谈判者的特质

以下是美国谈判大师卡洛斯总结的商务谈判者应该具备的12种特质。

(1) 有能力和对方商谈,并且赢得他们的信任。

(2) 愿意并且努力地做计划,能了解产品及一般的规则,同时还能找出其他可供选择的途径,勇于思索及复查所得到的资料。

(3) 具有良好的商业判断力,能够洞悉问题的症结所在。

(4) 有忍受冲突和面对暧昧字句的耐心。

(5) 有组织地去冒险并争取更好的目标的能力。

(6) 有智慧和耐心等待事情真相的揭晓。

(7) 认识对方及其公司里的人,并和他们交往,以便使交易顺利进行。

(8) 品格正直,并且能使交易双方都有好处。

(9) 能够敞开胸怀,听取各方面的意见。

(10) 商谈时具有洞悉对方的观察力,并且能够注意到可能影响双方的潜在因素。

(11) 拥有丰富的学识、良好的计划及公司对他的信任。

(12) 稳健,必须能够克制自己,不轻易放弃,并且不急于讨别人的喜欢。

第三节　商务谈判信息的准备

【小案例】

信息决定成败

有一家大公司要在某地建立一个分支机构,找到当地某一电力公司,要求以低价优惠供应电力,但对方自恃是当地唯一一家电力公司,态度很强硬,谈判陷入了僵局。这家大公司的主谈人员私下了解到:该电力公司对这次谈判非常重视,一旦双方签订了合同,便会使这家电力公司起死回生,逃脱破产的厄运,这说明这次谈判的成败对它来说关系重大。这家大公司主谈便充分利用了这一信息,在谈判桌上表现出决不让步的姿态,声称:"既然贵方无意与我方达成一致,我看这次谈判是没有多大希望了。与其花那么多钱,倒不如自己建个电厂划得来。过后,我会把这个想法报告给董事会的。"说完,便离席不再谈了。电力公司谈判人员叫苦不迭,立刻改变了态度,主动表示愿意给予最优惠价格,从而使大公司掌握了主动权。至此,双方达成了协议,大公司取得了谈判的成功。

资料来源:佚名.商务谈判[EB/OL].[2015-06-25].https://www.docin.com/p-1196917447.html.

一、谈判信息收集的内容

从理论上来讲,信息越全面越好,所有与谈判有关的信息都要尽可能地搜集。在实践中,由于受客观条件的限制和人力、物力、财力等成本的考虑,信息搜集时要分清主次,要有针对性,体现效益性。谈判信息收集的主要内容包括:市场信息、技术信息、行业状况信息、谈判对手的有关资料等。

【课堂训练】

信息在商务谈判中具有决定性作用。你对这一点是如何理解的?

1. 市场信息

市场信息是反映市场经济活动特征及其发展变化的各种资料、数据、消息和情报的统称。市场信息的内容很多,归纳起来主要包括以下几个方面。

(1) 国内外市场分布情况。它主要包括:与贸易相关的商品市场的政治经济条件、分布的地理位置、运输条件、市场辐射的范围、市场潜力和容量以及特定市场与其他市场的经济联系等。

(2) 市场商品需求信息。它主要包括:与商务有关的商品的市场容量;消费者的数量及其构成;消费者家庭收入及购买力;潜在需求量及现实需求量;消费者对该商品及其服务的特殊要求,以及本企业产品的市场覆盖率、市场占有率及市场竞争形势对本企业销售量的影响等方面。

(3) 市场商品销售信息。它主要包括:与贸易谈判有关的商品的市场销售量;商品的销售价格；该商品的发展趋势及市场寿命周期；拥有该类产品的家庭所占比率；消费者对该类产品的需求状况；购买该类产品的频率；季节性因素；消费者对新老产品的评价及要求；商品营销的策略等方面。通过对产品销售方向的调查，可以使谈判者大体掌握市场容量、销售量，有助于确定未来的谈判对象及产品销售（或购买）数量。

(4) 市场竞争方面的信息。它主要包括：竞争对手的数量；竞争对手的经济实力；竞争对手的营销能力；竞争对手的产品数量、种类、质地及其知名度、信誉度；消费者偏爱的品牌及价格水平；竞争性产品销售的性能与状况；各主要竞争对手所能提供的售后服务的方式；各主要竞争者所使用销售渠道的形态，即是生产者负责销售，还是中间商负责销售；各主要竞争对手所使用销售渠道的规模与力量；各主要竞争对手所使用的广告类型与广告支出额等。

通过对产品竞争情况的调查，使谈判者能够掌握己方同类产品竞争者的情况，寻找他们的弱点，有利于在谈判桌上击败竞争对手；也能使谈判者预测己方的竞争力，使自己保持清醒的头脑，在谈判桌上灵活掌握价格弹性，更好地争取己方产品的销路。

2. 技术信息

在技术方面，应搜集的主要资料有：产品的生产周期、竞争能力以及该产品与其他产品相比在性能、质地、标准、规格等方面的优缺点等的资料；同类产品的专利转让或应用方面的资料；该产品生产单位的工人素质、技术力量及设备状态方面的资料；该产品的配套设备和零部件生产与供给状况以及售后服务方面的资料；产品开发前景和开发费用方面的资料；该产品有品质或性能鉴定重要数据或指标及其各种鉴定方法，以及导致该产品发生技术变革的各种潜在因素等。

3. 行业状况信息

行业的状况主要指行业规模、行业和产品生命周期、行业成本结构和决定行业成功的因素，也是在涉及对外投资、合资办厂或开发新产品、进入新领域时必须要了解的信息。

(1) 行业规模。收集现有的同行业的相关资料，分析其发展趋势，判断是处于扩张、不变紧缩中的哪种状态，得出该行业可能的发展趋势和规模，从而决定本企业的发展趋势和规模。

(2) 行业和产品生命周期。收集不同国家不同阶段的该行业发展周期和同类产品的生命周期，以及在各个时期产品的竞争力。

(3) 行业成本结构。成本与经济收益直接相关。因此对行业状况信息的收集需要对行业成本进行估算，对行业成本的结构进行调查，这样才有可能知道该行业的成本有无下降的可能，利润是否有上升的空间。

(4) 决定行业成功的因素。一种产品可能带来一个行业的兴盛，同样，行业的繁荣也可以给产品带来无限生机。要使产品在市场上占有一席之地，可通过对行业成功材料的收集来分析其成功的因素，从而分析与谈判相关产品的前景。

4. 谈判对手的有关资料

在信息搜集过程中，对谈判对手的情报资料的搜集并进行调研分析是非常重要的。如果同一个事先毫无了解的对手进行谈判，其困难程度和风险程度是可想而知的。谈判对手的情况是复杂多样的,主要了解以下内容。

(1) 对方的经济实力和资信。首先要了解对方是否是合法的经营主体,有无独立承担民事责任的能力;审查对方的注册资本、资金状况、收支状况、销售状况、资产负债等有关事件;了解对方企业经营及管理状况和经营能力等。

(2) 对方的真正谈判需求。例如,对方谈判的动机,对方谈判要达到的目标,对方能接受的最低条件,对方谈判的诚意以及可能采取的谈判策略等。

(3) 对方参加谈判人员的情况。对方谈判代表有无缔结合同的授权;对方谈判小组的决策者和幕后决策者的个性特征;对方谈判小组成员的知识结构、人际交往、谈判能力、心理素质、性格特征、个人经历、爱好;对方的谈判风格;以往参加谈判的经验及成败记录等。

(4) 对方谈判的时限。它是指对手所拥有的谈判时间及其谈判的最后期限。

(5) 对方掌握的信息情况。对方拥有的信息和可能掌握的核心机密;对方对我方的了解程度及信任程度等。

【小故事】

掌握历史情报,逼出谈判底牌

我国某厂与美国某公司谈判设备购买生意时,美商报价218万美元,我方不同意,美方降至128万美元,我方仍不同意。美方恼怒,扬言再降10万美元,118万美元不成交就回国。我方谈判代表因为掌握了美商交易的历史情报,所以不为美方的威胁所动,坚持再降。第二天,美商果真回国,我方毫不吃惊。果然,几天后美方代表又回到中国继续谈判。我方代表亮出在国外获取的情报——美方在两年前以98万美元将同样的设备卖给了匈牙利客商。情报出示后,美方以物价上涨等理由狡辩了一番后将价格降至合理区间。

资料来源:佚名.商务谈判案例[EB/OL].[2015-01-23].https://www.docin.com/p-1437575921.html.

5. 谈判者自身的状况

在谈判前的准备中,不仅要调查分析谈判对方的情况,还应掌握和分析自身的状况。谈判者自身的情况,是指谈判者所代表的组织和本方谈判人员的相关信息,主要包括以下方面。

(1) 本方经济实力。本方经济实力主要包括:本方产品及服务的市场定位、账务状况、销售情况;企业的融资能力、负债状况;企业有形资产和无形资产的价值;产品生产能力、研发能力、设备状况、技术先进性程度及完好率;企业经营管理理念、管理水平及经营状况等。

(2) 商务谈判项目的可行性分析。进行项目可行性分析需要对项目涉及的资金、原材料、技术、管理、销售前景及其对企业综合实力的影响进行全面的评估。

(3) 本方商务谈判的目标定位及相应的策略定位。谈判的目标定位包括最低目标定位和最高目标定位,即预先设定商务谈判的界点和争取点,我方的谈判方案及相应策略的谋划,包括可以让步的界限和应争取的利益等,都需要进行可行性研究分析。

(4) 本方商务谈判人员的实力。内容包括本方参加谈判人员的知识结构、人际交往及谈判的能力;心理素质、性格特点、工作作风;成员间的熟悉及配合默契程度;身体和谈判士气状况;以往参加谈判的经验及成败记录等。

(5) 本方所拥有各种相关资料的准备状况。内容包括拥有资料的齐全程度,特别是对核心情报的把握程度；以及本方谈判人员对资料的熟悉程度。其中，哪些资料可以在谈判中作为背景资料提供给对方，哪些资料将在关键场合发挥独特的作用等。此外，了解本方在谈判中所拥有的时间也是相当重要的。

二、谈判信息收集的原则

1. 可靠性

其要求收集的信息资料力求真实可靠，要选用经过验证的结论、经过审准的数据和经过确认的事实。这就要求收集资料时，一要注意资料来源的真实可靠，可采用多种方法，从不同角度来反映客观事实，切忌凭主观臆断作出结论；二要在后期的信息资料处理过程中注意鉴别，去伪存真，对于模糊程度较大或不明确的资料要暂时搁置，以免给谈判工作埋下隐患。

2. 全面性

收集到的信息资料必须是与商务谈判本身有关的全方位的信息资料，力求全面系统，能从整体上反映事务的本质，不能仅仅靠支离破碎的信息来评估某些事务。尤其是一些重要的信息，要尽可能详细、网开四面、广泛收集，避免遗漏。

3. 适用性

信息资料的收集要力求全面系统，但同时这是一项内容繁杂的工作，需要耗费大量的精力和时间，短时间内做到全面系统又有很大困难。这就要求在资料收集过程中要秉持适用性原则，将与谈判有最密切联系的信息资料作为重点考虑内容，将最急需了解的问题作为优先考虑调查的内容，这样才能提高信息资料收集的工作效率，争取时间，占据主动。

4. 长期性

信息资料的收集是商务谈判前的一项准备工作，又是企业的一项长期任务。在企业经营管理过程中重视信息的重要作用，建立完善的信息收集网络，不间断地将各种重要信息随时进行收集存档，就可以为企业经营、商务谈判不失时机地提供各种决策依据。如果平时不重视信息收集工作，事到临头匆匆忙忙调查，就很难保证资料收集工作的周密和完善。可以说，信息资料的收集工作不仅仅是谈判人员的临时任务，也应该是企业各方面都要承担的长期任务。

【小故事】

比三个商人还要精明的谈判者

美国有位谈判专家想在家中建个游泳池，建筑设计的要求非常简单：长 9 米，宽 4.5 米，有温水过滤设备，并且在 6 月 1 日前建好。谈判专家在游泳池的造价及建筑质量方面是个外行，但这难不倒他。在极短的时间内，他不仅使自己从外行变成了内行，而且找到了质量好、价钱便宜的建造者。

谈判专家先在报纸上登了一则想要建造游泳池的广告，具体写明了建造要求，结果有

A、B、C三位承包商来投标,他们都拿给他承包的标样,里面有各项工程的费用及总费用。谈判专家仔细地看了这三张标单,发现所提供的温水设备、过滤网、抽水设备、设计和付费条件都不一样,总费用也有差距。

接下来的事情是约这三位承包商来他家里商谈,第一个约好早上9点,第二个约定9点15分,第三个则约在9点30分。第二天,三位承包商如约而来,他们都没有得到主人的马上接见,只得坐在客厅里彼此交谈着等候。

10点的时候,主人出来请第一个承包商A先生进书房去商谈。A先生一进门就宣称他的游泳池一向是造得最好的,好的游泳池的设计标准和建造要求他都符合,顺便还告诉主人B先生通常使用陈旧的过滤网,而C先生曾经丢下许多未完的工程,并且他现在正处于破产的边缘。接着又换了B先生进行,从他那里又了解到其他人所提供的水管都是塑胶管,他所提供的才是真正的铜管。C先生告诉主人的是,其他人所使用的过滤网都是品质低劣的,并且往往不能彻底做完,拿到钱之后就不管了,而他则保证做到保质保量。

谈判专家通过倾听和旁敲侧击的提问,基本上弄清楚了游泳池的建筑设计要求及三位承包商的基本情况,发现C先生的价格最低,而B先生的建筑设计质量最好。最后他选中了B先生来建造游泳池,而只给C先生提供的价钱。经过一番讨价还价之后,谈判终于达成一致。

资料来源:佚名.商务谈判[EB/OL].[2015-01-19].http://www.doc88.com/p-7794205570509.html.

三、谈判信息收集的渠道

在确定好要调查的内容和收集的资料之后,就应该确定如何收集充分的资料,通过哪些途径能够收集到客观、公正、准确的资料。下面提供一些收集资料的途径。

1. 从国内有关单位或部门收集资料

各个国家都有专门的部门或机构进行信息收集和信息咨询工作。这些机构有政府部门,也有以盈利为目的的商业性机构。在国内可能提供信息资料的单位有商务部、中国国际贸易促进委员会及各地的分支机构、中国各大银行的咨询机构以及一些提供咨询服务的公司。当然还可以联系与谈判对手有过业务往来的国内企业以及国内的报纸、杂志等新闻媒介等。

【小故事】

作家雅各布的消息来源

1935年3月20日,有个名叫伯尔托尔德·雅各布的作家被德国特务从瑞士绑架了,因为这位人物引起了希特勒(Hitler)的极度恐慌。他出版了一本描述希特勒新军里的组织情况的小册子,这本172页的小册子描绘了德军的组织结构、参谋部的人员布置、部队指挥官的名字、各个军区的情况,甚至谈到了最新成立的装甲师里的步兵小队。小册子列举了168名指挥官的姓名,并叙述了他们的简历。这些在德国都属于军事上的机密。由此希特勒勃然大怒,他要求情报顾问瓦尔特·尼古拉上校弄清楚雅各布的材料是从哪里窃取的。上校决定让雅各布本人来解决这个问题,于是便发生了上面的这次绑架。在盖世太保的审讯室里,尼古拉对雅各布盘问道:"雅各布先生!告诉我们,您的材料是从哪里来的?"雅各布的回答却大大出乎他的意料:"上校先生,我的小册子里的全部材料都是从德国报纸上得到的。例如,我写的哈济少将是第17师团指挥官,并驻扎在纽伦堡,因为当时我从纽伦堡的报纸上看到了一个讣告。这条消息报道说新近调驻在纽伦堡的第17师团指挥官哈济将军也曾参加了葬礼。"雅各布接着说:"在一份乌尔姆的报纸上,我在社会新闻栏里发现了一宗喜事,就是关于菲罗夫上校的女儿和史太梅尔曼少校举行婚礼的消息。这篇报道提到了菲罗夫第25师团第36联队的指挥官,史太梅尔曼少校的身份是信号军官。此外,还有从斯图加特前往参加婚礼的沙勒少将,报上说他是当地的师团指挥官。"真相终于大白,雅各布并非间谍,却在做着被认为只有间谍才会做到的事情。

资料来源:乔淑英,王爱晶.商务谈判[M].北京:北京师范大学出版社.2007.

2. 从国内国外的机构及与本单位有联系的当地单位收集资料

我国在驻外使馆、领事馆、商务代理处等相关机构都负有了解当地经济发展动态和企业经营状况的职责,其主要目的就是为国内企业的贸易和投资活动提供可靠的信息来源和恰当的建议。另外,中国银行以及国内其他金融、投资机构在世界各地都有众多的经营网点,为国内的企业提供相应的信息,这是它们所提供的服务的一部分。还有部分规模大的企业已经在国外建立了分支机构或办事处,这些分支机构或办事处对当地的经济发展状况和市场环境比较熟悉,也可以作为信息来源的途径。

3. 从公共机构提供的已出版和不出版的刊物中获取信息

这些公共机构有可能是官方的,也有可能是以赢利为目的的,它们可以提供已经出版的资料包括报刊、网络和各类专业杂志,这是收集信息最容易的渠道。如图书馆中关于贸易统计数据的年鉴、有关市场基本经济信息的资料、各种产品交易的统计资料和各类企业的信息、国家统计机关公布的统计资料、专业组织或研究机构提供的调查报告等。

4. 本企业或本单位直接派人员到对方国家或地区考察,收集资料

在国际商务活动中,如果涉及交易复杂、涉及金额较多、工程项目较大、交易履行较长时,为确保能够获得客观全面的信息资料,可以由本单位或企业直接派人到对方企业进行实地考察和了解信息,从而获得资料。需要注意的是,在出国之前应尽可能多地搜集对方的资料,在已有的资料中筛选真实的内容,注明清楚,同时在时间安排上给自己留下充足的支配时间,按自己的日程办事,利用各种机会,深入了解对方,获取资料。

四、谈判信息收集的方法

1. 观察法

观察法是指调查者亲临调查现场,借助于自己的视觉、听觉等感觉器官,对市场经营活动中发生的经济行为进行观察、分析、判断,搜集市场情境动态信息。它包括直接观察法、间接观察法、比较观察法和行为记录法。直接观察法即亲自到现场去观察消费者选购商品的反应及购货成交率。间接观察法即调查者围绕要调查的问题,采取各种措施,从侧面进行间接观察。

> 【小贴士】
>
> ### 收视率调查
>
> 一家美国广告公司为了解它们的广告在拉美各国的收视率,选择了中美洲的两个城市,并在征得政府和有关家庭的同意后,在数千个电视机上装上特定的装置,把用户所看的电视节目记录下来,然后再把这些资料进行汇总,以了解广大用户平时喜欢看哪些电视台的节目,为日后选择合适的电视台进行广告宣传做好准备。

比较观察法,即调查者要了解消费者欢迎哪些商品,就把需要比较的商品置于同一商店或同一城市里销售,以比较顾客的选择态度。

观察法的优点是:可以得到较为真实可靠的信息,但这种方法有时受客观条件的限制。比如受交通条件限制不能亲自到现场直接观察;或是受技术条件的限制不能间接观察;或是受观察者主观意识的影响带有偏见,使信息失真等。

2. 访谈法

调查者围绕要调查的问题选择调查对象进行面对面的问答,以调查和搜集特定对象对产品使用的意见和反映。它可以是个别采访,也可以是召集众多人的座谈会,听取他们对有关商品或合作项目的意见和要求。采用这种方式进行的调查,在访谈之前,应拟好调查提纲,根据需要了解问题的主题,有针对性地设计一些问题,做到有的放矢。

3. 问卷法

问卷法是指调查者根据所要调查的内容事先印刷好问卷,发放给相关人士,填好后集中收集上来进行分析。可以出是非题、选择题、问答题、评定题等。这种方法的优点是利于实现调查者的主导意向,可以广泛得到相关信息。难点是如何把被调查者的积极性充分调动起来,使填写的问卷内容真实可靠。

4. 归纳法

归纳法是一种综合的分析方法,是通过平时对各种资料(有声的、无声的信息)的搜集,进行整理归类、研究、分析、去伪存真,然后推断出自己需要的信息。这种调查方法要求调查人员具有较好的综合能力,头脑灵活,应变力强。

5. 适销调查法

顾名思义,适销调查法是指通过适销某种商品,搜集有关该商品的调查资料。使用这种方法时先要拟定适销方法,选择适销地点、时间;适销范围一般由小到大逐步扩展。采用这种方法时应该注意及时跟踪用户使用情况,认真总结用户的呼声,把反馈的意见及时公布于众,扩大商品的影响。

6. 跟踪法

跟踪法是指销售人员对某一产品或商情进行长时间的连续追踪调查,以掌握产品的使用意见和市场需求变化的动态信息。这种调查方法对于企业及时了解市场变化规律,调整产品结构,改进产品生产工艺等,有着重要作用。

【小贴士】
某化妆品公司的跟踪调查

为顺利进入某地市场,某化妆品公司由销售人员在产品促销时,采用免费试用的办法向消费者赠送小袋样品,然后通过对消费者的使用情况连续跟踪调查,得到了他们使用产品的真实感受和反应等信息。在此基础上,采取相应的销售策略,使产品顺利地进入了该市场。

7. 实验法

实验法是指有关人员通过亲自参加产品的使用体验活动来搜集产品相关信息的方法。例如食品的品尝、服装的试穿、产品或设备试用等。在产品的销售现场采用这种方法,能够在消费者中起到良好的示范作用,并以消费者的身份获得关于产品有价值的第一手资料。

【小贴士】
销售实验

某儿童食品生产企业对包装袋内附赠玩具是否有助于销售进行了实验。在选定的两个相邻的便利店,先在其中一家投放有附赠玩具的食品,另一家则投放没有附赠玩具的食品。半个月后进行交换。实验结果表明,有附赠玩具的食品比没有附赠玩具的食品销售量增长约30%。根据这一情况,食品企业决定对所有产品均采用附赠玩具的包装策略,以扩大产品的销售量。

五、谈判收集信息的处理

1. 谈判信息处理的目的

对收集来的大量谈判信息资料,必须按照一定的原则与方法进行处理,处理的主要目的如下。

(1) 为了鉴别资料的真实性和可靠性,即去伪存真。在实际情况下,由于各种原因,有时搜集到的信息可能是片面的、不完全的,有的甚至是虚假的、伪造的,因此必须进行整理、分析和筛选。这样才能做到去粗取精、去伪存真,为己方谈判所用,真正发挥信息的作用。

(2) 在保证信息资料真实性与可靠性的基础上,结合谈判项目的具体内容,分析各种因素与谈判项目的关系,并根据它们对谈判的重要性和影响程度进行排队,在此基础上制订出具体的谈判方案和对策。

2. 谈判信息处理的程序

(1) 信息的鉴别和分析。信息的鉴别主要是将收集的资料进行评价分析,剔除某些不真实的信息、某些不能有足够证据证明的信息、某些带有较多主观臆断色彩的信息,保存那些可靠的、有可比性的信息,避免造成错误的判断和决策。

(2) 信息的归纳和分类。收集到的信息资料进行初步的鉴别分析后,对认为有用的需要保存的信息,应按时间顺序、问题性质、反映问题角度等分门别类地整理排列,如根据其重要性的不同,可将其分为三等,即可立即利用的信息、将来肯定可用上的信息和将来可能派上用场的信息。只有如此,才能为信息的充分利用奠定基础。

(3) 信息的研究和保存。信息的研究主要是在比较、判断的基础上,对所得资料进行深化加工,即从表面现象去探求信息资料内在的本质,由此问题逻辑推理到彼问题,由感性认识上升到理性认识,形成新的概念、结论,为谈判决策提供指导和参考,也不能随便摆放,要按分类要求,做出完整的检索目录和内容提要,放到专门的资料架或卡片箱中,以便随时查找该资料或加放同类资料。同时,还要注意信息的保密工作,关键的谈判信息的泄露有时会导致谈判全局的失败。

【小故事】

中　标

1959年9月26日,我国在黑龙江松嫩平原上打出了第一口油井,起名为大庆油田。然而,由于当时国际环境复杂多变,中国并没有向外界公布大庆油田的地理位置和产量,有关大庆油田的一切信息几乎都是保密的,甚至外界连大庆油田的具体地址都不知道。但是日本人不仅知道,而且掌握得非常准确。他们对我国大庆油田有关的信息收集,既没有派间谍、特务,也没有收买有关领导和一般群众,完全依靠对我国有关大庆油田公开材料的收集与综合分析。

1960年7月,《中国画报》封面上登出了一张大庆石油工人艰苦创业的照片,画面上,工人们身穿大棉袄,正冒着鹅毛大雪奋力拼搏。日本人根据这一张照片分析出,大庆油田可能是在东三省北部的某个地点。接着,日本人在《人民日报》上又看到这样一篇报道,说王进喜到了马家窑,说了一声:好大的油海啊!我们要把中国石油落后的帽子扔到太平洋里去。于是,日本人找来伪满时期的旧地图,发现马家窑是位于黑龙江省海伦市东南的一个村子。

接着,日文版的《中国人民》杂志里又有报道说,中国工人阶级发扬了"一不怕苦,二不怕死"的精神,大庆石油设备不用马拉车推,完全靠肩扛人抬运到工地。日本人据此分析出,大庆的石油钻井离马家窑远不了,否则人工是扛不动的。

当1964年王进喜光荣出席第三届全国人民代表大会的消息见报时,日本人肯定地得出结论:大庆油田出油了,否则王进喜当不了人大代表。

他们进一步根据《人民日报》上一幅大庆油田钻塔的照片,从钻台上手柄的大小等方面推算出油井的直径,再根据油井直径和国务院的政府工作报告,用当时公布的全国石油产量减去原来的石油产量,估算出平时大庆油田的石油产量,在这个基础上,他们很快设计出适合大庆油田使用的石油设备。

这样,当我国大庆油田突然向世界各国宣布征求石油设备的设计方案时,其他各国都没有准备,而唯独日本人胸有成竹,早已准备好了与大庆油田现有情况完全吻合的方案与设备,在与大庆油田代表的谈判中一举中标。

资料来源:张强.商务谈判学[M].北京:中国人民大学出版社,2014.

问题:日本人靠对我国有关大庆油田公开资料的收集与综合分析,得到了我们一直保密的相关准确信息,这对我们有哪些启示?

第四节　商务谈判方案的拟订

一、谈判方案的基本要求

谈判方案是指在谈判开始之前对谈判目标、议程、谈判策略等预先所做的安排,是在对谈判信息进行全面分析、研究的基础上,根据双方的实力对比为本次谈判制定的总体设想和具体实施步骤。拟订谈判方案是谈判准备工作的核心。一份周密细致的谈判方案是保证谈判顺利进行的必要条件。制订商务谈判方案的基本要求是:简明、具体、灵活。

1. 简明

所谓简明,是以高度概括的文字对方案进行叙述,尽量使谈判人员在头脑中对谈判问题留下深刻的印象,便于记住其主要内容与基本原则,在谈判中能随时根据方案要求与对方周旋。

2. 具体

所谓具体,是指方案的制订要以谈判内容为基础,具有可操作性。谈判总目标应该细化成若干个分目标或子目标,即从高处着眼,从低处着手,形成环环相扣、层层衔接、首尾呼应的目标体系和策略体系。运用组合策略的优势在于每一步的推进看似简单,不施花招,整合起来,却是玄机妙藏,疏而不漏。

3. 灵活

所谓灵活,是指在谈判过程中灵活机动地去掌握谈判方案。谈判过程中会发生一些突发事件和意外事件,谈判人员在复杂的情况下要想取得比较理想的效果,就必须使谈判方案具有一定的灵活性。谈判人员在不违背谈判原则的前提下,根据情况变化,在权限允许的范围内灵活处理各种问题。因为谈判方案只是谈判单方面的主观设想或各方简单磋商的产物,不可能把影响谈判过程的各种随机因素都估计在内,所以,在制订谈判方案时对可控因素和常规事宜可安排得细些,对无规律可循的事项可安排得粗些,便于在谈判过程中灵活机动地去掌握。例如,谈判目标可以设立可供选择的目标,谈判指标有上下浮动的余地。当情况变动比较大,原方案不适应时,可以实施另一种备用的方案。

二、谈判方案的拟订过程

1. 确定谈判主题

主题是谈判的基本目的,也是谈判的核心。整个谈判活动都要围绕主题进行,都要表现为为主题服务。

主题必须简单明了,最好能用一句话就可以具体体现出来,如商品交易谈判主题可确定为"与德国××公司洽谈××型号机床引进项目"。如果是选择贸易方式的谈判,主题可以简化为"以优惠条件确定××公司中国产品在日本市场上的代理商"。在外事争端中,它可以是"以友好的方式解决我国出口大米索赔一案"。

谈判的主题要简洁、明确、具体。它不仅要包括谈判的主要内容,还要有利于我方谈判人员掌握、阐述。当然,主题不是一成不变的。随着准备工作的进展、讨论分析的深化,谈判的主题也需要不断提炼、精确,从而更好地起到提纲挈领的作用。

2. 确定谈判目标

商务谈判目标是指谈判要达到的具体目标,它指明谈判的方向和要求达到的目的、企业对本次谈判的期望水平。商务谈判的目标主要是以满意的条件达成一笔交易,确定正确的谈判目标是保证谈判成功的基础。谈判的目标可以分为3个层次。

(1) 最低目标是谈判必须实现的最基本的目标。这是谈判的最低要求,若不能实现,宁愿谈判破裂,放弃商贸合作项目,也不愿接受比最低目标更低的条件。因此,也可以说最低目标是谈判者必须坚守的最后一道防线。

(2) 可以接受的目标。可以接受的目标是谈判人员根据各种主、客观因素,经过对谈判对手的全面估价,对企业利益的全面考虑、科学论证后所确定的目标。这个目标是一个区间或范围,是己方可努力争取或作出让步的范围,谈判中的讨价还价就是在争取实现可接受目标的实现,往往意味着谈判取得成功。

(3) 最高目标。它也叫期望目标。它是本方在商务谈判中所要追求的最高目标,也往往是对方所能忍受的最高程度,它也是一个点。如果超过这个目标,往往要冒谈判破裂的危险。因此,谈判人员应充分发挥个人的才智,在最低目标和最高目标之间争取尽可能多的利益,但在这个目标难以实现时是可以放弃的。

假如在公司的某次谈判中以出售价格为谈判目标,则对以上三种目标可以表述为:①最高目标是每台售价1400元;②最低目标是每台售价800元;③可以接受并争取的价格为800~1400元。

值得注意的是,谈判中只有价格这样一个单一目标的情况是很少见的,一般的情况是存在着多个目标,这时就需考虑目标的优先顺序。在谈判中存在着多重目标时,应根据其重要性加以排序,确定是否所有的目标都要达到,哪些目标可舍弃,哪些目标可以争取达到,哪些目标又是万万不能降低要求的。

【小幽默】

超 越 小 偷

有个人被小偷偷了东西,发觉后奋力追赶,小偷见状也拼命狂奔。两个人一前一后,相持不下,跑了很长一段距离。此时,这个人心里很是不平:"难道我跑不过你?我就不服这口气!"他心里这么想着,咬咬牙,脚下的步子也加快了。小偷终究稍逊一筹,渐渐体力不支,两人的距离也就越来越小了。眼看触手可及,正当小偷就要被擒获的时候,奇怪的事情发生了,这个人迅速超过小偷,一直向前奔去。并且心中愤愤不平:"叫你见识一下我的厉害,难道我就跑不过你?"

资料来源:佚名.谈判目标[EB/OL].[2013-09-27].http://www.doc88.com/p-6435938395602.html.

问题:这场比赛到底谁赢了?为什么?

3. 拟定谈判要点

谈判的要点包括以下几个方面:谈判内容、谈判议程。

（1）谈判内容。它因交易项目而有所区别。因此，在谈判开始之前，应根据交易项目确定出谈判内容的主要方面，也就是合同的谈判条款。例如，石油公司谈判，双方必须磋商商品品质、数量、交货期限、价格、付款、运输、保险、索赔等条款。如果是工程项目谈判，磋商的条款就是集中讨论规格、检验、价格、交货、付款、置留权、承包服务等内容。

在确定谈判内容应磋商的具体条款的同时，还应考虑每一条款按什么样的标准达成协议及对方可能提出的要求和做出的让步，而我方能在哪些问题上让步，哪些不能让步。把所要确定条款的要求标准同我方战略决策及制定的标准联系起来，列出比较详细的提纲。

谈判内容的确定，不仅要在企业决策层进行认真的协商讨论，而且要有谈判小组的主要成员参与。有些条款的目标应让每一个谈判小组成员清楚，以使大家同心协力，达到既定目标。

（2）谈判议程。它主要是指谈判的议事日程。谈判的议程是决定谈判效率高低的重要因素，因此谈判者必须对谈判的全过程给予认真考虑，做到统筹兼顾。

① 确定谈判议题。所谓谈判议题，就是谈判双方提出和讨论的各种问题。确定谈判议题首先必须明确己方要提出哪些问题，要讨论哪些问题。要把所有问题全盘进行比较和分析：哪些问题是主要议题，要列入重点讨论范围；哪些问题是非重点问题；哪些问题可以忽略。这些问题之间是什么关系，在逻辑上有什么联系。还要预测对方会提出什么问题，哪些问题是己方必须认真对待、全力以赴去解决的；哪些问题可以根据情况作出让步；哪些问题可以不予讨论。

② 谈判议程的阶段。其包括开局阶段、报价阶段、磋商阶段和成交阶段。议事日程的安排确定，要同谈判这几个发展阶段相结合，还价阶段和合同签订阶段十分重要，必须留有充分的时间，以供双方讨论协商。同时，还要确定在谈判每一阶段告一段落时，休会的时间、娱乐的时间等。

在拟定议事日程时，还要注意两个问题：一是互利性，不仅要符合自己的需要，也要兼顾对方的实际利益和习惯做法。二是伸缩性，日程安排不能太死板，一点调整的余地都没有；否则，一旦出现问题，将手忙脚乱，陷于被动。

③ 谈判议程的安排。在谈判中，谈判的进程、谈判内容的商榷要围绕着事先拟定的谈判日程进展。要把谈判的议程与谈判主题、谈判要点紧密结合起来。谈判的议程有以下几种安排：一是先易后难的安排，即将谈判中双方可能不易达成协议的议题放置后面，而先从双方已经有一定共识的问题开始谈起。先由小到大讨论问题，容易创造友好的谈判气氛。二是先难后易的安排，与上一种安排恰恰相反，这种安排有助于集中时间和精力解决重点问题。要避免对方在支节问题上纠缠不休。三是混合型的安排，即难易议题交错，这种安排有利于调节谈判气氛，增进谈判者解决问题的信心。

一般来说，在商务谈判中，有争议的问题不宜放在最开始，因为这样做很可能损害整个谈判过程的气氛，也不宜放在最后，因为这又可能由于谈判时间不充裕而影响问题的解决，甚至妨碍今后的合作或谈判。常见的安排是将有争议的问题放在谈成几个问题之后，而最后再安排一两个较易达成的问题。结束前应对双方都满意的问题给予简单热情的总结性陈述。

当然，议程的安排与讨论方式并非是绝对如此。在实践中，也有一些谈判人员不分重要问题与次要问题,先把彼此可能达成协议的条件提出来,然后再在有分歧的问题上争取彼此的让步,寻求妥协。

④ 总结评价。这里的总结是指每当谈判告一段时,谈判人员应抽出时间,对进行的内容加以回顾、总结、评论。明确我方在哪些问题上取得了进展,所采取的策略、方法是否正确,效果如何,外界有什么新变化,原先的方案是否需要修改,是否需要调整人员等。这样,就可以及时总结经验教训,提出新对策,掌握谈判的主动权。

【小贴士】
关于引进 K 公司矿用汽车的谈判方案

5年前我公司曾经引进 K 公司的矿用汽车,经试用,性能良好。为适应我矿山技术改造的需要,打算通过谈判再次引进 K 公司矿用汽车及有关部件的生产技术。K 公司代表于4月3日应邀来京洽谈。

1. 谈判主题

以适当的价格谈成29台矿用汽车及有关部件生产技术的引进。

2. 目标设定

(1) 技术要求
- 矿用汽车车架运行1500小时不准开裂。
- 在气温40℃条件下,矿用汽车发动机停止运转8小时以上,在接入220V电源后,发动机能在30分钟内启动。
- 矿用汽车的出动率在85%以上。

(2) 试用期考核指标
- 一台矿用汽车使用10个月(包括一个严寒的冬天)。
- 车辆出动率达85%以上。
- 车辆装载量3750小时,行程3125公里。
- 车辆装载量达31255立方米。

(3) 技术转让内容和技术转让深度
- 利用购买29台矿用汽车为筹码,K 公司无偿地(不作价)转让车架、厢斗、举升缸、总装调试等技术。
- 技术文件包括:图纸、工艺卡片、技术标准、零件目录手册、专用工具、专用工装、维修手册等。

(4) 价格
- ××××年购买 W 公司矿用汽车,每台成交价为23万美元;5年后的今天仍能以每台23万美元成交,那么可定为价格下限。
- 5年时间按国际市场价格浮动10%计算,今年成交的可能性价格为每台约为25万美元,此价格为上限。

3. 谈判程序

第一阶段:就车架、厢斗、举升缸、总装调试等技术附件展开洽谈。

第二阶段:商订合同条文。

第二阶段：价格洽谈。

4. 日程安排

第一阶段：4月5日9：00—12：00,15：00—18：00。

第二阶段：4月6日9：00—12：00。

第二阶段：4月6日19：00—21：00。

5. 谈判地点

第一、第二阶段的谈判安排在公司12楼洽谈室。

第三阶段的谈判安排在××饭店二楼咖啡厅。

6. 谈判小组分工

主谈：张某为我谈判小组总代表。

副主谈：李某为主谈提供建议，或伺机而谈。

翻译：叶某随时为主谈、副主谈担任翻译，还要留心对方的反应情况。

成员A：负责技术方面的条款和谈判记录。

成员B：负责分析动向、意图、财务及法律方面的条款。

资料来源：佚名.谈判与合同文案[EB/OL].[2018-02-18]. https://www.jinchutou.com/p-33858919.html.

第五节　商务谈判时空的选择

一、谈判时间的选择

从"时间就是金钱，效益就是生命"的观点来看，精心选择好谈判时间是很有必要的。选择谈判时间可以从以下两个方面考虑。

1. 谈判时间的长短

这里要考虑的因素如下。

（1）谈判准备的程度。如果已经做好参加谈判的充分准备，谈判时间安排得越早越好，而且不怕马拉松式的长时间谈判；如果没有做好充分准备，不宜匆匆忙忙开始谈判，俗话说不打无准备之仗。

（2）谈判人员的身体和情绪状况。如果参加谈判的人员多为中年以上的人，要考虑他们的身体状况能否进行长时间的谈判。如果身体状况不太好，可以将一项长时间谈判分割成几个较短时间的阶段谈判。

（3）市场形势的紧迫程度。如果所谈项目与市场形势密切相关，瞬息万变的市场形势不允许稳坐钓鱼台式的长时间谈判，谈判就要及早及时，不要拖太长的时间。

（4）谈判议题的需要。对于多项议题的大型谈判，不可能在短时间内解决问题，所需时间相对长一些；对于单项议题的小型谈判，没有必要耗费很长时间，力争在较短时间内达成一致。

【小故事】

美国专家在日本的经历

美国谈判专家赫伯·科恩一次去东京与日本人谈判。

赫伯高兴异常,他经常对自己说:"神赐福予我,我要轻松赢取日本人。"

一周后,赫伯坐在飞往东京的飞机上,准备参加一次为期14天的会议,他带了一大堆分析日本文化背景和心理的书籍并且告诉自己:"我要好好地大干一场。"

飞机在东京着陆后。出关前,两位彬彬有礼的日本谈判人员笑容可掬地欢迎他,赫伯很满意他们的态度。

两个日本人协助他通过海关,然后引赫伯坐入一辆豪华的礼车。赫伯舒服地靠在轿车后面的丝绒椅背上,他们则僵硬地坐在两张折叠凳子上。赫伯对坐在拥挤的前座的日本人说道:"后面十分宽敞,你们为什么不一块儿坐在后面?"

他们答道:"噢,不,像您这么有地位的人来参加这种重要的会议,显然您必须好好休息。"赫伯对他们的回答感到非常满意。

车子在行驶当中,一位接待赫伯的人说:"最近东京去美国的机票十分紧张,您回去的时间确定了吗?是否已经订好了回程的机票?"

赫伯心想:他们真是善解人意。伸手到口袋中拿出机票并让他们看清行程。但他却没有想到,日本人知道了赫伯谈判的截止时间,而赫伯却不知道他们的截止时间。

日本人没有立刻开始谈判,他们先安排赫伯参观了日本礼仪及文化。一个多星期,赫伯忙碌地参观各地,由皇宫到京都的神社全都看遍了,甚至安排了一项英语讲授的课程来说明日本人的信仰。

每天晚上有四个半小时,他们让赫伯坐在硬地板的软垫子上,享受着传统的晚宴款待。每当赫伯提到何时开始谈判时,日本人总是答道:"噢,有的是时间啊!"

会议终于在第12天开始,但是必须提前结束才不会耽误18:00点的高尔夫球。第13天,会议也必须提前结束以便参加为赫伯举办的欢送会。最后,第14天的早上,终于渐渐谈到重点,正当赫伯要提出意见之时,接赫伯去机场的汽车已然到达,大家挤在车内一路继续谈判。就在汽车抵达终点刹车之时,他们完成了这笔交易的谈判。

为什么日本能顺利完成谈判?就因为日本人探知了赫伯的谈判期限,他们不做任何妥协,摸准了赫伯不愿空手而回的心理,这就是赫伯谈判失败的主要原因。

资料来源:高定基.实战谈判秘诀——谈判专家科恩被击败[EB/OL].[2012-05-22]. https://www.bmlink.com/news/887170.html.

2. 选择谈判时间的策略

(1) 对于主要的议题或争执较大的焦点问题,最好安排在总谈判时间的 3/5 时提出来,这样既经过一定程度的交换意见,有一定基础,又不会拖得太晚而显得仓促。

(2) 合理安排好己方各谈判人员发言的顺序和时间,尤其是关键人物关键问题的提出应该选择最成熟的时机,当然也要给对方人员足够的时间表达意向和提出问题。

(3) 对于不太重要的议题、容易达成一致的议题可以放在谈判的开始阶段或即将结束阶段,而应把大部分时间用在关键性问题的磋商上。

（4）己方的具体谈判期限要在谈判开始前保密，如果对方摸清己方谈判期限，就会在时间上用各种方法拖延，待到谈判期限快要临近时才开始谈正题，迫使己方为急于结束谈判而匆忙接受不理想的结果。

（5）在枯燥的谈判过程中适当安排一些文娱活动，既可活跃双方气氛，增进友谊，又可松弛神经，消除疲劳，这是非常必要的。但是文娱活动的安排也不能过多，如果谈判进行一周，安排1～2次文娱活动就可以了，且最好安排在谈判的第二天以及商谈焦点性问题的当天。此外，安排的活动内容不要重复，要尽量丰富一些；要注意不能安排过多的文娱活动使对方疲劳，影响谈判，实现己方谈判目标或达到其他目的。

【小贴士】
文化习俗对谈判时机的影响

与英国商人洽谈生意，要注意圣诞节和复活节前后两周尽量不安排或少安排业务洽谈活动。

与法国人谈判，不要把时间定在7月的最后一周和8月。因为这段时间是法国人的假期，法国人对休假十分重视，无论你用何种手段都不能使他们为谈判而错过或延误一次假期。

希腊人6—8月从不谈生意，同时星期三下午也不接待任何来宾。

西班牙人在下午午休期间（14：00—16：00）不做生意，银行在夏天13：30后就关门下班，许多生意是在他们的晚宴上谈成的，西班牙人的晚宴一般都在21：00以后。

巴西人则以喜爱娱乐而闻名，所以要避免在狂欢节期间同他们谈判。

二、谈判地点的选择

谈判地点的选择不是一件随意的事情，恰当的地点往往有利于取得谈判的主动，谈判者应当很好地加以利用。通常，有三种方案可供谈判者选择。

1. 己方场地（主场）谈判

（1）主场谈判的优势。在可供选择的谈判地点中，许多专家都倾向于选择己方的场所。在己方场地举行谈判，占据天时、地利、人和，从获胜的可能角度讲，确有特定的好处和明显的优势。

① 谈判者在己方的领地谈判，不需要再去适应新的时间、空间及人际关系环境，有较好的心理态势，自信心较强，并可以把精力更集中地用于谈判。同时，谈判队伍与高层领导之间的沟通较为方便，信息资料获取便捷，决策过程中的压力较小。

② 可以选择己方较熟悉和喜欢的具体谈判场所，并按照自身的文化习俗和喜好布置谈判场所。

③ 作为东道主，可以通过安排谈判之余的活动，从文化上、心理上对对方施加潜移默化的影响，从而主动掌握谈判过程。

④ 可以节省外出谈判的差旅费用和旅途时间，降低谈判成本，提高经济效益，并可以免除旅途疲劳等对谈判的不利影响。

(2) 主场谈判的劣势。其主要有如下方面。

① 由于身在公司所在地，不易与公司工作脱钩，经常会由于公司事务需要解决而干扰谈判人员，分散谈判人员的注意力。

② 由于与公司高层沟通方便，谈判人员易产生依赖心理，一些问题不能自主决断而频繁地请示领导，也会造成失误与被动。

③ 主场谈判的东道主主要负责安排谈判会场及谈判中的各项事宜，要负责对客方人员的接待工作，安排宴请、游览等活动，负担较重。

另外，主场谈判中，作为东道主，必须懂得礼貌待客，包括邀请、迎送、接待、洽谈组织等。礼貌可换来信赖，它是主场谈判者谈判中的一张王牌，它会促使谈判者积极思考东道主谈判者的各种要求。

2. 对方场地（客场）谈判

(1) 客场谈判的优势。其主要有以下几点。

① 己方谈判人员可以全身心投入谈判，避免主场谈判时来自工作单位和家庭事务等方面的干扰。

② 在高层领导规定的范围内，更有利于发挥谈判人员的主观能动性，减少谈判人员的依赖性，提高其决断力。

③ 己方不需要负责具体的场所准备事务。同时，可以实地考察对方公司的各方面情况，获取直接的信息资料。

(2) 客场谈判的劣势。其主要有：

① 与公司本部相距较远，联系沟通相对不便，为信息的传递及资料的获取带来了不利影响，某些重要事项也得不到及时磋商解决。

② 需要花费时间和精力去适应新的环境，克服路途劳累、时差不适应等因素带来的影响。

③ 在谈判具体场所、谈判日程等的安排方面处于被动地位。

另外，客场谈判中，必须事先了解谈判地的风土人情，以免做出会伤害对方感情但稍加注意即可避免的事情；谈判过程中要审时适度、灵活反应，克服客场处境的各种不利因素，争取主动；另外，商务谈判中，要配备必要的翻译、代理人员。不能随便接受对方推荐的人员，以防泄露机密。

3. 中立场地（第三地）谈判

一般情况下，谈判双方对谈判地点的重要性都有充分地认识，或因谈判双方冲突较大、政治关系微妙等原因，在主客场地都不适宜的情况下，可选择中立地点谈判，即选择主客场地之外的第三场地进行谈判。

(1) 第三场地谈判的优势。中立地点谈判，对双方来讲都是平等的，不存在偏向，所以气氛冷静，不易受环境干扰，双方都比较注重自己的声望、礼节，容易减少误会，再加上各方的诚意，双方都比较客观地处理各种复杂问题和某些突发性事件，从接触了解到澄清谅解，直至最后达成某种默契或协议。

(2) 第三场地谈判的劣势。谈判双方要为谈判地点的确定而谈判，但地点的确定要使谈判双方都满意也不是一件容易的事，毕竟第三地谈判通常是被相互关系不融洽、信任程度不高的谈判双方所采用,所以在这方面要花费谈判双方不少的时间和精力。

总之,谈判地点的三种基本选择各有优势又都有不足。通常谈判涉及重大的或难以解决的问题时,最好争取在己方所在地进行;一般性问题或需要了解对方情况时,也可在对方所在地进行。中间地点谈判通常被相互关系不融洽、信任程度不高尤其是过去是敌对、仇视、关系紧张的双方的谈判所选用,可以有效地维护双方的尊严、脸面,防止下不了台阶。实际谈判时,在这三种选择的基础上,还可根据实际需要做适当的变异,如有些多轮大型谈判可在双方所在地交叉进行。

【小故事】
日本与澳大利亚的煤铁谈判

日本是一个自然资源匮乏而经济十分发达的国家。以钢铁和煤炭资源来说,其优质高品位的铁矿和煤炭的蕴藏量都非常低,又因第二次世界大战前实行的经济军事化和战后的以经济成倍增长计划为特点的经济起飞,铁矿和煤炭的矿藏已开采殆尽。

而与此相反,澳大利亚是一个幅员辽阔、自然资源丰富的大国。日本渴望购买澳大利亚的煤和铁,在国际贸易中澳大利亚一方却不愁找不到买主。按理说,日本人的谈判地位低于澳大利亚,澳大利亚一方在谈判桌上占据主动地位。可是,精明的日本人却以大量订购澳方煤、铁并免费提供来回机票为诱饵,将澳大利亚的谈判者请到日本去谈生意。

澳大利亚人到了日本,一般比较谨慎、讲究礼仪,而不至于过分侵犯东道主的权益,因而日本方面和澳大利亚方面在谈判桌上的相互地位发生了显著的变化。澳大利亚人过惯了富裕舒适的生活,他们的谈判代表到了日本之后没几天,就住不惯日本的木屋和榻榻米,吃不惯东方式的日本饭团和鱼子酱,急切想回到故乡别墅的游泳池、海滨和妻儿身旁,所以在谈判桌上常常表现出急躁的情绪和急于求成的心理。

作为东道主的日方谈判代表却不紧不慢、不慌不忙地讨价还价,有时还故意停下来,介绍一下日本的风情民俗,甚至陪对方出游、出席舞会,以此更加剧澳方代表的急躁心理和回归情绪,使日本谈判代表掌握了谈判主动权。结果,日本方面仅仅花费了少量接待费和来回机票作"诱饵",就钓到了"大鱼",取得了大量谈判桌上难以获得的东西;他们以低于国际市场近一半的价格取得了澳方大量的煤铁订货。

资料来源:宁一.世界商道[M].北京:地震出版社,2006.

三、谈判场地的布置

1. 谈判场所的布置

较为正规的谈判场所可以有三类房间:一是主谈判室,二是密谈室,三是休息室。

(1)主谈判室的布置。谈判室应当宽大舒适,光线充足,色调柔和,空气流通,温度适宜,使双方能心情愉快、精神饱满地参加谈判。谈判桌居于房间中间。主谈判室一般不宜装设电话,以免干扰谈判进程,泄露有关秘密。

(2)密谈室的布置。密谈室是供谈判双方内部协调机密问题单独使用的房间。它最好靠近主谈判室,有较好的隔音性能,室内配备黑板、桌子、笔记本等物品,窗户上要有窗帘,光线不宜太亮。作为东道主,绝不允许在密室安装微型录音设施偷录对方密谈信息。

作为客户在对方场所谈判,使用密谈室时一定要提高警惕。

(3) 休息室的布置。休息室是供谈判双方在紧张的谈判间隙休息用的,休息室应该布置得轻松、舒适,以便能使双方放松一下紧张的神经。室内最好布置一些鲜花,播放一些轻柔的音乐,准备一些茶点,以便于调节心情,舒缓气氛。

【小故事】
谈判场地的心理作用

中国浙江义乌一家私营纽扣厂的经理,在法国巴黎时装节上与世界某著名品牌时装公司的代表相遇,前者很想与后者建立业务关系,以便将自己的纽扣及饰品出口给这家大名鼎鼎的法国时装公司。法国公司看了业务经理带去的纽扣样品后,邀请他一周后到公司总部面谈。在时尚气派的大会客厅里,业务经理面对如此华丽的环境,有一种自惭形秽的感觉。其实,这正是法国公司的谈判策略之一:一方面,通过世界著名大公司与中国乡镇小企业的对比,通过本方华丽时尚的展厅和高雅会客厅与对方普通小作坊的对比,对来者营造心理上的压力;另一方面,法国公司摸准了业务经理担心在法国逗留太久费用太高、希望尽快达成交易的急切心理,迫使对方降低期望值,进而在纽扣和饰品的报价上做出较大的让步。

资料来源:窦然.国际商务谈判与沟通技巧[M].上海:复旦大学出版社,2009.

2. 谈判桌摆放及座次安排

谈判双方的座位安排对谈判气氛、对内部人员之间交流、对谈判双方便于工作都有重要影响。谈判座位的安排也要遵循国际惯例,讲究礼节。通常可以安排以下三种方式就座。

(1) 长方形或椭圆形。双边谈判一般采用长方形或椭圆形谈判桌。通常主方、客方各坐一边,若谈判桌横放如图 2-1 所示,则正面对门为上座,应属于客方;背面对门为下座,应

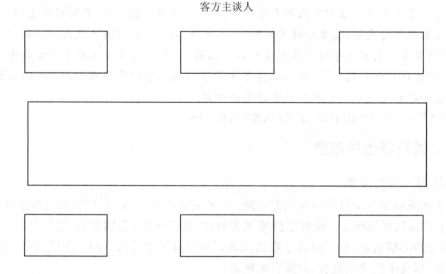

图 2-1　谈判桌横放示意图

属于主方。这种座位安排方法比较适用于比较正规的、严肃的谈判。它的好处是双方相对而坐,中间有桌子相隔,有利于己方信息的保密,各方谈判人员相互接近,便于商谈和交流意见,也可形成心理上的安全感和凝聚力。它的不利之处在于人为地造成双方对立感,容易形成紧张、呆滞的谈判气氛,对融洽双方关系有不利的影响,需要运用语言、表情等手段缓和这种紧张对立气氛。

谈判桌竖放的情况如图2-2所示。

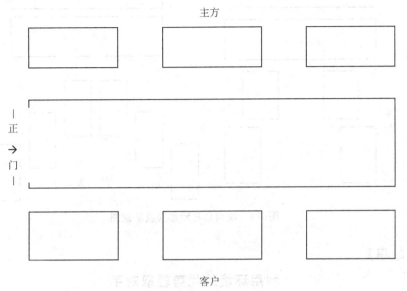

图2-2 谈判桌竖放示意图

(2) 圆形。多边谈判一般采用圆形谈判桌,如图2-3所示,国际惯例上称为"圆桌会议"。采用圆桌谈判,谈判各方围桌交叉而坐,尊卑界限被淡化了,彼此感到气氛较为和谐、融洽,容易达成共识。不利之处是双方人员被分开,每个成员有一种被分割被孤立的感觉。同时也不利于己方谈判人员之间协商问题和资料保密。

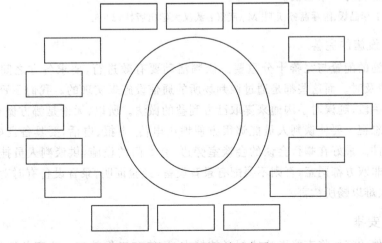

图2-3 谈判桌圆形摆放示意图

（3）马蹄形。小型的谈判也可不设谈判桌，直接在会客室沙发上进行，双方主谈人在中间长沙发就座，"主左客右"，译员在主谈人后面，双方其余人员分坐两边，呈马蹄形，如图 2-4 所示，这样双方交谈比较随和友好。但较正式的谈判，不宜采用这种方式。

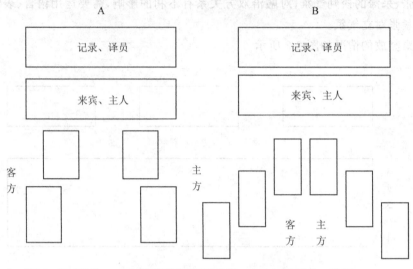

图 2-4　谈判桌马蹄形摆放示意图

【小故事】

利用环境的优势轻取对手

日本老资格政治家河野一郎在他的回忆录中清晰地描述了 20 世纪 50 年代他与苏联领导人布尔加宁的一次谈判，就是利用环境的优势轻取对手。当他来到谈判会议室准备就座时，苏联人按惯例让他先行选择，河野环视一下，就近选了一把椅子说："我就坐在这儿吧。"布尔加宁说了声"好"，便在河野对面坐了下来。事后，河野讲，他选的椅子在方向上是背光线的，谈判中他很容易看到对方的表情，甚至布尔加宁流露出的倦容。河野宣称这是他多年外交谈判的一个秘诀。

资料来源：李品媛.国际商务谈判[M].武汉：武汉大学出版社，2006.

3. 通信设施的完善

谈判设施的配置与完善十分重要。谈判活动要有效进行，要求各方之间信息交流充分，上下反馈及时。而这些都是通过谈判场所的通信设施来实现的。我们不赞同那种在这些方面施展手段，延误对手沟通来谋取己方利益的做法。所以，无论是哪方做东道主，这一点一定不要忽视。要使谈判人员能够很方便地用电传、电报、电话，要具备良好的灯光、通风和隔音条件。最好在举行会谈的会谈室旁边，有专门的设施，供谈判人员挂些图表或进行计算。除非双方都同意，否则不要配有录音设备，经验证明，录音设备有时对双方都会起副作用，使人难以畅所欲言。

4. 食宿安排

食宿条件的好坏将直接影响谈判者的精力、情绪和工作效率。食宿条件欠佳，往往会使对方产生对立情绪。在食宿安排中应充分注意到对方的文化、风俗和特殊习惯,特别是对一些有特殊禁忌的人员要十分尊重。东道国一方对来访人员的食宿安排应周到细致,方便舒适,但不一定要豪华、阔气,可以按照国内或当地的标准条件招待即可。许多外国商人,特别是发达国家的客商,十分讲究时间、效率,不喜欢烦琐冗长的招待仪式,但是适当组织客人参观游览,参加文体娱乐活动也是十分有益的。在某种程度上,住宿地和餐饮桌上常常是正式谈判暂停后的缓冲和过渡阶段,它不仅会很好地调节客人的旅行生活,也是增进双方私下接触、融洽双方关系的重要场合,甚至是解决谈判难题的关键场地。

第六节　模拟商务谈判的实施

模拟谈判,也就是正式谈判前的"彩排",它是商务谈判准备工作中的一项重要内容。模拟谈判是从己方人员中选出某些人扮演谈判对手的角色,提出假设和猜测,模拟谈判对手的立场、观点、风格,和己方主谈人员进行谈判的想象练习和模拟表演。

【小案例】
中国代表团的模拟谈判

1954 年,我国派出代表团参加日内瓦会议,因为是新中国成立以来第一次与西方国家打交道,没有任何经验,所以在出发前,代表团进行了反复的模拟练习。由代表团的同志代表中方,另外安排人分别扮演西方各国的新闻记者和谈判人员,提出各种问题"刁难"代表团的同志。在这种对抗中,及时发现问题并予以解决。经过充分的准备,我国代表团在日内瓦会议期间的表现获得了国际社会的一致好评。

资料来源:佚名.国际商务谈判前的准备[EB/OL].[2015-02-15].http://www.doc88.com/p-8106035754340.html.

一、模拟谈判的必要性

在谈判准备工作的最后阶段,谈判双方有必要为即将开始的谈判举行一次模拟谈判,以检验己方的谈判方案,并使谈判人员提早进入实战状态。模拟谈判的必要性表现在以下几个方面。

1. 提高谈判人员应对困难的能力

模拟谈判可以使谈判人员获得实际性的经验,他们可以一次又一次地扮演自己或者扮演对手,从而熟悉实际谈判中的各个环节,在心理准备、心理承受、临场发挥等方面都有一个提升,从而提高应对各种困难的能力。

2. 检验谈判方案是否周密可行

谈判方案是在谈判小组负责人的主持下,由谈判小组成员具体制订的,它不可能完全反映正式谈判中出现的意外。同时,受谈判人员知识、经验、思维方式、考虑问题的立场及角度等因素的限制,谈判方案难免会有不足之处和漏洞。谈判方案是否完善,只有在正式谈判中能得到真正检验,但这毕竟是一种事后检验,发现问题往往为时已晚。而模拟谈判是对正式谈判的模拟,与正式谈判比较接近。因此,模拟谈判能够较为全面严格地检验谈判方案是否切实可行,检验谈判方案存在的问题和不足,从而促使谈判人员及时修正和调整谈判方案。

3. 训练和提高谈判人员的谈判能力

模拟谈判的对手是己方人员,对自己的情况十分了解,这时站在对手的立场上提问题,有利于发现谈判方案中的错误,并且能预测对方可能从哪些方面提出问题,以便事先拟定出相应的对策。对于谈判人员来说,能有机会站在对方的立场上进行换位思考,是大有好处的。

二、模拟谈判的方式

模拟谈判的方式主要有以下两种。

1. 组成代表对手的谈判小组

如果时间允许,可以将自己的谈判人员分成两组,一组作为己方的谈判代表,一组作为对方的谈判代表;也可以从本企业内部的有关部门抽出一些职员,组成另一谈判小组。但是,无论用哪种办法,两个小组都应不断地互换角色。这是正规的模拟谈判,此方式可以全面检查谈判方案,并使谈判人员对每个环节和问题都有一个事先的了解。

2. 让一位谈判成员扮演对手

如果时间、费用和人员等因素不允许安排一次较正式的模拟谈判,那么小组负责人也应坚持让一位人员来扮演对方,对本企业的交易条件进行磋商、盘问。这样做也有可能使谈判小组负责人意识到是否需要修改某些条件或者增加一部分论据等,而且会使本企业人员提前认识到谈判中可能出现的问题。

三、模拟谈判的方法

1. 全景模拟法

全景模拟法是指在想象谈判全过程的前提下,企业有关人员扮成不同的角色所进行的实战型排练。这是最复杂、耗资最大但也往往是最有效的模拟谈判方法。这种谈判方法一般适用于大型的、复杂的、关系到企业重大利益的谈判。在采用全景模拟法时,应注意以下两点。

(1) 合理地想象谈判的全过程。有效地想象要求谈判人员按照假设的谈判顺序展开充分的想象,不只是想象事情的发生的结果,更重要的是事物发展的全过程。想象在谈判中双方可能发生的一切情形,并依照想象的情况和条件,演习双方交锋时可能出现的一切局面,如谈判的气氛、对方可能提出的问题、我方的答复、双方的策略、技巧等问题。合理的想象有助于谈判的准备更充分、更准确。所以,这是全景模拟法的基础。

(2) 尽可能地扮演谈判中所有可能出现的人物。这里有两层含义:一方面是指对谈判中可能会出现的人物都有所考虑,要指派合适的人员对这些人物的行为加以模仿;另一方面是指主谈人(或其他在谈判中准备起重要作用的人员)应扮演谈判中的每一个角色,包括自己、己方的顾问、对手和他方的顾问。这种对人物行为、决策、思考方法的模仿,能使我方对谈判中可能会遇到的问题、人物有所预见;同时,处在别人的地位上进行思考,有助于我方制定更加完善的策略。任何成功的谈判,从一开始就必须站在对方的立场和角度上来看问题。而且,通过对不同人物的角色扮演,可以帮助谈判者明确自己所充当的谈判角色,一旦发现自己不适合扮演某人在谈判方案中规定的角色时,可及时加以更换,以避免因角色的不适应而引起的谈判风险。

2. 讨论会模拟法

讨论会模拟法类似于"头脑风暴法"。它可分为两步:第一,企业组织参加谈判的人员和一些其他相关人员召开讨论会,请他们根据自己的经验,对企业在本次谈判中谋求的利益、对方的基本目标、对方可能采取的策略、我方的对策等问题畅所欲言。不管这些观点、见解如何标新立异,都不会有人指责,有关人员只是忠实地记录,再把会议情况上报领导,作为决策的参考。第二,请人针对谈判中可能发生的种种情况、对方可能提出的问题等提出疑问,由谈判小组成员一一加以解答。

讨论会模拟法特别欢迎反对意见。这些意见有助于己方重新审核拟订的谈判方案,从多角度和多种标准来评价方案的科学性和可行性,不断完善准备的内容,提高成功的概率。国外的模拟谈判对反对意见倍加重视。然而,这个问题在我国企业中长期没有得到应有的重视。讨论会往往变成了"一言堂",领导往往难以容忍反对意见。这种讨论会不是为了使谈判更加完善,而是成了表示赞成的一种仪式。这就大大地违背了讨论会模拟法的初衷。

3. 列表模拟法

列表模拟法是一种最简单的模拟方法,一般适用于小型的、常规性的谈判。具体操作过程是这样的:通过对应表格的形式,在表格的一方列出我方经济、科技、人员、策略等反面的所有缺点和对方的目标及策略。另一方则相应地罗列出我方针对这些问题在谈判中所应采取的措施,这种模拟方法最大的缺陷在于它实际上还是谈判人员的一种主观产物,它只是尽可能搜寻问题并列出对策,至于这些问题是否真的会在谈判中发生,这一对策是否起到预期的作用,由于没有通过实践的检验,因此不能百分之百地讲,这一对策是完全可行的,对于一般的商务谈判,能达到八九成的胜算就可以了。

四、模拟谈判的总结

模拟谈判的总结环节是必不可少的,因为模拟谈判的目的就在于总结经验,发现问题,提出对策,完善谈判方案。这是一种预测性的总结,其应包括以下主要内容:对方的立场、观点、目标、风格、精神等;对方的反对意见及解决办法,有关妥协的可能性及其条件;己方的有利条件及运用状况;己方的弱点及改进措施;谈判所需的信息资料是否充足完善;双方各自的妥协条件及可共同接受的条件;对方谈判的底线及谈判破裂的界限。[①]

---

① 袁其刚.商务谈判学[M].北京:电子工业出版社,2014.

【小贴士】

德国商人重视模拟谈判

德国商人以严谨缜密而著称于世,不管是大企业还是小企业,也不论是大型复杂的谈判还是小型简单的谈判,德国商人总是以一种不可辩驳的权威面目出现,而他们也常常能控制着谈判桌上的主动权。这要归功于他们对模拟谈判的重视。对于德国商人来讲,事先演练某场谈判是一个必然的程序,他们往往是对谈判中可能发生的小事都做周密准备,对谈判中可能会发难的问题拟定详细答案。这很自然地增强了其谈判实力,为成功谈判奠定基础。笔者曾参与一次中德冶金设备谈判,总体感受是,中方提出的每一个问题,德方就像把答案已经打印出来一样熟练回答,而对德方提出的问题,中方准备得并不充分。

资料来源:佚名.模拟商务谈判的意义[EB/OL].[2016-12-20]. https://www.docin.com/p-1814407706.html.

课后练习

1. 谈判的背景调查应该从哪些方面着手?
2. 怎样进行谈判人员的配备?
3. 你是某公司的谈判人员,国外 A 公司第一次与你公司做交易,准备购买你公司的产品,领导要求你搜集有关的谈判信息,你需要搜集哪些信息?通过哪些渠道搜集?对这些信息应怎样进行分析、整理?
4. 学院计划建两个分别拥有 160 个座位和 290 个座位的多媒体教室。假定你是此项目的负责人。试就多媒体设备供应商的资信、技术水平、服务质量和价格条件等进行市场调查,并拟一份关于购买多媒体设备的谈判方案。
5. 在商务谈判中,谈判者在选择谈判场合时要考虑哪些因素?
6. 模拟谈判应如何实施?
7. 案例分析。

两个同龄的年轻人

两个同龄的年轻人同时受雇于一家超级市场,开始时拿同样的薪水。后来叫阿诺的小伙子青云直上,薪水自然提高了不少,而那个叫阿德的小伙子却仍在原地踏步。阿德很不满意经理的不公正待遇,终于有一天,他到经理那儿发牢骚了。经理一边耐心地听着他的抱怨,一边在心里盘算着怎样解释清楚他和阿诺之间的差别。"阿德先生,"经理开口说话了,"你今天到集市去一下,看早上有什么卖的。"阿德从集市回来向经理汇报说,今早集市上只有一个农民拉了一车土豆在卖。"有多少?"经理问。

阿德赶快又跑到集市上,然后回来告诉经理一共是 40 袋土豆。

"价格是多少?"

阿德又第三次跑到集市上问清楚了价钱。

"好吧。"经理对他说,"现在请你坐到这把椅子上一句话也不要说,看别人怎么说。"

经理让阿诺去了市场。

阿诺很快就从集市回来了,并汇报说开始只有一个农民在卖土豆,一共40袋,价格是多少;土豆质量很不错,他带回来一个让经理看看。这个农民后来还弄来几箱西红柿,据他看价格非常公道。昨天他们超级市场里的西红柿卖得很快,库存已经不多了。他想这么便宜的西红柿经理肯定要进货的,所以他不仅带回了西红柿做样品,而且把那个农民也带来了,他现在正在外面等回话呢。

此时经理转向了阿德,说:"现在你肯定知道为什么阿诺的薪水比你高了吧?"

阿诺总是能够主动对经理的指示进行分析,获取相关的信息,为经理的决策提供有效信息。

资料来源:佚名.商务谈判前的准备[EB/OL].[2015-02-26].http://www.doc88.com/p-8826242583337.html.

思考题:你对收集信息有哪些新的感悟?

一次进口设备转让谈判

哈尔滨某橡胶厂(以下简称哈方)曾进口一整套现代化胶鞋生产设备,由于原料与技术力量跟不上,搁置三年无法使用。后来新任厂长决定将该设备转卖给湖北一家橡胶厂(以下简称鄂方)。正式谈判前,哈方了解到鄂方两个重要情况:一是鄂方经济实力雄厚,但资金基本上都投入了再生产,要马上拿出200万元添置设备困难很大;二是鄂方厂长年轻志大,自负好胜,几乎在任何情况下都不甘示弱,甚至常以拿破仑自喻,不相信有什么办不到的事情。古人云:知己知彼,百战不殆。对内情有所了解后,哈方厂长决定亲自与鄂方厂长谈判。

哈方厂长:"经过这两天的交流和了解,我详细了解了贵厂的生产情况,你们的经营管理水平确实使我肃然起敬。你年轻有为,能力非凡,有胆识有魄力,着实令我由衷钦佩。可以断言,贵厂在您的领导下,不久将成为中国橡胶行业的明星。"

鄂方厂长:"老兄过奖了!我身为厂长,年轻无知,恳切希望得到老兄的指教!"

哈方厂长:"我向来不会奉承人,只会一尺十寸,实事求是。贵厂今天办得好,我就说好,明天办得不好,我就说不好。昨天,我的助理从哈尔滨打来电话,说总厂里有个棘手的事等着我去办,催我一两天内返回。关于咱们洽谈的进口德国GD公司制造的现代化胶鞋生产设备转让问题,通过在贵厂转了一天后,我的想法又有所改变了。"

鄂方厂长:"有何高见?"

哈方厂长:"当然谈不上高见。只是担心挺大,疑问挺多:第一,我怀疑贵厂是否真有经济实力能在一两天内拿出这么多资金;第二,我怀疑贵厂是否有或者说能招聘到管理操作这套设备的技术力量。所以,我并不像原先考虑的那样,确信能将设备转卖给贵厂。"

鄂方厂长听到这些,觉得受到哈方厂长的轻视,十分不悦,于是不无炫耀地向哈方厂长介绍了自己厂子的经济实力与技术力量,表明他们完全有能力购买和管理操作这套新设备。这样,鄂方厂长为了炫耀和急于购买,迫于时间压力,就不好意思再在价格上斤斤计较。为了显示大厂风度,鄂方厂长很爽快地答应了哈方厂长200万元的报价,并当即拟写了协议，双方签约，握手共庆。哈方成功地将"休养"三年的设备转卖给了湖北这家橡胶厂。

资料来源：佚名.商务谈判策略[EB/OL].[2014-02-14]. http://www.doc88.com/p-3704312712780.html.

思考题：
（1）分析哈方厂长这次成功的谈判与前期的准备工作关系如何。
（2）本案例对你有何启示？

第三章　商务谈判的过程

谈判的成功,无非满足于谈判双方的欲望和心理价位。

——佚名

妥协在谈判上并非是失败的表现。

——佚名

学习目标

- 做好商务谈判开局阶段的工作,营造良好的商务谈判气氛。
- 正确地进行商务谈判报价。
- 掌握商务谈判还价的技巧和让步的技巧。
- 遇到商务谈判僵局能够巧妙地化解。
- 掌握商务谈判签约阶段的各项要求,成功地签约。

案例导入

中日之间的一次索赔谈判

我国某单位从日本 S 汽车公司(以下简称日方)进口大批 FP148 货车,使用时普遍发生严重质量问题,致使该单位蒙受巨大经济损失,为此,该单位(以下简称中方)向日方提出索赔。

谈判一开始,中方简明扼要地介绍了 FP148 货车在中国各地的损坏情况以及用户对此的反应。中方在此虽然只字未提索赔问题,但已为索赔说明了理由和事实根据,展示了中方的谈判威势,恰到好处地拉开了谈判的序幕。日方对中方的这一招早有预料,因为货车的质量问题是一个无法回避的事实,日方无心在这一不利的问题上纠缠。日方为避免劣势,便不动声色地说:"是的,有的车子轮胎炸裂,挡风玻璃炸碎,电路有故障,铆钉震断;有的车架偶有裂纹。"中方察觉到对方的用意,便反驳道:"贵公司代表都到现场看过,经商检和专家小组鉴定,铆钉非属震断,而是剪断,车架出现的不仅仅是裂纹,而是裂缝、断裂!而车架断裂不能用'有的'或'偶有',最好还是用比例数据表达,更科学、更准确……"日方淡然一笑说:"请原谅,比例数据尚未准确统计。""那么,对货车质量问题贵公司能否取得一致意见?"中方对这一关键问题紧追不舍。"中国的道路是有问题的。"日方转了话题,答非所问,中方立即反驳:"诸位已去过现场,这种说法是缺乏事实根据的。""当然,我们对贵国的实际情况考虑不够……""不,在设计时就应该考虑到中国的实际情况,因为这批车是专门为中国生产的。"中方步步紧逼,日方步步为营,谈判气氛渐趋紧张。中日双方在谈判开始不久,就在如何认定货车质量问题上陷入僵局。日方坚持说中方有意夸大货车质量问题:"货车的质量问题不至于到如此严重程度吧?这对我们公司来说,是从未发生过的,也是不可理解的。"此时,中方觉得该是举证的时候,并将有关材料向对方一推说:"这里有商检、公证机关的公证结论,还有商检拍摄的录像。如果……""不!不!对商检公证机关的结论,我们是相信的,我们是说贵国是否能够做出适当让步。否则我们无法向公司交代。"日方在中方所提质量问题攻势下,及时调整了谈判方案,采用以柔克刚的手法,向对方踢皮球,但不管怎么说,日方在质量问题上设下的防线已被攻克了,这就为中方进一步提出索赔价格要求打开了缺口。随后,对FP148货车损坏归属问题上取得了一致意见。日方一位部长不得不承认,这属于设计和制作上的质量问题所致。初战告捷,但是我方代表意识到更艰巨的较量还在后面。索赔金额的谈判才是根本性的。

随即,双方谈判的问题升级到索赔的具体金额上——报价、还价、提价、压价、比价,一场毅力和技巧的谈判竞争展开了。中方主谈判代表擅长经济管理和统计,精通测算。他翻阅了许多国内外的有关资料,甚至在技术业务谈判中,他也不凭大概和想当然,认为只有事实和科学的数据才能服人。此刻,在他的纸笺上,在大大小小的索赔项目旁,写满了密密麻麻的阿拉伯数字。这就是技术业务谈判,不能凭大概,只能依靠科学准确的计算。根据多年的经验,他不紧不慢地提出:"贵公司对每辆车支付加工费是多少?这项总额又是多少?""每辆车10万日元,总计5.84亿日元。"精明强干的日方主谈人淡然一笑,与其副手耳语了一阵,问:"贵国报价的依据是什么?"中方主谈人将车辆损坏后各部件需如何修理、加固、花费多少工时等逐一报价。"我们提出的这笔加工费并不高。"接着中方又用了欲擒故纵的一招:"如果贵公司感到不合算,派人员维修也可以。但这样一来,贵公司的耗费恐怕是这个数的好几倍。"这一招很奏效,顿时把对方将住了。日方被中方如此精确的计算所折服,自知理亏,转而以恳切的态度征询:"贵国能否再压低一点?"此刻。中方意识到,就具体数目的实质性讨价还价开始了。中方答道:"为了表示我们的诚意,可以考虑贵方的要求,那么,贵公司每辆出价多少呢?""12万日元。"日方回答。"13.4万日元怎么样?"中方问。"可以接受。"日方深知,中方在这一问题上已做出了让步。于是双方很快就此项索赔达成了协议。日方在此项目费用上共支付7.76亿日元。

然而,中日双方争论索赔的最大数额的项目却不在此,而在于高达几十亿日元的间接经济损失赔偿金。在这一巨大数目的索赔谈判中,日方率先发言。他们也采用了逐项报价的做法,报完一项就停一下,看中方代表的反应,但他们的口气却好似报出每一个数据都是不容打折扣的。最后,日方统计可以给中方支付赔偿金30亿日元。中方对日方的报价一直沉默不语,用心揣摩日方所报数据中的漏洞,把所有的"大概""大约""预计"等含混不清的字眼都挑了出来,有力地抵制了对方所采用的浑水摸鱼的谈判手段。

在此之前,中方谈判班子昼夜奋战,液晶体数码不停地在电子计算机的荧光屏上跳动着,显示出各种数字。在谈判桌上,我方报完每个项目的金额后,讲明这个数字测算的依据,在那些有理有据的数字上打的都是惊叹号。最后我方提出间接经济损失70亿日元!

日方代表听了这个数字后,惊得目瞪口呆,老半天说不出话来,连连说:"差额太大,差额太大!"于是,进行无休止的报价、压价。

"贵国提的索赔额过高,若不压半,我们会被解雇的。我们是有妻儿老小的……"日方代表向中方哀求着。老谋深算的日方主谈人使用了哀兵制胜的谈判策略。

"贵公司生产如此低劣的产品,给我国造成多么大的经济损失啊!"中方主谈接过日方的话头，顺水推舟地使用了欲擒故纵一招："我们不愿为难诸位代表，如果你们做不了主，请贵方决策人来与我们谈判。"双方各不相让，只好暂时休会，这种拉锯式的讨价还价，对双方来说是一种毅力和耐心的较量。因为谈判桌上，率先让步的一方就可能被动。

随后，日方代表急用电话与日本S公司的决策人密谈了数小时，接着谈判重新开始了，此轮谈判一接火就进入了高潮，双方舌战了几个回合，又沉默下来。此时，中方意识到，己方毕竟是实际经济损失的承受者，如果谈判破裂，就会使己方获得的谈判结果付诸东流；而要诉诸法律，麻烦就更大。为了使谈判已获得的成果得到巩固，并争取有新的突破，适当的让步是打开成功大门的钥匙。中方主谈人与助手们交换了一个眼色，率先打破沉默说："如果贵公司真有诚意，彼此均可适当让步。"中方主谈人为了防止由于己方率先让步所带来的不利局面，建议双方采用"计分法"，即双方等量让步。"我们公司愿意付40亿日元。"日方退了一步，并声称："这是最高突破数了。""我们希望贵公司最低限度必须支付60亿日元。"中方坚持说。

这样一来，中日双方各自从己方的立场上退让了10亿日元。双方比分相等。谈判又出现了转机。双方界守点之间仍有20亿日元的逆差(但一个界守点对双方来说，都是虚的。更准确地说，这不过是双方的最后一道"争取线"。该如何解决这"百米赛跑"最后冲刺阶段的难题呢？双方的谈判专家都是精明的，谁也不愿看到一个前功尽弃的局面)。几经周折。双方共同接受了由双方最后报价金额相加除以2，即50亿日元的最终谈判方案，

除此之外，日方愿意承担下列三项责任：
(1) 确认出售给中国的全部FP148货车为不合格品，同意全部退货，更换新车；
(2) 新车必须重新设计试验，精工细作，制作优良，并请中方专家检查验收；
(3) 在新车未到之前，对旧车进行应急加固后继续使用，日方提供加固件和加固工具等。

一场罕见的特大索赔案终于公正地交涉成功了！

资料来源：高建军.商务谈判实务[M].北京：北京航空航天大学出版社，2007；陈丽清，韩丽亚.现代商务谈判[M].北京：经济科学出版社，2010.

问题：
(1) 在此案中我们可以看出中方和日方在开局阶段、讨价还价阶段和结局阶段的表现如何？
(2) 本案例对理解商务谈判过程有哪些启示？

第一节 商务谈判的开局阶段

谈判各方在做了各种准备之后，就要开始面对面地进行实质性的谈判。谈判过程可能是多轮次的，也可能要经过多次的反复，才能达成一致。不论谈判过程时间长短，谈判双方都要各自提出自己的交易条件和意愿，然后就各自希望实现的目标和相互间的分歧进行磋商，最后消除分歧达成一致。这个过程依次为谈判开局阶段、谈判报价阶段、谈判磋商阶段和交易达成阶段。掌握谈判的每个阶段，完成每一个环节的任务，顺利实现双赢是谈判的

重要任务。

一、开局的基本任务

商务谈判开局阶段主要是指谈判双方进入具体交易内容的洽谈之前，彼此见面，互相介绍、寒暄以及就谈判内容和谈判事项进行初步交流的过程。好的开端是谈判成功的一半。在商务谈判中，谈判开局是双方真正走到一起，进行直接的接触和沟通，开局的成功与否对谈判能否顺利进行影响很大。这一阶段的目标就是为进入实质性谈判创造良好条件，为实现这一目标，开局阶段主要有以下三个任务。

1. 明确谈判的具体事项

谈判的具体事项主要包括目标、计划、进度及成员四个方面的内容。谈判各方初次见面，首先要互相介绍谈判人员的基本资料，包括姓名、职务和谈判角色等，然后谈判各方要明确此次谈判双方共同追求的合作目标，进而根据各自的具体情况，磋商并确定谈判的大体议程和进度，明确需要共同遵守的纪律和共同履行的义务等问题。明确这些具体问题，是为了使谈判各方统一认识、明确规则、安排议程、掌握进度、增进了解。

2. 创造良好的开局气氛

谈判开局的气氛对整个谈判过程会产生很大的影响并起着重要的制约作用。良好的谈判氛围能使谈判各方心情愉悦，增进相互间的信任感和合作诚意。紧张的气氛则容易导致双方相互戒备和猜忌。谈判气氛是谈判对手之间的相互态度，它会直接影响谈判人员的情绪和行为方式，进而影响整个谈判的各个环节。虽然谈判气氛在谈判不同阶段会呈现出不同的状态，但通常在开局阶段形成的谈判气氛最为重要，所以在开局阶段应尽可能营造有利于谈判的环境气氛。

【小故事】

蘑菇出土话搞活

这年夏天，春城昆明决定引进部分外资，开发自然资源，发展旅游业。日本的客商闻风而来，负责接待他们的是昆明市一位年富力强的中年人。谈判的中心议题当然是资金、效益、合作方式。但实际上谈判一开始便打外围战，不是谈经济和贸易，而是政治和形势。日方代表不无隐忧地说："我们同中国打交道，担心你们政局会变。"昆明代表表示理解地点点头说："其实早几年我们也有过担心，不是担心政局会变，而是担心政策会变。看了几年，觉得中国的政策的确在变，不过是越变越活，越变越好了。"

日方代表又说："这几个月，中国各大城市都在成立公司，有如雨后的蘑菇纷纷出土，可是，蘑菇的寿命是不会长久的呀！"昆明代表不卑不亢地答道："对这个问题我想说两点：第一，蘑菇纷纷出土，说明我们正在执行一条开放搞活的政策；第二，蘑菇出土的同时，松苗也会破土而出。蘑菇可能寿命短，但松苗却可以长成参天大树！"一席话说的日本人不住地点头。经过这番外围战，双方心里都有了底，后来经过几轮谈判，日方在旅游业方面下了很大一笔投资。

资料来源：宿春礼.随机应变的口才艺术[M].北京：中国社会出版社，2005.

3. 开局摸底

摸底就是指通过初步接触,探测对方的目标、意图以及可能的让步程度。通过摸底可以大致了解对方的目标期望值,并进一步发现双方共同获利的可能性。

在开局摸底阶段,双方各自陈述己方的观点和愿望,并提出己方认为谈判应涉及的问题及问题的性质、地位,以及己方希望取得的利益和谈判的立场,陈述的目的是要使双方了解彼此的意愿。

通过摸底,谈判者应完成下述几项工作:一是考察对方的品质;二是了解对方的诚意和真实需要;三是设法了解对方的谈判经验、作风,对方的优势和劣势,了解对方每一位谈判人员的态度、期望,甚至要弄清对方认为有把握的和所担心的是什么,是否可以加以利用等;四是设法了解对方在谈判中坚持的原则以及在哪些方面可以做出让步。

双方经过简要的介绍和陈述后,谈判者应注意从对方的言谈举止中去获取对己方有力的信息。要观察对方中有诚意合作和正直坦诚的人,与他们沟通可能事半功倍;同时,还要注意领会对方谈话所包含的信息,这些信息可能反映了对方的真实意图。通过摸底,可以大致了解对方的目标期望值,并进一步发现双方共同获利的可能性。

在谈判中探寻对方"底牌"的同时,一定要谨防对方窥测。要注意以下三个方面[①]。

(1) 做好保密工作。在谈判中,除由于谈判需要而必须向对方传递的信息以外,其他涉及己方的重要信息如己方的最后期限、己方所面临的困境、己方的最低出价信息等,在谈判过程中都必须严格保密,切不可和盘托出,不能让对方掌握自己的信息命脉,否则会给谈判造成无法挽回的影响。在谈判前,要能正确估计出对方对己方谈判信息的掌握情况,并由此判定在谈判过程中,对哪些信息应该保密,保密到什么程度,以及需要注意哪些保密环节。在谈判中,对于随身携带的谈判资料一定要妥善保管,不能随意丢放,特别是谈判方案和关键性的数据资料,即使谈判时摊放在自己的桌面上,也要防止被对方看到。其次,应尽量避免在谈判现场协调内部行动,以防对方从自己的表情、眼神、口形上判断出己方的信息内容。谈判中己方人员若必须对一些问题在现场发表意见,可以用交换纸条的方法,或请求退场协调。即使是在谈判间歇或休息期间,己方在交谈时也应防止被对方窃听,在公共场所更不应讨论与谈判业务有关的事宜,以防无意中泄露了谈判机密。

(2) 在谈判中,谈判者可能时常会遇到对方直接向你提出一些你不愿意回答的、关乎己方谈判机密的问题。对此,除了正面向对方明确表示这是过分的或不公正的要求而予以正面拒绝以外,还可采取诸如转移话题、偷换概念、假装不知、避实就虚、鱼目混珠、混淆视听等手法进行应对。

【小故事】

转移话题两例

《三国演义》中有一段青梅煮酒论英雄的情节,说的是刘备巧妙地以闻雷心惊来掩饰匙著落地的窘态,非常机敏地利用了当时的天气变化,把曹操提出的"天下谁是英雄"的敏感

---

① 张幸花,李冬芹.推销与商务谈判[M].大连:大连理工大学出版社,2014.

话题转到"是否畏雷"的话题上,避开了自己难以正面表述的问题。在《孟子·梁惠王》上篇中记载有孟子说服齐宣王的一则故事:一次,齐宣王提出要孟子谈谈齐桓公与魏文公争霸的事,这对于一贯主张仁义道德的孟子来说,无疑是个难以启齿的话题。对此,孟子先以"仲尼之徒无道桓文之事"为理由,避开了对方所提的问题,转而提出了自己"保民而王"的主张,并以生动有力的言辞吸引了对方的注意力,最终达到了说服对方的目的。

在以上这两个例子中,刘备和孟子都采用了转移话题的方法,回避了对方的直接提问,所不同的是刘备使用的是间接转移的方法,而孟子使用的是直接转移的方法。

总之,学会从容、机敏地规避对方的直接窥测,不仅能让自己避开尴尬与窘困的境地,还可使谈判避免陷入被动。

(3) 防止落入场外陷阱。在谈判中若采用直接的方法探测谈判信息,势必会引起对方的警觉与防范,特别是在一些涉及重要内容的谈判中,双方的警惕性都很高。为避免打草惊蛇,谈判的组织者们便将注意力转移到谈判场外,精心设计、安排一系列热情的场外活动,如欢迎、欢送宴会、参观、游览、娱乐、礼节性拜访等,希望通过这些热情的场外活动使对方放松警惕,在酒酣耳热之际不经意地泄露"天机"。而在一些跨国的重大谈判中,有的甚至不惜采用"美人计""苦肉计"等手段,以猎取重要的谈判信息。因此,谈判者必须随时保持高度的警惕性,尤其是在客场谈判时,更要处处留心,谨防陷入对方的场外陷阱。否则,一旦被对方摸到了"底牌",就会给谈判带来难以想象的损失。

【小案例】

谈判场外的较量

日本一家企业想购买英国某公司的技术专利,但谈来谈去,英方就是不卖。日方只好宣布作罢。可是没过多久,这家英国公司的附近出现了一个新开的小餐馆,物美价廉,服务良好,该公司的许多员工都纷纷前往就餐。过了不久,英方不肯出让技术的那种产品就在日本问世了,这家餐馆也随之歇业。此时,英方才意识到这两者之间的联系。原来,该公司的员工在就餐时,同事之间谈论涉及业务的话题都被餐馆的"服务人员"一点一滴地搜集了,最终成为一份完整的技术资料。英方在谈判桌上费了好大劲想守住的东西,却在不知不觉中被场外的日方给弄到手了。

资料来源:佚名.商务谈判开局与摸底[EB/OL].[2015-06-18]. https://www.doc88.com/p-2196612261201.html.

二、谈判开局的方式

如果谈判的准备工作已经全部完成,这时,就可以向对方主动提交洽谈方案,或者在对方提交方案的基础上给予相应的答复。向对方提交方案有以下几种方式。

1. 提交书面材料,不做口头陈述

这是一种局限性很大的方式,只在两种情况下运用。一种情况,是本部门在谈判规定的约束下不可能有别的选择方式。比如,本部门向政府部门投标,这个政府部门规定在裁定的期间内部与投标者见面、磋商。另一种情况,是本部门准备把最初提交的书面材料也

作为最后的交易条件。这时要求文字材料要明确具体,各项交易条件要准确无误,让对方一目了然,只需回答"是"与"不是",无须再做任何解释。如果是对对方所提出的交易条件进行还价,还价的交易条件也必须是具体的,对方要么全盘接受,要么全盘拒绝。

2. 提交书面材料,并做口头陈述

在会谈前将书面材料提交给对方,这种方法有很多优点,书面交易条件内容完整,能把复杂的内容用详细的文字表达出来,对方可一读再读,全面理解。提交书面交易条件也有缺点,如写上去的东西可能会成为一种对自己一方的限制,并难以更改。另外,文字形式的条款不如口述带有感情色彩,细微差别的表达也不如口语,特别是在不同语种之间,就更有局限性。因此,谈判者应掌握不同形式下的谈判技巧。在提出书面交易条件之后,就应努力做到下述要点:让对方多发言,不可多回答对方提出的问题;尽量试探对方反对意见的坚定性,即如果不做任何相应的让步,对方能否顺从意见;不要只注意眼前的利益,还要注意目前的合同与其他合同的内在联系;无论心里如何感觉,都要表现出冷静、泰然自若;要随时注意纠正对方的某些概念性错误,不要只在对本企业不利时才纠正。

【小案例】

一组关于设备转卖谈判的开局陈述

买家:"大家上午好!再次见到各位非常高兴。经过上一次的参观交流,我方感觉赛维干洗这批新设备对我们很有吸引力。我方准备把这批设备引入西南地区,全面拓宽西南地区的干洗市场。我方已经向相关部门提出了申请并得到了批准。目前关键问题是时间——我方要以最快的速度在引进设备的问题上达成协议。所以,我方打算简化手续和调查程序。虽然我们以前没有过业务来往,不过业内朋友都知道贵公司一向是重合同守信誉的,所以我方期待着与贵公司取得良好的合作。"

卖家:"谢谢!听了贵方的陈述,我方很乐意积极配合,也非常愿意转卖赛维干洗新推出的这一套设备。然而,有一点我方打算提醒一下贵方,这套设备绿色环保,处于世界先进水平,所以技术含量很高,安装调试也比较麻烦,不过,我方可以派技术骨干做培训,并上门安装调试。我方关心的是合理的价格水平,因为还有很多其他区域的客户也想订购这种产品,这是我方目前所面临的情况。"

资料来源:杨群祥.商务谈判[M].北京:高等教育出版社,2015.

问题:试评价上述谈判双方的陈述。

3. 面谈提出交易条件

面谈提出交易条件的形式是在事先双方不提交任何书面形式的文件,仅仅在会谈时提出交易条件。这种谈判方式有许多优点:可以见机行事,有很大的灵活性;先磋商后承担责任义务;可充分利用感情因素,建立个人关系,缓解谈判气氛等。但这种谈判方式也存在某些缺点:容易受到对方的反击;阐释复杂的统计数字与图表等相当困难;语言的不同,可能会产生误会。运用这种谈判方式应注意下述事项:①不要让会谈漫无边际地东拉西扯,而应明确所有要谈的内容,把握要点;②不要把精力只集中在一个问题上,而应把每一个问题都谈深、谈透,使双方都能明确各自的立场;③不要忙于自己承担义务,而应为谈判留有充分的余地；④不要只注意眼前利益，要注意到目前的合同与其他合同的内容联系；⑤无论心里如何考虑，都要表现得镇定自若；⑥要随时注意纠正对方的某些概念性错误，不要只在对本方不利时才去纠正。

【小故事】

开局陈述

我国某进出口公司的一位经理在同马来西亚商人洽谈大米进出口交易时，开局是这样表达的："诸位先生，首先让我向几位介绍一下我方对这笔大米交易的看法。我们对这笔出口买卖很感兴趣，我们希望贵方能够现汇支付。不瞒贵方说，我方已收到贵国其他几位买方的递盘。因此，现在的问题只是时间，我们希望贵方认真考虑我方的要求，尽快决定这笔买卖的取舍。当然，我们是老朋友了，彼此有着很愉快的合作经历，希望这次洽谈会能进一步加深双方的友谊。这就是我方的基本想法。我把话讲清楚了吗？"

资料来源：佚名.商务谈判的过程[EB/OL].[2015-03-13]. http://www.doc88.com/p-8989280978094.html.

三、营造开局气氛

1. 谈判气氛的特点

谈判气氛的营造应该服务于谈判的方针和策略，服务于谈判者各阶段的任务和所面临的政治形势、经济形势、市场变化、文化氛围、实力差距，以及谈判时的场所、天气、时间、突发事件等。对于客观环境对气氛的影响，需要在谈判准备阶段做有利于谈判目标的准备。谈判气氛在不同特点的谈判中是不一样的，即使在一个谈判过程中，谈判气氛也会发生微妙的变化。谈判气氛多种多样，有热烈的、积极的、友好的，也有冷淡的、对立的、紧张的；有平静的、严肃的，也有松懈的、懒散的；还有介于以上几种谈判气氛之间的自然气氛。而谈判开局阶段气氛的营造更为关键。因为这一阶段的气氛会直接影响到双方是否有一个良好的开端。一般来说，开局气氛如果是冷淡的、对立的、紧张的，或者是松懈的，都不利于谈判的成功。谈判开局气氛也不大可能一下子就变成热烈的、积极的、友好的。什么样的开局气氛是比较合适的、合理的呢？根据开局阶段的性质、地位，根据进一步磋商的需要，开局气氛应有以下几个特点。

（1）礼貌、尊重的气氛。谈判双方在开局阶段要营造出一种尊重对方、彬彬有礼的气氛。出席开局阶段谈判的可以是高层领导，以示对对方的尊重。谈判人员服饰仪表要整洁大方，无论是表情、动作还是说话语气，都应该表现出尊重、礼貌，不能流露出轻视对方、以势压人的态度；不能以武断、蔑视、指责的语气讲话，使双方能够在文明礼貌、相互尊重的气氛中开始谈判。

【小故事】

中方汽车企业引进德国生产线谈判

背景与情境：中国一家汽车生产企业准备从德国引进一条生产线，于是与德国一家公司进行了联络。双方分别派出一个谈判小组就此问题进行谈判。谈判那天恰逢2014年世界杯决赛的第二天,当双方谈判代表刚刚就座,中方的首席代表(公司副总经理)就站了起来,他对大家说:"在谈判开始之前,先恭喜远道而来的德国客人,昨天晚上德国 1∶0 打败了阿根廷,第四次赢得了世界杯冠军,追平了意大利的夺冠纪录。恭喜!恭喜!"此话一出,中方谈判人员纷纷站起来向德方谈判代表道贺。德方谈判代表听此言也非常自豪,纷纷站起来回贺。整个谈判会场的气氛顿时热情高涨起来。接下来的谈判进行得非常顺利。结果,中方企业以合理的价格顺利地引进了一条德国的先进生产线。

资料来源:杨群祥.商务谈判[M].北京:高等教育出版社,2015.

(2)自然、轻松的气氛。开局初期常被称为"破冰"期。谈判双方抱着各自的立场和目标坐到一起,极易出现冷淡、冲突和僵持。如果一开局气氛就非常紧张僵硬,可能会过早地造成情绪激动和对立,使谈判陷入泥潭。过分的紧张和僵硬还会使谈判者的思维偏激、固执和僵化,不利于细心分析对方的观点,不利于灵活地运用谈判策略。因此,谈判人员在开局阶段首先要营造一种平和、自然、轻松的气氛。例如,随意谈一些轻松的话题,松弛一下紧绷着的神经,不要过早与对方发生争论,语气要自然平和,表情要轻松亲切,尽量谈论中性话题,不要过早刺激对方。

【小故事】

活跃气氛的谈判计谋

中国一家彩电生产企业准备从日本引进一条生产线,于是联系了日本一家公司。双方分别派出一个谈判小组就此问题进行谈判。谈判那天,当双方谈判代表刚刚就座,中方的首席代表(副总经理)就站了起来,对大家说:"在谈判开始之前,我有一个好消息要与大家分享。我的太太在昨天夜里为我生了一个大胖小子!"此话一出,中方职员纷纷站起来向他道贺。日方代表于是也纷纷站起来向他道贺。整个谈判会场的气氛顿时高涨起来,谈判进行得非常顺利。中方企业以合理的价格顺利地引进了一条主产线。

资料来源:佚名.商务谈判策略[EB/OL].[2016-03-10].http://www.doc88.com/p-8919744854005.html.

(3)友好、合作的气氛。开局阶段要使双方有一种"有缘相识"的感觉,双方都愿意友好合作,都愿意在合作中共同受益。因此谈判双方实质上不是"对手",而是"伙伴"。基于这一点,营造友好合作的气氛并不仅仅是出于谈判策略的需要,更重要的是双方长期合作的需要。尽管随着谈判的进行会出现激烈的争辩或者矛盾冲突,但是双方是在友好合作的气氛中去争辩,不是越辩越远,而是越辩越近。因此,要求谈判者真诚地表达对对方的友好愿望和对合作成功的期望。此外,热情的握手、热烈的掌声、信任的目光、自然的微笑都是营造友好合作气氛的手段。

【小故事】

喝茶的姿势

东南亚某个国家的华人企业想成为日本一家著名电子公司在当地的代理商。双方几次磋商均未达成协议。在最后的一次谈判中,华人企业的谈判代表发现日方代表喝茶及取放茶杯的姿势十分特别,于是他说道:"从××君(日方的谈判代表)喝茶的姿势来看,您十分精通茶道,能否为我们介绍一下?"这句话正好点中了日方代表的兴趣所在,于是他滔滔不绝地讲述起来。结果,后面的谈判进行得异常顺利,该华人企业终于拿到了所希望的地区代理权。

资料来源:佚名.商务谈判案例分析[EB/OL].[2012-03-10]. https://www.docin.com/p-359239302.html.

(4) 积极、进取的气氛。谈判毕竟不是社交沙龙,谈判者都肩负着重要的使命,要付出艰苦的努力去完成各项重要任务,双方都应该在积极进取的气氛中认真工作。谈判者要准时到达谈判场所,仪表端庄整洁,精力要充沛,充满自信,坐姿要端正,发言要响亮有力,要表现出追求进取、追求效率、追求成功的决心,不论有多大分歧,有多少困难,相信一定会获得双方都满意的结果。谈判就在这样一种积极进取、紧张有序、追求效率的气氛中开始。

2. 影响谈判气氛的因素

谈判是一项互惠的活动,一般情况下,谈判双方都会谋求一致,所以谈判的气氛也应该是真诚、合作、认真和轻松的。要想取得这样的谈判气氛,需要在一定的时间内,利用各种因素,协调双方的思想和行动。

(1) 气质与风度。其表现影响着谈判人员的内在形象。气质与风度是人们稳定的个性特征。良好的气质是以人的文化素养、文明程度、思想品质和生活态度为基础的。风度则包含精神状态、谈吐礼节、表情动作等。在谈判中,谈判者的气质和风度是通过他的态度、言语和行为表现出来的。良好的气质与风度,既能向谈判对手表现出礼貌和尊重的态度,又能够展现出我方高昂的精神面貌,使对手肃然起敬,从而营造出理想的谈判气氛。

(2) 着装与服饰。服装的款式与色调、配件的搭配和衣服的清洁状况,可以间接地反映出谈判人员的心理特征、审美观点和参加谈判的态度。一般来说,谈判人员的装束应该整洁、美观和大方,但由于服饰属于文化习俗的范畴,所以在不同的文化背景下,会有不同的要求,应视情况而定。例如在法国谈判或对方是法国人时,就应该穿整洁的深色服装;如果是在丹麦或美国,衣着的问题就无足轻重了,只要干净整洁,穿便服或运动装也未尝不可。

(3) 姿态与表情。作为表达的一种重要的表现形式,人的姿态和表情与有声语言一样,具有强烈的感染力,反映出的是内心的自信和精力。所以在谈判进入正题以前,谈判双方的表情和姿态,就已经在传递无声信息了。例如,面无表情,可能会使魅力和信用度降低;自然的表情,可能会消除紧张的感觉;微笑的表情,可能会显示镇定自信的态度等。

(4) 中性话题的选择。在谈判进入正式话题以前,选择中性的话题是比较合适的,也容易引起共鸣,有利于营造和谐的谈判气氛。一般来说,中性话题可以选择双方都感兴趣的业余爱好,可以回忆往日合作成功的欢乐感受,还可以用轻松愉快的语气谈些双方容易达成一致意见的话题,如谈判的目的、议事日程安排、进展速度、谈判人员的组成情况等。

(5) 会场布置与座位安排。谈判中对谈判场地设施的布置和对谈判双方座位的安排,都会影响到谈判的心理状态,从而影响到洽谈的气氛,包括谈判桌的大小形状、座位的顺光逆光、电话设施的准备和茶点冷饮的供应等。例如,有的人认为桌椅的大小显示的是"权力"大小,能给对方造成一种心理压力;也有的人认为,没有合适的桌椅,会产生一种失落感,使谈判者在整个谈判过程感到困窘。

3. 营造良好谈判气氛的技巧

营造良好谈判气氛的技巧具体包括如下方面:

(1) 注意个人形象。一个人的形象主要包括服装、仪表、语言、行为等方面。作为一名谈判人员应该特别注意个人形象的树立,不但要注意服装的整洁,还必须重视仪表美和行为端庄,才能为创造良好的谈判气氛打下基础。

【小案例】

谈判中的形象

2016年夏天,H市木炭公司经理何女士到G市金属硅厂就其木炭的销售合同进行谈判。H市木炭公司是生产木炭的专业厂家,想扩大市场范围,对这次谈判很重视。会面那天,何经理脸上的粉底打得较厚,使涂着腮红的脸尤显白嫩,吊着垂吊式的耳环、金项链,右手戴有两个指环、一个钻戒,穿着大黄衬衫、红色大花真丝裙。G市金属硅厂销售科的马经理和业务员小李接待了何经理。马经理穿着布质夹克衫、牛仔裤,皮鞋不仅显旧,还蒙着车间的硅灰。他的胡茬发黑,使脸色更显苍老。

何经理与马经理在会议室见面时,互相握手致意,马经理伸出大手握了一下何经理白净的小手,马上就收回了,并抬手查看。原来何经理右手的戒指、指环扎了马经理的手。看着马经理收回的手,何经理眼中掠过一丝冷淡。小李觉得何经理与马经理反差大了些。

双方就供货量及价格进行了谈判,G市金属硅厂想独占H市木炭公司的木炭供应,以加强与别的金属硅厂的竞争力,而木炭公司提出了最低保证量及预先借款作为滚动资金的要求。马经理对最低订量及预付款表示同意,但在"量"上与何经理分歧很大。何经理为了不空手而回,提出暂不讨论独家问题。那么,预付款也可放一放,等于双方各退一步,先谈眼下的供货合同问题。

马经理问业务员小李,小李没应声。原来他在观察研究何经理的服饰和化妆,何经理也等小李的回话,当她发现小李在观察自己时不禁一阵脸红。但小李没提具体合同条件,只是将硅厂的"一揽子交易条件"介绍了一遍。何经理对此未做积极响应。于是小李提出,若谈判依单订货,可能要货比三家,愿先听木炭公司的报价,依价下单。何经理一看事情复杂化了,心中直着急,加上天热,额头上的汗珠顺着脸颊淌下来,汗水将粉底冲出了条沟,使原本白嫩的脸变得花了。

马经理见状说道:"何经理别着急。若贵方价格能灵活,我方可以先试订一批货,也让您回去有个交代。"何经理说:"为了长远合作,我们可以在这笔交易上让步,但还请贵方多考虑我厂的要求。"双方就第一笔订单做成了交易,并同意就"一揽子交易条件"存在的分歧继续研究,择期再谈。

资料来源:佚名.商务谈判过程[EB/OL].[2015-05-05].https://www.doc88.com/p-5857788366588.html.

问题:本案中双方礼仪是否恰当?双方营造了什么样的开局气氛?

(2) 沟通思想。只有沟通思想才能加深了解、建立友谊。要建立一种相互合作的洽谈气氛需要有一定的时间。因此,洽谈开始时的话题最好是松弛的、非业务性的中性话题。

要避免在洽谈开始不久就进入实质性洽谈,应花一定的时间去沟通思想,加深彼此之间的了解,只有在互相信赖的基础上才会出现和谐的气氛。商务谈判人员通常选用的中性话题有:各自的经历;体育新闻、文娱消息;家庭状况;气候、季节及适应性;旅途中的经历;名人轶事;较轻松的玩笑;过去成功的合作,等等。

【小故事】

周恩来与艾登

1954年5月初,在日内瓦会议期间,周恩来总理得知美国国务卿杜勒斯蛮横地指责英国外交大臣艾登对中国态度软弱,搞得艾登很恼火,就请苏联外长莫洛托夫把艾登邀到苏联的别墅赴宴。

艾登是个性格开朗且有绅士风度的著名外交家,与周恩来初次见面就风趣地指着沙发上的菠萝说:"苏联什么水果都有,就是没有菠萝。"

莫洛托夫会心地朝周恩来一笑道:"但中国有,中国是一个极其富有的国家。"

艾登早就对古老的中国有神秘感,他不无遗憾地说:"中国是个神秘的国家,可惜我没有去过中国。"

莫洛托夫趁热打铁给艾登和周恩来架桥说:"艾登先生应该到中国去一次。"

艾登一下打开了话匣子,滔滔不绝地讲起他与中国的关系,巧妙地把话题引向周恩来:"但愿如此。我告诉你们一件事,在第一次世界大战的时候,与我同伍的一个军官叫哈门,他在战争中牺牲了。上星期他的弟弟写给我一封信,要我信任周恩来先生的每一句话,他说他熟悉周恩来先生。"

周恩来对此表示感谢,饶有风趣地讲起他与哈门的交往,使艾登与周恩来第一次会见的气氛融洽了许多。

资料来源:作者根据相关资料整理。

(3) 做好周密细致的准备。谈判人员必须做好周密的准备工作。事前的准备工作做得越周密,就越有利于良好气氛的建立,作为洽谈人员,在事前应充分考虑如何利用开始阶段的各项活动使良好的气氛建立起来,最好是对此拟出一个详细的计划方案,以免忙中出乱。

(4) 分析对方的行为。分析对方的行为,尽量引导对方与己方协调合作。开始阶段进行的一切活动,一方面能够为双方建立良好关系创造条件,另一方面又能够了解对方的特点、态度和意图,从而为引导对方与己方协调合作提供依据。因此,作为谈判人员应认真分析对方在开始阶段的言行,从中正确把握对方的性格、特点以及谈判作风,尽量因势利导地引导对方与我方合作,这也是创造良好气氛不可或缺的方法之一。

四、谈判开局的策略

谈判开局策略是谈判人员谋求谈判开局有利形势和实现对谈判开局的控制而采取的行动方式或手段。营造适当的谈判气氛实质上就是为实施谈判开局策略打下基础,只有选择了合适的开局策略才能够达到预期的目的。

1. 一致式开局策略

一致式开局策略是指以协商、肯定的语言进行陈述，使对方对己方产生好感，让双方对谈判的理解都有"一致"的感觉，从而使谈判双方在友好、愉快的气氛中展开工作。

【小案例】

17.8℃的房间温度

田中角荣20世纪70年代为恢复中日邦交正常化到达北京，他怀着等待中日间最高首脑会谈的紧张心情，在迎宾馆休息。迎宾馆内气温舒适，田中角荣的心情也十分舒畅，与随从的陪同人员谈笑风生。他的秘书仔细看了一下房间的温度计，是17.8℃。这是田中角荣习惯的温度，使得他心情舒畅，也为谈判的顺利进行创造了条件。

17.8℃的房间温度就是针对特定的谈判对手，为了更好地实现谈判的目标而进行的一致性开局策略的运用。

资料来源：佚名.商务谈判过程[EB/OL].[2014-05-08].https://www.docin.com/p-807749032.html.

一致式开局策略比较适用于谈判双方实力比较接近的情况，双方过去没有商务往来的经历，之间是第一次接触，都希望有一个好的开端，这时，双方要多用外交礼节性语言、中性话题，使谈判在平等、合作的气氛中开局。谈判时要表示出充分尊重对方意见的态度，语言要友好礼貌，姿态上应该是不卑不亢，沉稳中不失热情，自信但不自傲，把握住适当的分寸，顺利打开局面。一致式开局策略的具体方式有三种，如表3-1所示。

表3-1 一致式开局策略的具体方式

方式	特 点
商量式	在谈判开始时，用一种协商的口吻来征求谈判对手的意见，然后，对其意见表示赞同，并按照其意见进行工作。运用这种方式应该注意的是，拿来征求对手意见的问题应是无关紧要的问题，即对手对该问题的意见不会影响到本方的具体利益。另外，在赞成对方意见时，态度不要过于诌媚，要让对方感觉到自己是出于尊重，而不是奉承
询问式	指将答案设计成问题来询问对方，引导对方进入己方既定的目标，从而在双方间达成一种一致和共识。例如，"你看我们把价格及付款方式问题放到后面讨论怎么样？"
补充式	指借以对对方意见的补充，使自己的意见变成对方的意见。采用问询方式或补充方式使谈判步入开局，由于是在尊重对方要求的前提下形成的一种建立在本方意愿基础上的谈判双方间的共识，因而，这种共识容易为对方接受和认可

2. 保留式开局策略

保留式开局策略又叫慎重式开局策略，是指应用严谨、凝练的语言进行陈述，对谈判对手的关键问题不做确切、彻底回答，有所保留造成神秘感，表达出对谈判的高度重视和鲜明的态度，目的在于使对方放弃某些不适当的意图，以达到把握谈判的目的。

保留式开局策略一般适用于谈判双方有过商务往来，但对方曾有过不太令人满意的表现，己方要通过严谨、慎重的态度，引起对方对某些问题的重视。运用此策略可以采取的方法有很多，例如，可以对过去双方业务关系中对方的不妥之处表示遗憾，并希望通过本次合作能够改变这种状况；也可以用一些礼貌性的提问来考察对方的态度、想法，但不要急于拉近关系,注意与对方保持一定的距离。这种策略也适用于己方对谈判对手的某些情况存在疑问,需要经过简短的接触摸底。当然慎重并不等于没有谈判诚意,也不等于冷漠和猜疑,这种策略正是为了寻求更有效的谈判成果而使用的。

【小案例】

牵制大客商

江西省某工艺雕刻厂原是一家濒临倒闭的小厂,经过几年的努力,产值已有200多万元,产品打入了日本市场,被誉为"天下第一雕刻"。有一年,日本3家株式会社的老板同一天不约而同来到该厂订货。其中一家资本雄厚的大商社,要求原价包销该厂的佛坛产品。这应该说是好消息。但该厂想到,这几家原来都是经销韩国及中国台湾地区产品的商社,为什么争先恐后、不约而同到本厂来订货?他们查阅了日本市场的资料,得出的结论是本厂的木材质量上乘、技艺高超是吸引外商订货的主要原因。于是该厂采用了"待价而沽""欲擒故纵"的谈判策略。先不理那家大商社,而是积极抓住两家小商社求货心切的心理,把佛坛的梁、榴、柱,分别与其他国家的产品作比较。在此基础上,该厂将产品当作金条一样争价钱、论成色,使其价格达到理想的高度。首先与小商社拍板成交,造成那家大客商产生失落货源的危机感。那家大客商不但更急于订货,而且想垄断货源,于是大批订货,以致订货数量超过该厂现有生产能力的好几倍。

资料来源:佚名.商务谈判案例[EB/OL].[2014-05-20].https://www.docin.com/p-815322204.html.

3. 坦诚式开局策略

坦诚式开局策略是指以开诚布公的方式向谈判对手陈述自己的观点或意愿,尽快打开谈判局面。

【小案例】

肺 腑 之 言

一个经济实力较弱的小厂与一个经济实力较强的大厂在谈判时,小厂的主谈人为了消除对方的疑虑,向对方解释:"我们摊子小,实力不够强,但人实在,信誉好,产品质量符合贵方的要求,而且成本较其他厂家低。我们谈得成也好,谈不成也好,我们这个'小弟弟'起码可与你们这个'大兄长'交个朋友,向贵方学习生产、经营及谈判的经验。我们真诚地期待与贵方合作。"

肺腑之言,不仅可以表明自己的开局意图,而且可以消除对方的戒心,赢得对方的好感和信任,这无疑有助于谈判的深入进行。

资料来源:佚名.商务谈判[EB/OL].[2012-07-31].http://www.doc88.com/p-206185637836.html.

选用坦诚式开局策略时,谈判人员可以直截了当地陈述各自的谈判目标,和盘托出各自的谈判条件,或者站在对方的立场上设想并提出己方的看法,推动对方回应己方的建议,争取双方形成共同的开局目标。一般情况下,坦诚、直率的开局方式,容易获得对方的理解和信赖,人们往往对愿意表露真实意愿的人有安全感和亲切感;同时,坦诚、直率的开局方式,往往能缩短与对方的心理距离。因此,坦诚式开局方式经常能达到理想的预期效果。

4. 进攻式开局策略

进攻式开局策略是指通过语言和行为来表达己方强硬的姿态,从而获得谈判对象的尊重,并借以制造心理优势,促进谈判进展。采用进攻式开局策略一定要谨慎,因为,在谈判开局阶段就设法显示自己的实力,使谈判开局就处于剑拔弩张的气氛中,对谈判进一步发展极为不利。进攻式开局策略通常只在这种情况下使用,即发现谈判对手在刻意制造低调气氛,这种气氛对本方的讨价还价十分不利,如果不把这种气氛扭转过来,将损害本方的切实利益。

【小案例】

丰田进入美国

日本著名的丰田汽车公司在美国刚刚"登陆"时,急需找一个美国代理商来为其推销产品,以弥补他们不了解美国市场的缺陷。当日本公司准备同美国的一家公司就此问题进行谈判时,日本公司的谈判代表因路上塞车迟到了。美国公司的代表抓住这件事紧紧不放,想要以此为手段获取更多的优惠条件。日本公司的代表发现无路可退,于是站起来说:"我们十分抱歉耽误了您的时间,但是这绝非我们的本意,我们对美国的交通状况了解不足,所以导致了这个不愉快的结果,希望我们不要再因为这个无所谓的问题耽误宝贵的时间了。如果因为这件事怀疑到我们合作的诚意,那么,我们只好结束这次谈判。我们所提出的优惠代理条件在美国是不会找不到合作伙伴的。"日本代表的一席话说得美国代表哑口无言,美国人也不想失去一次赚钱的机会,于是谈判顺利地进行下去。

资料来源:佚名.商务谈判案例分析题［EB/OL］.［2016-07-22］. http://www.doc88.com/p-29915269l5142.html.

实例中日本代表便是采用了进攻式开局策略。进攻式开局策略只在特殊情况下使用。例如,发现谈判对手居高临下,以气势压人,有不尊重己方的倾向时,如果任其发展下去,对己方是不利的,因此要变被动为主动,不能被对方气势所压倒。这时可采取以攻为守的策略,以捍卫己方的尊严和正当权益,使双方站在平等的地位上进行谈判。

5. 挑剔式开局策略

挑剔式开局策略是指对对方的某项错误或某方面礼仪上的失误严加指责,使其感到理亏,迫使其做出让步。挑剔式开局策略的关键是要抓住对方的弱点和失误,转移其目标视线,这是运用挑剔式开局策略的关键点。

【小案例】

巴西代表上了美方的当

巴西一家公司的代表到美国去采购成套设备。巴西代表因为上街购物耽误了时间,当他们到达谈判地点时,比预定时间晚了45分钟。美方代表对此极为不满,花了很长时间来指责巴西代表不遵守时间,没有信用,如果这样下去,以后很多工作很难合作,浪费时间就是浪费资源、浪费金钱。对此巴西代表感到理亏,只好不停地向美方代表道歉。谈判开始以后美方代表似乎还对巴西代表来迟一事耿耿于怀,一时间弄得巴西代表手足无措,说话处处被动。无心与美方代表讨价还价,对美方提出的许多要求也没有静下心来认真考虑,匆匆忙忙就签订了合同。等到合同签订以后,巴西代表平静下来,头脑不再发热时才发现自己吃了大亏,上了美方的当,但已经晚了。

资料来源:佚名.巴西人的商务谈判[EB/OL].[2015-11-28]. http://www.doc88.com/p-9979565020018.html.

第二节 商务谈判的报价阶段

谈判双方在结束了非实质性交谈以后,就要将话题转向有关交易内容的正题,即开始报价。报价阶段一般是商务谈判由横向铺开转向纵向深入的转折点。报价以及随之而来的磋商是整个谈判过程的核心和最重要的环节,决定了能否成交,或者一旦成交,盈利能有多少。

这里所说的报价,不仅是指产品在价格方面的要价,而是泛指谈判的一方对另一方提出的所有条件,包括商品的数量、质量、包装、价格、装运、保险、支付、商检、索赔、仲裁等交易条件,其中价格条件具有重要的地位,因为其余的交易条件最终都会体现在价格的变化上。一般情况下,谈判都是围绕价格进行的。

一、影响价格的因素

商务谈判中的价格谈判,应当首先了解影响价格的具体因素,这些具体因素主要包括商品成本、附带条件和服务、市场行情、谈判者的利益需求、成交条件和产品的具体情况。

1. 商品成本

一般情况下,成本是成交价格的最低界限。成本价如果低于成本,供应商不仅无利可图,而且会亏损。

2. 附带条件和服务

谈判标的物的附带条件和服务,如质量保证、安装调试、免费维修、供应配件等,能为客户带来安全感和许多实际利益,往往具有相当的吸引力,能降低标的物价格水平在人们心目中的地位和缓冲价格谈判的阻力。

3. 市场行情

市场行情是指该谈判标的物在市场上的一般价格及波动范围。市场行情是市场供求状况的反映,是价格磋商的主要依据。谈判者如果能了解市场信息,了解供求状况及趋势,就能对商品的价格水平及走向做到心中有数,从而掌握谈判的主动权。

4. 谈判者的利益需求

由于谈判者对利益的需求不同,他们对价格的理解也不同。在商务谈判中,如果某公司从国外进口一批设备,由于需求不同,谈判的结果就会不同。如果国外厂商追求的是利益最大化,该公司追求的是填补国内空白,则谈判的结果很可能是以高价成交;如果国外厂商追求的是占领国内市场,而该公司追求的是利润,则谈判的结果很可能是以低价成交。

　　5. 成交条件

　　在谈判时,价格和许多其他条款是有内在联系的,最常见的如交货期,如果交货期很短,则成交价格会升高。还有支付方式也会影响价格,在商务谈判中,货款的支付方式是现金结算,还是使用支票、信用卡结算,或以产品抵偿;是一次性付款,还是分期付款或延期付款等,这些都对价格有重要的影响。谈判中,如能提出易于被对方接受的支付方式,将会使己方在价格上占优势。另外交易量的大小也会对价格产生影响。

【小案例】

旧船的交货期

　　某远洋运输公司向外商购买一条旧船,外商开价 1000 万美元,中方则一定要降为 800 万美元,谈判结果是 800 万美元成交,但推迟 3 个月交货。哪知外商在这 3 个月里跑了运输,营运净收入为 360 万美元。显然该远洋运输公司并没有在这场谈判中赢得价格优势。

　　6. 产品的具体情况

　　产品的具体情况也会影响成交的价格,如产品的技术含量和复杂程度,产品的技术结构越复杂,其价格就会越高。而且,对该产品核算成本和估算价格也较困难,同时,可以参照的同类产品也较少,因此价格标准的伸缩性也就较大;另外产品和企业的信誉也会影响价格,信誉是宝贵的无形资产,人们对优质名牌产品的价格和声誉卓越的企业的报价,往往有信任感,因此人们宁肯出高价,也愿意同重合同、守信誉的企业打交道。

　　在谈判中,还会有许多影响价格的因素,这就需要谈判人员根据具体情况具体分析。

【小贴士】

在哪种情况下客户对价格不敏感

　　至少在下列条件下,客户对产品价格是不敏感的。

　　(1) 客户急需时,就不会特别注重价格。如果自己销售的产品正是客户迫切需要的东西,他主要关心的可能不是价格而是交货期。

　　(2) 产品越高级,价格对成交影响越小。企业如果销售高档耐用品、高级工艺品,价格问题就显得微不足道。

　　(3) 把购买某种产品当成投资时,购买者对价格不会太敏感。黄金首饰虽然昂贵,但买的人并不少,因为购买黄金首饰是一种投资。

　　(4) 出售的产品在客户购买的产品中所占的比例越小,客户考虑价格的因素也越少。一件产品价格的贵和廉是相对的,往往取决于其价格占用户收入的比例。如价值 5000 元一台的彩电,在目前对经济收入较高的人来说并不贵,但对一般工薪阶层来讲,就不觉得便宜。

　　(5) 经销商考虑利润多,而关心产品价格少。对产品经销商来说,他们主要考虑获利程度,相对来说不太关心产品价格,这是因为:价格低的产品有利可图,他们就对价格低的产品产生兴趣,反之亦然。所以,经销商不是关心价格高低,而是首先考虑获利多少。

（6）友好的态度可影响客户对价格的看法。在产品销售过程中，如果经销人员对客户服务态度好，如接待热情、介绍详细、协助购买、免费送货等，那么客户多付些费用也是乐意的，他们会把经销人员的任何一种服务项目都视为某种形式的减价。

资料来源：佚名.压价并不是最好的策略[EB/OL].[2012-05-28].https://waimaoquan.alibaba.com/bbs/read-htm-tid-15199-fid-.html.

二、报价的形式

在谈判的报价阶段，报价方式可分为欧式报价和日式报价两种报价方式。

1. 欧式报价

欧式报价也就是高报价方式，是指卖方提出一个高于己方实际要求的谈判起点，通过与对手讨价还价，不断地让步而最终达成协议的报价方式。卖方报价相对比较高，为己方留下较大的让步空间，然后通过在数量、价格、佣金、支付条件等方面的让步达成协议，为己方争取最大利益空间。

2. 日式报价

日式报价也称为低报价方式，是指先提出一个低于己方实际要求的谈判起点，通过低价和让利吸引对方，首先排除同类竞争对手，然后再与被引诱上钩的一方进行真正的谈判，迫使其让步，达到自己的目的。

【小案例】

苏联奥组委喊出天价叫板广播媒体公司

在苏联时期，莫斯科获得了第22届奥运会的举办权之后，随之而来的各种合作谈判也开始了，其中一个尤为典型的合作谈判就是奥运会转播权谈判。

苏联奥组委通过分析前几次奥运会的转播谈判案后，决定此次要在合作谈判中保持己方独有的谈判优势，因此，第一步就决定提高转播价码。

根据多方数据的分析汇总，苏联奥组委最终决定要出2.1亿美元的价格出售转播权。这相对于上一届的价格2100万美元而言，整整是原定价格的10倍。

当时参与合作谈判的有三家竞争者，分别是美国全国广播公司、美国广播公司和哥伦比亚广播公司。

这一价码喊出后，让参与合作的三家公司都惊呆了。他们都纷纷表示没法接受这样的价格。然而，苏联奥组委并没有因此而主动做出让步，而是随即在媒体上公布，说现在已经有一家不愿意透露姓名的广播公司与其签订了一个初步的协议，他们要购买转播权。

这个消息发出后，这三家竞争企业都坐不住了。他们都非常希望能够成功拿下这次合作案，毕竟这对他们而言是一次绝佳的发财时机。于是，他们又一次要求重新回到谈判桌上。

此次，三家竞争者明显都有了让步的意思，但是这样的天价实在让他们无力承担。于是，一轮轮的谈判开始了。

经过多次的磋商和苏联奥组委的价格让步，最终其中一家公司以高达8600万美元的高价成功拿下了第22届奥运会的转播权。正当他们享受成功的喜悦时,苏联奥组委也喜笑颜开。因为他们之前预计的转播价是6000万美元,这样算下来,奥组委整整多赚了2000万美元。

事后,奥组委的谈判人士还讲到,这是大胆喊价帮了他们的大忙。

资料来源:佚名.苏联人奥运会转播权的谈判权术[EB/OL].[2012-06-02]. https://wenku.baidu.com/view/4a86934a2e3f5727a5e962b2.html.

三、报价的时机选择

对于应当由哪一方先报价的问题,目前还存在争议。一般来说,先报价的谈判一方会自然地占有有利地位,因为先报价的一方通过报价,实际上已经为以后的谈判规定了一个发展的框架,这个框架使最终协议有可能在此范围内达成,在整个谈判过程中或多或少地支配着对方的期望水平。

先报价也存在不利之处。当对方听了我方的报价后,很可能对他们自己的想法进行最后的调整,由于对我方的价格起点已经有所了解,他们就可以修改自己的报价,获得本来得不到的好处。例如,我方先提出要价20万元,对方很可能一开始就还价16万元,但在他们听到我方报价之前,本来可能准备提出18万元甚至更高的报价。先报价的另一个不利之处是,对方会试图在磋商过程中迫使我方按照他们的套路谈下去,也就是说,对方会集中力量对我方的报价发起进攻,逼我方一步一步地降价,而不泄露他们究竟打算出多高的价格。当然,这种情况是必须坚决拒绝的,我们应该让对方报价、还价,绝不能使谈判转变为一场围绕我方报价的防御战。

报价的先后顺序,应视具体情况而定。按照商业惯例,在货物买卖谈判中,多数是由发起谈判的一方先报价,例如,由卖方先报价,买方进行还价;在冲突程度较高的商务谈判中,根据谈判的冲突程度,先报价比后报价更为合适;如果谈判双方的实力不相当,可以由实力较强的一方先报价;如果双方的谈判经验不相当,则由经验较丰富的一方先报价;如果双方的行内经验不相当,则由较为内行的一方先行报价。

【小故事】

爱迪生的报价

爱迪生(Edison)发明了电灯以后,西方联合公司表示愿意买下他的这个新发明。爱迪生对这个新发明究竟应该要价多少疑惑不决。他的妻子建议开价2万美元。"这么高!"爱迪生听了不觉目瞪口呆。他觉得妻子把这个新发明的价值看得太高了,不过到了谈判的时候他还是打算按照妻子的建议要价。谈判是在西方联合公司的办公室进行的。

"爱迪生先生,你好!"西方联合公司的代表热情地向爱迪生打招呼,接着就直率地问爱迪生:"对您的发明,您打算要多少钱呢?"

爱迪生欲言又止,因为2万美元这个价格实在高得离谱,很难说出口,但究竟开个什么价比较好呢,他陷入了思考。办公室里没有一点声响,对方在等待,爱迪生虽然有点着急,但还是沉默着。

随着时间的推移,沉默变得十分难熬,西方联合公司的代表急躁起来,然而爱迪生仍然没有开口。场面十分尴尬,西方联合公司的代表失去了耐心,终于按捺不住试探性地问:"我们愿意出10万美元买下你的发明,你看怎么样?"

爱迪生对自己的新发明定价2万美元都认为太高的,却卖得了10万美元,为什么?

资料来源:佚名.组织行为学模拟试题[EB/OL].[2012-12-14].http://www.docin.com/p-553693344.html.

四、报价的原则

报价并非就是简单地提出己方的交易条件,这一过程实际上是非常复杂的,稍有不慎就有可能陷自己于不利的境地。大量的谈判实践告诉我们,在报价过程中是否遵循下述几项原则,对报价的成败有着决定性的影响。

1. 报价的首要原则

对卖方而言,开盘价必须是最高的;相应的,对买方而言,开盘价必须是最低的,这是报价的首要原则。对此可以从以下几个方面进行分析。

作为卖方来说,最初的报价即开盘价,实际上为谈判的最终结果确定了一个最高限度。因为在买方看来,卖方的开盘价无疑表明了他们追求的最高目标,买方将以此为基准,要求卖方作出让步。在一般情况下,买方不可能接受卖方更高的要价,买方最终的成交价将肯定在开盘价以下。

开盘价的高低会影响对方对本方的评价,从而影响对方的期望水平。比如卖方产品价格的高低,不仅反映着产品的质量水平,还与市场竞争地位及销售前景等直接相关,买方会由此而对卖方形成一个整体形象,并据此来调整或确定己方的期望值。一般来说,开盘价越高,对方对我方的评价越高,其期望水平可能就越低。

开盘价越高,让步的余地就越大。在谈判过程中,双方都必须作出一定的让步。如果在一开始就能为以后的让步预留足够的回旋余地,在面对可能出现的意外情况,或对方提出的各种要求时,就可以作出更为积极有效的反应。

开盘价越高,最终成交的水平也就越高。或者说,最初的报价越高,最终所能得到的往往就越多。因为要价越高,就越有可能与对方在较高的价格水平上达成一致。

【小案例】

高价带来的成功

1984年,美国洛杉矶成功地举办了第23届夏季奥运会,并赢利1.5亿美元,创造了奥运史上的奇迹。这里除了其组织者、著名青年企业家尤伯罗斯具有出色的组织才能和超群的管理才能外,更重要的是他卓越的谈判艺术。第23届夏季奥运会的巨额资金,可以说基本上是尤伯罗斯"谈"出来的。而他运用的谈判策略正是——喊价要狠。

当时,尤伯罗斯一开始就对经济赞助商提出了很高的条件,其中包括每位赞助商的赞助款项不得少于400万美元。柯达胶卷公司开始自恃牌子老,只愿出赞助费100万美元,和一大批胶卷。尤伯罗斯毫不让步,断然把这方面的赞助权让给了日本的富士公司。后来柯达胶卷公司虽经多方努力,但其影响远远不及获得了赞助权的富士公司。

高要价并未吓跑赞助商,由于奥运会的特殊地位和作用,其他各方面的赞助商都纷至沓来,并且相互之间展开了激烈的竞争。最后尤伯罗斯在众多竞争者中挑选了30家,终于顺利地获得了所需的全部资金,并使第23届洛杉矶奥运会成为奥运史上第一届赢利的奥运会,从而提高了奥运会的身价,也增强了奥运会承办者的信心。

资料来源:佚名.商务谈判策略[EB/OL].[2014-04-05].https://www.docin.com/p-788526184.html.

2. 开盘价必须合乎情理

开盘价必须是最高的,但并不意味着可以漫天要价;相反,报价应该控制在合理的界限内。如果本方报价过高,对方必然会认为你缺乏谈判的诚意,可能立即中止谈判;也可能针锋相对地提出一个令你根本无法认可的报价水平;或者对本方报价中不合理的成分一一提出质疑,迫使你不得不很快地作出让步。在这种情况下,即使你已将交易降至比较合理的水平,但这一合理的条件在对方看来仍然可能是极不合理的。

因此,本方提出的开盘价,既应服从于本方寻求最高利益的需要,又要兼顾对方能够接受的可能性。开盘价虽然不是最终的成交价,但如果报价高到被对方认为是荒谬的程度,从一开始就彻底否定本方报价的合理性,双方的磋商是很难顺利进行下去的。在确定报价水平时,一个普遍认可的做法是:只要能够找到足够的理由证明你方报价的合理性,报出的价格就应尽量提高。换句话说,报价应该高到你难以找到理由再为提高价格辩护的程度。

3. 报价应该坚定、明确、清楚

谈判者首先必须对己方报价的合理性抱有充分的自信,然后才能希望得到对方的认可。在提出本方的报价时应该坚决而果断,在言谈举止上表现出任何的犹豫和迟疑,都有可能引起对方的怀疑,并相应增强对方进攻的信心。报价还应该非常明确、清楚,报价时运用的概念的内涵、外延要准确无误,言辞应恰如其分,不能含混模糊,以免对方产生误解。为确保报价的明确、清楚,可以预先备好印刷成文的报价单。如果是口头报价,也可适当地辅以某些书面手段,帮助对方正确地理解己方的报价内容。

4. 不对报价作主动的解释、说明

谈判人员对己方的报价一般不应附带任何解释或说明。如果对方提出问题,也只宜作简明的答复。在对方提出问题之前,如果己方主动地进行解释,不仅无助于增加己方报价的可信度,反而会由此而使对方意识到己方最关心的问题是什么,这无异于主动泄密。有时候,过多的说明或辩解,还容易使对方从中发现己方的破绽和弱点,让对方寻找到新的进攻点和突破口。

实际上,往往是一方报价完毕之后,另一方会要求报价方进行价格解释。那么在对方提出明显价格解释的要求时,不做解释是失礼的。这时进行价格解释必须遵循不问不答、有问必答、避虚就实、能言不书的原则。

不问不答是指买方不主动问及的问题不要回答,即买方未问到的一切问题,都不要进行解释或答复,以免造成言多有失的结果。

有问必答是指对对方提出的所有有关问题,都要一一做出回答,并且要很流畅、很痛快地予以回答。经验告诉人们既然要回答问题,就不能吞吞吐吐、欲言又止,这样极易引起对方的怀疑,甚至会提醒对方注意,从而穷追不舍。

避虚就实是指本方报价中比较实质的部分应多讲一些，对较虚的部分，或者说水分含量较大的部分，应该少讲一些，甚至不讲。

能言不书是指能用口头表达和解释的，就不要用文字来书写，因为当自己表达中有误时，口述和笔写的东西对自己的影响是截然不同的。

【小故事】

报价和解释

这年，日本某电机公司出口其高压硅堆的全套生产线，其中技术转让费报价2.4亿日元。设备费12.5亿日元。包括了备件、技术服务（培训与技术指导）费0.09亿日元。谈判开始后，营业部长松本先生解释：技术费是按中方工厂获得技术后，生产的获利提成计算出的。取数是生产3000万支产品，10年生产提成是10%，平均每支产品销售价5日元。设备费按工序报价，其中清洗工序1.9亿日元；烧结工序3.5亿日元；切割分选工序3.7亿日元；封装工序2.1亿日元；打印包装工序0.8亿日元；另外技术服务与培训费，250万日元；技术指导人员费用，650万日元。

资料来源：聂元昆.商务谈判学[M].北京：高等教育出版社，2016.

5. 正确对待对方的报价

在对方报价过程中，要认真倾听并尽力完整、准确、清楚地把握住对方的报价内容。在对方报价结束之后，对某些不清楚的地方可以要求对方予以解答。同时，应尽可能地将本方对对方报价的理解进行一下归纳和总结，并力争加以复述，对方确认自己的理解是正确无误之后，方可进行下一步。

在对方报价完毕之后，比较策略的做法就是，不急于还价，而是要求对方对其价格的构成、报价依据、计算的基础以及方式方法等作出详细的解释，即所谓的价格解释。通过对方的价格解释，可以了解对方报价的实质、态势、意图及其诚意，以便从中寻找破绽，从而动摇对方报价的基础，为我方争取重要的便利。

在进行完价格解释之后，针对对方的报价有两种选择：一是要求对方降低其要价。这是一种比较有利的选择，因为这实质上是对对方报价的一种反击，如果反击成功，即可争取到对方的让步，而本方既没有暴露自己的报价内容，也没有做出任何相应的让步；二是提出自己的报价。除非特殊情况，否则采用此法对己方不利。

五、报价的策略

报价是很有艺术性的，报价的好坏直接影响到商务谈判的成败。报价的策略主要有报价差别策略、价格分割策略、心理价格策略等。

1. 报价差别策略

由于购买数量、付款方式、交货期限、交货地点、客户性质等方面的不同，同一商品的购销价格也不同。这种价格差别，体现了商品交易中的市场需求导向，在报价策略中应重视运用。例如，对老客户或大批量购买的客户，为巩固良好的客户关系或建立起稳定的交易联系，可适当实行价格折扣；对新客户，有时为开拓市场，也可适当给予折让；对某些需求弹性较小的商品,可适当实行高价策略等。

2. 价格分割策略

价格分割是一种心理策略。卖方报价时,采用这种技巧,能给买方制造出一种心理上的价格便宜感。价格分割包括两种方式。

第一,用较小的单位报价。例如,茶叶每千克 200 元报成每两 10 元;大米每吨 1000 元报成每千克 1 元。国外某些厂商刊登的广告也采用这种技巧,如"淋浴 1 次 8 便士""油漆 1 平方米仅仅 5 便士"。巴黎地铁公司的广告是:"每天只需 30 法郎,就有 200 万旅客能看到你的广告。"用小单位报价比大单位报价会使人产生便宜的感觉,更容易让人接受。

第二,用较小单位商品的价格进行比较。例如,"每天少抽一支烟,每天就可订一份×××报纸。""使用这种电冰箱平均每天 0.5 元电费,0.5 元只够吃 1 根最便宜的冰棍。""一袋去污粉能把 1 600 个碟子洗得干干净净。""×××牌电热水器,洗一次澡,不到 1 元钱。"

用小商品的价格去类比大商品会给人以亲切感,拉拢与消费者之间的距离。

3. 心理价格策略

人们在心理上一般认为 9.9 元比 10 元便宜,而且认为零头价格精确度高,给人以信任感,容易使人产生便宜的感觉。像这种在十进位以下的而在心理上被人们认为较小的价格叫作心理价格。因此,市场营销中有奇数定位这一策略。例如,标价 49.00 元,而不标 50.00 元;标价 19.90 元,而不标价 20.00 元。

六、应价的策略

报价是谈判一方向对手而不是向自己提出交易的条件,因此,必然就存在着另一方对报价的反应过程。所谓的应价,就是指谈判的一方对另一方报价所做的反应。在任何一项商务谈判中,报价与应价是构成价格谈判形成合理要求的两个不可缺少的方面,两者相互依存、互为条件。

在谈判双方报价之后,两边肯定是有一定差距的,彼此都不可能无条件地接受对方的全部要求,而是会相应地做出这样或那样的反应。一个老练的谈判者必须能正确应付对方提出的任何条件和要求,包括那些出乎意料的建议、要求。既然交易的条件是由双方共同来确立的,而不是仅取决于某一方的主观臆断,那么,在对方提出报价以后,己方也应该通过一定的途径进行应价。对己方来说,应价不仅仅是对对方的报价提出质疑、作出评价,它还直接或间接地表明了己方对交易条件的要求,反映着己方的立场、态度和基本利益。

从时间顺序上看,应价是伴随报价而发生的,但就其实质而言,两者并无二致。因此,应价一方绝不能将自己置于被动应付的地位,而应该采取积极有效的措施对报价过程施加影响,使之朝有利于己方的方向发展,努力使己方的交易条件得到对方认可,争取谈判的主动权。事实上应价对谈判行为过程的影响力绝不亚于报价,只要处理得当,谈判者完全可以"后发制人"取得满意的谈判结果。

应价时两种基础的策略可供选择:一种是要求对方降低其报价,另一种是提出己方的报价。比较而言,选择第一种策略可能更为有利。不论运用哪种策略,都是己方对报价一方发动的反击,客观上都向对方传递了某些重要信息,包括本方的决心、态度、意愿等。不过,前一种策略表现得更为隐蔽一些,因此本方既没有暴露自己的报价内容,更没有做出任何相应的让步;而对方往往因对条件缺乏足够的了解,不得不做出某种让步。

【小案例】

吹毛求疵地应价

有一次,英国谈判专家库恩先生到一家商店买冰箱,营业员走上前来询问他需要的冰箱型号,并告诉他该型号冰箱每台售价为485.95美元。库恩先生走近冰箱左看右看,然后对营业员说:"这冰箱外表不够光滑,还有小瑕疵。您看这儿,这点小瑕疵好像还是个小剥痕,有瑕疵的东西一般来说都是要降价的呀!"接着,库恩先生又问营业员:"你们店里这种型号的冰箱共有几种颜色?可以看看样品吗?"营业员马上引他看样品。库恩先生看完后选择了现在店里没有的颜色。他解释说:"这种颜色与我家厨房里的颜色很相配,而其他颜色则会令人感到不协调。颜色不好,价钱还那么高,如果不重新调整价格,我只好另选商店了。我想,别的商店可能会有我需要的颜色。"库恩先生打开冰箱门看过后问营业员:"这款冰箱有制冰器吗?"营业员回答说:"有的,这款冰箱1天24小时都可以制造冰块,而每小时只有2分钱电费。"库恩先生听后大声说:"这太不好了!我的孙子有慢性喉头炎,医生说绝对不能吃冰,绝对不可以的。您可以帮我把这个制冰器拆下来吗?"营业员回答:"制冰器无法为您拆下来,这是冰箱的一个重要组成部分。"库恩先生接着说:"我知道了,但是这个制冰器对我来说毫无用处,却要我为此付钱,太不合理了。价格不能再便宜点吗?"

资料来源:佚名.商务谈判[EB/OL].[2013-03-01].https://www.docin.com/p-605895483.html.

第三节 商务谈判的磋商阶段

在商务谈判过程中,当交易一方发盘之后,由于谈判双方对谈判的结果期望不同,初期报价上的差异多少总带有技术上、策略上的考虑,双方往往不会很快就有关问题达成一致。事实上,参与谈判的任何一方都既想要竭力降低对方的期望值,挑剔对方的报价,不厌其烦地指出报价的不合理,同时又想尽力维护自己的立场,反复阐述自己的理由,说服对方接受自己的"合理"方案。因此,另一方不会无条件地接受对方的询盘,而会提出"重新报价"或"改善报价"的要求,即"再询盘",俗称"讨价"。发盘方在接到或听到对方的要求后修改了报价,又称对方发盘;对方发盘即视为"还盘",俗称"还价"。如果受盘方接受或讨价方降低要求,即是"让步"。显而易见,"讨价还价"有三层意义:一是讨价;二是还价;三是经历多次的反复磋商,一方或双方做出让步,才能促成交易双方达成一致意见。

其实,谈判者要有效地维护自己的利益,首先必须充分了解对方报价的依据,让对方说明其中报价的结构及各组成部分的合理性,然后对照自己的报价依据,分析双方到底在哪些环节上存在差距,以及为什么会存在这种差距。

如果双方的报价都是合理的,现存的差距也是合理的,则我方可向对方指出这一实际状况,争取双方各做出相应的让步,以求一致。如果对方的报价合理,而我方的计算却有较多水分,我方应考虑是否有必要坚持自己的立场,特别是在对方已发现我方的不合理之处,提出质询的时候,我方应主动做出让步的姿态,以求进一步协调。如果对方的报价相对我方有更多的不合理之处,则应向对方指出不合理之所在,并拿出足够的证据。只有可公开的可靠的证据才能让对方做出让步,当然这一过程也要依赖我方的说服技巧。

如果双方的报价都存在明显的水分,那么,调整自己的报价,并邀请对方回到互相信任、诚意合作的轨道上来,也算是一项明智的选择。

一、谈判磋商的原则

1. 把握气氛的原则

进入磋商阶段,意味着谈判进入了实质性阶段。谈判双方要针对对方的报价讨价还价。双方之间难免要出现提问和解释、质疑和表白、指责和反击、请求和拒绝、建议和反对、进攻和防守,甚至会发生激烈的辩论和无声的冷场。因此,在磋商阶段仍然要把握好谈判气氛。如果双方突然收起微笑,面部表情紧张冷峻,语言生硬激烈,使谈判气氛一下子变得紧张对立起来,就会令人怀疑开局阶段友好真诚的态度是装出来的,双方就会产生不信任感。因此,磋商阶段尽管争论激烈,矛盾尖锐,但仍然要保护已经营造出来的良好的合作气氛。只有在这种良好的合作气氛中,才能使磋商顺利进行。

2. 逻辑顺序原则

逻辑顺序准则,是指把握磋商议题内含的客观逻辑顺序,确定谈判目标启动的先后次序与谈判进展的层次。

在磋商阶段,双方都要面临许多要谈的议题,如果不分先后次序,不讲究磋商进展层次,想起什么就争论什么,就会毫无头绪,造成混乱,降低谈判效率。因此,双方要通过磋商确定几个重要的谈判议题,按照其内在逻辑关系排列先后次序,然后逐题磋商。可以先磋商对后面议题有决定性影响的议题,达成共识后再讨论后面的问题;也可以先对双方容易达成共识的议题进行磋商,将双方认识差距较大、问题比较复杂的议题放到后面去磋商。逻辑顺序准则也适用于对某一个议题的磋商。某一个议题也存在内在的逻辑顺序,比如价格问题就涉及成本、收益率、质量要求、比价等多方面内容。选择哪一项内容作为切入点,要考虑最容易讲清楚、最有说服力的内容,避免一开始就在一些不容易说清楚的话题上争论不休,影响重要问题的磋商。

3. 掌握节奏原则

磋商阶段的谈判节奏要稳健,不可过于急促。因为这个阶段是解决分歧的关键时期,双方对各自观点要进行充分的论证,许多认识有分歧的地方,要经过多次交流和争辩。而且某些关键问题通过一轮谈判不一定能达成共识,要经过多次的重复,谈判才能完全解决。一般来说,在双方开始磋商时,节奏要相对慢些,双方都需要时间和耐心倾听对方的观点,了解对方,分析研究分歧的性质和解决分歧的途径。关键性问题涉及双方的根本利益,必然会各自坚持自己的观点,不肯轻易让步,还有可能使谈判陷入僵局。磋商需要花费较多的时间。谈判者要善于掌握节奏,不急不躁,稳扎稳打,步步为营。一旦出现转机,要抓住有利时机,加快谈判节奏,不失时机地消除分歧,争取达成一致意见。

4. 沟通说服原则

磋商阶段是谈判双方相互沟通、相互说服、自我说服的过程。没有充分的沟通,没有令人信服的说服,不会产生积极的成果。首先,双方要善于沟通,这种沟通应该是双向的和多方面的。一方既善于传播己方信息,又要善于倾听对方信息,并且积极向对方反馈信息。没有充分的交流和沟通,就会在偏见和疑虑中产生对立情绪。沟通内容应该是多方面的,既要沟通交易条件,又要沟通相关的理由、信念、期望,还要交流情感。其次,双方要善于说服,要充满信心地去说服对方,让对方感觉到你非常感谢他的协作,而且你非常乐意帮助对方解决困难。让对方了解你并非是"取",而是"予",要让对方真正感觉到赞成你是最好的决定。说服的准则是从"求同"开始,解决分歧,达到最后的"求同"。"求同"既是起点,又是终点。

二、讨价

1. 讨价的方式

讨价的方式基本上分两种:笼统讨价和具体讨价。两种方式各有其用,应视具体条件而用。笼统讨价从总体条件上或从构成技术或商业条件的所有方面提出重新报价要求的做法。具体报价则是就分项价格和具体的报价内容要求让对方重新出价。

笼统讨价常常用于对方报价后的第一次要价,从宏观的角度去压价,笼统地提出要求,而不泄露已掌握的准确材料。对方为了表示良好的态度,就可能调整价格。这样,就可以循序渐进。如:"请就我方刚才提出的意见报出贵方的价格。""贵方已经听到了我们的意见,若不能重新提出具有诚意的价格,我们的交易是难以成功的。""我方的评论意见就说到此,待贵方做了新的出价后再谈。"这三种说法都是笼统的讨价方式,只是语气一个比一个强硬,要根据对方的态度来确定具体采用哪一种。

具体讨价常常是在对方第一次改变价格之后运用。如水分较少、内容简单的报价,一般要提出有针对性的、要求明确的讨价。在具体讨价时,一般应从水分最大的交易条件开始讨价。具体讨价策略要根据分项价格和具体报价内容要求重新报价。具体报价的要求在于准确性与针对性,而不在于"全部"将自己的材料(调查比价的结果)都端出来,在做法上要将具体的讨论内容分成几块。在分法上,可以按内容分,如运输费、保险费、技术费、设备条件、资料、技术服务、培训、支付条件等;也可以按评论结果分,把各项内容的水分按大小归类,水分大的放在一类,水分小的放在另一类。分块、分类的目的是要求体现"具体性",分类是提高准确性的务实做法。只有分成块才好提出不同程度、不同理由的讨价。

2. 讨价的基本方法

讨价的基本方法有:第一,以理服人,见好就收。因为讨价是伴随着价格评论进行的,故讨价应本着尊重对方并以说理的方式进行;又因为讨价不是买方的还价,而是启发、诱导卖方降价,为还价做准备,如果在此时硬压对方报价,则可能使谈判过早地陷于僵局,对己方不利。因此,初期、中期的讨价即对方还价前的讨价,应保持平和信赖的气氛,充分说理,以求最大的效益。即使碰到漫天要价者,也不应为其所动。第二,揣摩心理,掌握次数。讨价次数既是一个客观数,又是一个心理数。从讨价方式分析,当以分块方式讨价,假设每个分块讨一次价,5个分块就意味着至少可以讨5次价。其中水分大的部分,不能只讨价还价2次就停止,至少要2次以上。在每次讨价时不要忘了这次讨价的目标,对每一次改善都要衡量一下距目标的距离,评价一下对方的态度,以改变讨价还价的攻击点。

三、还价

1. 还价的原则

还价就是针对谈判对手的首次报价,已方所作出的反应性报价。在商务谈判中,要进行有效的还价就必须遵循一定的原则。

(1) 在还价之前必须充分了解对方报价的全部内容,准确了解对方提出条件的真实意图。要做到这一点,就要在还价之前设法摸清对方报价中的条件哪些是关键的、主要的,哪些是附加的、次要的,哪些是虚设的或诱惑性的,甚至有的条件的提出,仅仅是交换性的筹码,只有把这一切搞清楚,才能提出科学的还价。

【小故事】

猜夫人

有一个走江湖的相士,一日,忽蒙县官召见。见面时县官对他说:"坐在身旁的三人当中,一位是我的夫人,其余是她的婢女。你若能指认哪一位是夫人,就可免你无罪。否则,你再在本县摆相命摊,我必将以妖言惑众之名惩处你!"

相士将衣饰发型一致、年龄相仿同样面无表情的三位女子打量一眼,就对县官说:"这么简单的事,我徒弟都办得到!"他的徒弟应师父之命,将三位并排端坐的女孩子从左往右看,从右往左看,看了半天,仍然一头雾水。他满脸迷惘地对相士说:"师父你没有教过我啊?"

相士一巴掌拍在徒弟的脑袋上,同时,顺手一指其中一位女子说:"这位就是夫人!"

在场之人全部傻住了,没错,这人还真会看相。

事实是:相士一巴掌拍在徒弟脑袋上时,师徒二人的模样颇为滑稽。少见世面的两个丫鬟忍不住掩口而笑。那位依然端坐、面无表情的女子当然是见过世面又有教养的妇人了。

谈判还价时一定要善于观察,不要被迷惑而吃亏。

资料来源:赵元波.一掌识人[J].意林,2014(23).

(2) 为了摸清对方报价的真实意图,可以逐项核对对方报价中所提的各项交易条件,探寻其报价依据或弹性幅度,注意倾听对方的解释和说明,但勿加评论,更不可主观地猜度对方的动机和意图,以免给对方反击提供机会。另外,还价应掌握在双方谈判的协议区内,即谈判双方互为临界点和争取点之间的范围,超过此界限,谈判将难以获得成功。

(3) 如果对方的报价超出谈判协议区的范围,与己方要提出的还价条件相差甚大时,不必草率地提出自己的还价,而应先拒绝对方的报价。必要时可以中断谈判,给对方一个出价,让对方在重新谈判时另行报价。

2. 还价的方式

一般来说,还价的方式对应于讨价及对方改善报价后的方式。如果讨价方式与改善报价方式不一致,则还价方式应取改善报价的方式。方式的一致性便于谈判双方评价各自的条件,判定交易条件的可行性。所以还价方式不一定求新,但还价的方向要认真考虑。在商务谈判中,还价方式从性质上说可分为两种:一是按比例还价;二是按分析的成本还价。这两种还价又可具体分为以下三种方式。

(1) 逐项还价。即对所谈标的物的每一具体项目进行还价。

(2) 分类还价。根据价格分析时划出的价格差距档次分别还价。

(3) 总体还价。即对所谈标的物进行全面还价,或还一个总价。以上方式采取哪种合适,应视具体情况而定。三种方式可单独使用,也可组合运用。

【小故事】

逐项讨论价格

我国一家公司与德国仪表行业的一家公司进行一项技术引进谈判。对方向我方转让时间继电器的生产技术,价格是40万美元。德方依靠技术实力与产品品牌,在转让价格上坚持不让步,双方僵持下来,谈判难以进展。最后我方采取目标分解策略,要求德商就转让技术分项报价。结果,通过对德商分项报价的研究,我方发现德商提供的技术转让明细表上的一种时间继电器元件——石英振子技术,我国国内厂家已经引进并消化吸收,完全可以不再引进。以此为突破口,我方与德方洽商,逐项讨论技术价格,将转让费由40万美元降至25万美元,取得了较为理想的谈判结果。

资料来源:佚名.商务谈判的磋商战略[EB/OL].[2016-01-26].https://www.docin.com/p-475030711.html.

3. 还价的方法

一般而言,还价建立在科学的计算、精确的观察、判断、分析的基础上,当然,忍耐力、经验、能力和信心也十分重要。通常可以采用下列方法还价。

(1) 暂缓还价法。暂缓还价法是针对对方报价与己方看法过于悬殊的一种做法。在分析基础上,找出对方报价条款中的不合理处,逐条与对方磋商,目的在于使对方撤回原盘,重新考虑比较实际的报价。有时也可先拟定提问顺序表,把握好提问顺序,在逐渐取得一致看法后,才抛出还价的价格条款。

(2) 低还价法。低还价法是与高报价完全针锋相对的一种策略。只要有充分理由,还价尽可能低,可起到限制对方期望值、纠正讨价还价起点的作用。有时也可不考虑对方的发盘,而由己方采用口头或书面方式重新递价,探测对方的反应。讨价还价实际上是一场紧张的斗智活动,除应确定正确的还价步骤、方案外,还要善于观察,从对方的谈吐、举止、神情及姿态中去捕捉其内心活动,分析谈判对方的潜在意图,采取相应的对策。

【小故事】

谈判何时结束

意大利某公司与我国某公司谈判出售某项技术,谈判已进行了一周,但进展不大,于是意方代表罗尼(Ronnie)先生在前一天做了一次发问后告诉中方代表李先生："我还有两天时间可以谈判,希望中方配合,在次日拿出新的方案来。"次日上午,中方李先生在分析的基础上,拿出了一个方案,比中方原要求调整了5%(由要求意方降价40%改为35%)。意方罗尼先生讲："李先生,我已降了两次价,共计15%,还要降35%,实在困难。"双方相互评论,解释一阵后,建议休会,14:00再谈。

下午复会后,意方要中方报新的条件,李先生将其定价的基础和理由向意方做了解释,并再次要求意方考虑其要求。罗尼先生又重申了己方的看法,认为中方要求太高。谈判到16:00时,罗尼先生说："为表示诚意,我向中方拿出最后的价格,请中方考虑,最迟明天12:00以前告诉我是否接受。若不接受我就乘14:30的飞机回国。"说着把机票从包里抽出在李先生面前显示了一下。中方把意方的条件理清后(意方再降5%),表示仍有困难,但可以研究。谈判即结束。

中方研究意方价格后认为还差15%,但能不能再压价?明天怎么答复?李先生一方面向领导汇报,与助手及项目单位商量对策,一方面派人调查明天14:30的航班是否有。结果证实14:30的航班根本不存在,李先生认为意方的最后还价——机票是演戏,据此判断意方可能还有余地。于是在次日10:00时给意方去了电话,表示:"意方的努力,中方很赞赏,但双方距离仍然存在,需要双方进一步努力。作为响应,中方可以在意方改善的基础上,再降5%,即从30%降到25%。"意方听到中方有改进的意见后,便留下来继续谈判。

资料来源:吴湘频.商务谈判[M].北京:北京大学出版社,2014.

(3) 列表还价法。列表还价法是一种冲突性较小的还价法。由于双方已有长期的合作关系,彼此信任度较高,采用列表还价法可加快谈判进程。其具体做法可列成两张表:一张是己方不能让步的问题和交易条件,常可写成合同条款形式;一张是己方可以考虑让步或给予优惠的具体项目,最好附上数字,表明让步的幅度和范围。

(4) 条件还价法。在大型商务谈判中,讨价还价阶段往往需要许多回合的会谈。如果双方想法和要求差距很大,并都坚持不让步、妥协时,谈判就会陷入僵局,争取谈判成功,常采用一种条件还价法,即以让步换取让步。如对方不肯在价格上再作变动,则在同意这种价格的同时,要求对方放宽其他条件。在实际的商务谈判中,有经验的谈判人员在对方多次要求让步的情况下,为争取较好的经济效果,还常用权限不足法,以诚恳的态度告诉对方,自己已无权再作让步,或用"国家牌价"等方式阻止对方的要求。在这种情况下,老练的谈判者还会运用"欲抑故扬"的技巧,用轻松、真诚的语调,赞扬对方是讨价还价的能手,自己远远不及,等等。

【小故事】

讨价与还价

日本某公司向中国某公司购买电石。此时,是他们之间交易的第五个年头,去年谈价时,日方压下了中方30美元/吨,今年又要压20美元/吨,即从410美元/吨压到390美元/吨。据日方讲,他已拿到多家报价,有430美元/吨,有370美元/吨,也有390美元/吨。据中方了解,370美元/吨是个体户报的价,430美元/吨是生产能力较小的工厂供的货,供货厂的厂长与中方公司的代表共4人组成了谈判小组,由中方公司代表为主谈。谈前,工厂厂长与中方公司代表达成了价格共同的意见,工厂可以在390美元/吨成交,因为工厂需根据订单连续生产。公司代表讲,对外不能说,价格水平我会掌握。公司代表又向其主管领导汇报,分析价格形势。主管领导认为价格不取最低,因为我们是大公司,讲质量,讲服务。谈判中可以灵活,但步子要小。若在400美元/吨以上拿下则可成交,拿不下时把价格定在405~410美元,然后主管领导再出面谈。

中方公司代表将此意见向工厂厂长转达,并达成共识,双方共同在谈判桌争取该条件。中方公司代表为主谈。经过交锋,价格仅降了10美元/吨,在400美元成交,比工厂厂长的成交价高了10美元/吨。工厂代表十分满意,日方也满意。

资料来源:聂元昆.商务谈判学[M].北京:高等教育出版社,2016.

四、让步

1. 让步的原则

谈判中的让步不仅仅取决于让步的绝对值的大小,还取决于彼此让步的策略,即怎样作出这个让步,以及对方是怎样争取到这个让步的。在具体的讨价还价过程中,要注意以下几个让步的基本原则。

(1) 不要做无谓的让步,应体现出对我方有利的宗旨。每次让步或是以牺牲眼前利益,换取长远利益,或是以我方让步,换取对方更大的让步和优惠。

(2) 让步要谨慎有序。做出让步之前应三思而行,在未完全了解让步的后果之前,不要轻易使用这一战术策略,盲目让步会影响双方的实力对比,让对方占有某种优势。让步要选择适当的时机,力争恰到好处,使我方较小的让步能给对方以较大的满足,同时要谨防对方摸出我方的虚实和策略组合。

(3) 双方共同做出让步。在商务谈判中让步应该是双方共同的行为,一般应由双方共同努力,才会达到理想的效果。任何一方先行让步,在对方未做相应的让步之前,一般不应做继续让步。

(4) 每做出一项让步,即使做出的让步对我方损失不大,也要使对方觉得让步来之不易,从而珍惜得到的让步。

(5) 对对方的让步,要期望的高些。只有保持较高的期望,在让步中才有耐心和勇气。

(6) 不要承诺做同等幅度的让步。

(7) 在我方认为重要的问题上要力求使对方先让步,而在较为次要的问题上,根据需要,我方可以考虑先做让步。

(8) 一次让步的幅度不要过大,节奏不宜太快,应该做到步步为营。因为一次让步太大,会使人觉得我方这一举动是处于软弱地位的表现,会建立起自信心,让对方在以后的谈判掌握了主动。

(9) 如果做了让步后又觉得考虑欠周,想要收回,也不要不好意思,因为这不是决定,完全可以推倒重来。

(10) 在准备让步时,尽量让对方开口提出条件,表明其要求,先隐藏自己的观点、想法。

(11) 让步的目标,必须反复明确。让步不是目的,而只是实现目的的手段。

（12）在接受对方让步时要心安理得，不要有负疚感，马上考虑是否做出什么给予回报。如果这样，你争取到的让步就没有什么意义了。

2. 让步的实施步骤

商务谈判中的让步应该是有计划的，即在谈判的准备阶段，让步应成为方案的组成部分。让步应该是可控的，即在谈判中的让步必须为谋取或把握谈判主动权服务，注意步骤与方式。明智的让步是一种非常有力的谈判工具，让步的基本哲理是"以小换大"。谈判人员必须把以局部利益换取整体利益作为让步的出发点，所以，把握让步的实施步骤是必不可少的。

（1）确定谈判的整体利益。该步骤在准备阶段就应完成，谈判人员可从两方面确定整体利益：一是此次谈判对谈判各方的重要程度，可以说，谈判对哪一方的重要程度越高，这一方在谈判中的实力就越弱；二是己方可接受的最低条件，也就是己方能做出的最大限度让步。

（2）确定让步的方式。不同的让步方式可传递不同的信息，产生不同的效果。在现实的商务谈判中，由于交易的性质不同，让步没有固定的模式，通常表现为多种让步方式的组合，并且这些组合要在谈判过程中依具体情况不断进行调整。

（3）选择让步的时机。让步的时机与谈判的顺利进行有着密切的关系，根据谈判当时的需要，己方既可先于对方让步，也可后于对方让步，甚至双方同时作出让步。让步时机的选择关键在于应使己方的小让步给对方以大满足的感觉。

（4）衡量让步的结果。让步的结果可以通过己方在让步后具体利益的得失与所取得的谈判地位及讨价还价的力量变化来衡量。

3. 让步的实施策略

在谈判的磋商过程中，每一次让步不但是为了追求自己利益的满足，同时还要充分考虑对方利益的最大满足。谈判双方在不同利益问题上相互给予对方让步，以达成谈判和局为最终目标。以己方的让步换取对方在另一问题上的让步策略，成为互惠互利的让步策略；在时空上，以未来利益的让步换取对方近期利益上的让步，成为予远利谋近惠的让步策略；若谈判一方以不作任何让步条件而获得对方的让步也是有可能的，称为己方丝毫无损的让步策略。

（1）互惠互利的让步策略。谈判不会仅仅有利于某一方。一方做出了让步，必然期望对方对此有所补偿，获得更大的让步。争取互惠式让步，需要谈判者具有开阔的思路和视野。除了己方必须得到的利益必须坚持以外，不要太固执于某一个问题，而应统揽全局，分清利害关系，避重就轻，灵活地使本方的利益在某方面得到补偿。

为了能顺利地争取对方互惠互利的让步，商务谈判人员可采取的技巧是：

① 当己方谈判人员做出让步时，应向对方表明，做出这个让步是与公司的政策或公司主管的指示相悖的。因此，己方只同意这样一种让步，即贵方必须在某个问题上有所回报，这样我们回去也好有个交代。

② 把己方的让步与对方的让步直接联系起来，表明己方可以做出这次让步，只要在己方要求的对方让步的问题上能达成一致，一切都不存在问题了。比较而言，前一种言之有

理,理中有情,易获得成功;后一种则直来直去,比较生硬。

【小故事】

中日之间的一场红豆贸易谈判

日本国内红豆歉收,日本一家公司急需从中国进口一批红豆。而中国有相当多的库存,但有相当一部分是去年的存货,我国希望先出售旧货,而日方则希望全是新货。双方就此展开谈判。

谈判开始后,日方首先大诉其苦,诉说自己面临的种种困难,希望得到中方的帮助。

"我们很同情你们面临的现状,我们是近邻,我们也很想帮助你们,那么请问你们需要订购多少呢?"

"我们是肯定要订购的,但不知道你方货物的情况怎么样,所以想先听听你们的介绍。"

我方开诚布公地介绍了我方红豆的情况:新货库存不足,陈货偏多。价格上新货要高一些,因此希望日方购买去年的存货。但是,虽经再三说明,日方仍然坚持全部购买新货,谈判陷入僵局。

第二天,双方再次回到谈判桌前。日方首先拿出一份最新的官方报纸,指着上面的一篇报道说:"你们的报纸报道今年的红豆获得了大丰收,所以,不存在供应量的问题,我们仍然坚持昨天的观点。"

但中方不慌不忙地指出:"尽管今年红豆丰收,但是我们国内需求量很大,政府对于红豆的出口量是有一定限制的。你们可以不买陈货,但是如果等到所有旧的库存在我们国内市场上卖完,而新的又不足以供应时,你们再想买就晚了。建议你方再考虑考虑。"日方沉思良久,仍然拿不定主意。为避免再次陷入僵局,中方建议道:"这样吧,我们在供应你们旧货的同时,供应一部分新货,你们看怎么样?"日方再三考虑,也想不出更好的解决办法,终于同意进一部分旧货。但是,究竟订货量为多少?新旧货物的比例如何确定?谈判继续进行。

日方本来最初的订货量计划为2000吨,但称订货量为3000吨,并要求新货量为2000吨。中方听后,连连摇头:"3000吨我们可以保证,但是其中2000吨新货是不可能的,我们至多只能给800吨。"日方认为800吨太少,希望能再多供应一些。中方诚恳地说:"考虑到你们的订货量较大,才答应供应800吨,否则,连800吨都是不可能的,我方已尽力而为了。"

"既然你们不能增加新货量,那我们要求将订货量降为2000吨,因为那么多的旧货我们回去也无法交代。"中方表示不同意。谈判再次中断。

过了两天,日方又来了,他们没有找到更合适的供应商,而且时间也不允许他们再继续拖下去。这次,日方主动要求把自己的总订货量提高到2200吨,其中800吨新货保持不变。

中方的答复是:刚好有一位客户订购了一批红豆,其中包括200吨新货(实际那位客户只买走100吨)。这下,日方沉不住气了,抱怨中方不守信用,中方据理力争:"这之前,我们并没有签订任何协议,你方也并未要求我们替你们保留。"日方自知理亏,也就不再说什么,然后借口出去一下,实际是往总部打电话。回来后,一副很沮丧的样子,他对中方说:"如果这件事办不好,那么回去后我将被降职、降薪,这将使我很难堪,希望能考虑我的难处。"

考虑到将来可能还有合作的机会,况且刚才所说的卖掉200吨也是谎称,何不拿剩下的100吨做个人情。

于是中方很宽容地说:"我们做生意都不容易,这样吧,我再想办法帮你弄到100吨新货。"

日方一听喜出望外,连连感谢。最后,双方愉快地在合同上签了字。

资料来源:吴湘频.商务谈判[M].北京:北京大学出版社,2014.

(2) 予远利谋近惠的让步策略。在商务谈判中,参加谈判的各方均持有不同的愿望和需要,有的对未来很乐观,有的则很悲观;有的希望马上,有的希望能够等上一段时间。因此,谈判者自然就表现为对谈判的两种满足形式,即对现实谈判交易的满足和对未来交易的满足。而对未来的满足程度完全凭借谈判人员自己的感觉。

对于有些谈判人员来说,可以通过给予其期待的满足或未来的满足而避免给予其现实的满足,即为了避免现实的让步而给予对方以远利。

【小故事】
中美之间的合作谈判

中国A公司和美国B公司之间所进行的合作谈判,从20世纪80年代初期开始,1982年双方在北京签订了为期20年的合资协议。A、B公司作为这一谈判的成功结晶,成为美国和中国最早成立的技术转让合资企业之一。而且更值得一提的是,它是首家涉及高技术转让的中美合资企业。

应该说,这场谈判从一开始,双方实力与地位的差距是悬殊的。美国B公司创建很早,它已成为各方面领先的全球供应商,销售额超过5亿美元,业务范围涉及全球10多个国家,是一家规模巨大的跨国公司。而20世纪80年代初期的中国,刚刚走上改革开放的道路,市场机制还很不健全,在高新技术领域尚处在落后状态。而且,由于这一谈判涉及极为敏感的高技术转让,美国出口管理部门严格限制B公司向中国转让的产品和技术的种类。因此,对于中方谈判者来说,谈判对手的实力是强大的,谈判中所存在的阻力与障碍又将使谈判的进行困难重重,要想取得谈判的成功是非常不容易的。

为了将谈判一步步向成功的方向引导,中方谈判者在充分了解对手和分析对手需要的基础上,首先向美方抛出了第一个"香饵":中方有关方面和美方进行初步接触并向美方发出邀请,请他们组成代表团到中国进行实地考察。在考察过程中,中方巧妙地利用各种方式向美方展示了在该领域的理想发展前景。中方力求使美方确信,双方如果合作成功,将使B公司顺利占据这一世界上最后一个,同时也是最大一个尚未被开发利用的市场,而这一点则是B公司所迫切需要的。通过考察,他们已被这一诱人的"香饵"深深吸引。紧接着,中方谈判者又不失时机地抛出了第二个"香饵":为了表示合作的诚意,中方为美方特意选择了一个最佳的合资伙伴——A公司。这使美方既省去了进行选择的成本费用,又深感满意。随着谈判进入实质性磋商阶段,中方谈判者又拿出了第三个"香饵":合资公司将享受最优惠的税收减免待遇。正是这一系列"香饵"的作用,才使中方逐渐扭转谈判中期的被动局面,并把这一历史性的谈判一步步推向成功。付出了"香饵",得到了"大鱼":通过成立合资公司,中方获得了先进的技术——控制仪器生产技术。这使中国在高技术机械产品方面达到一个新的水平,从而缩短了赶超世界先进水平的时间。

资料来源:吴湘频.商务谈判[M].北京:北京大学出版社,2014.

(3) 丝毫无损的让步策略。丝毫无损的让步或者于己无损的策略,是指己方所作出的让步不会给己方造成任何损失,同时还能满足对方一些要求或形成一种心理影响,产生诱导作用。在谈判过程中,当谈判对手就其一个交易条件要求我方作出让步时,在己方看来其要求确实有一定的道理,但是己方又不愿意在这个问题上作出实质性的让步,可以采取一些无损让步方式,即首先认真地倾听对方的诉说,并向对方表示:"我方充分地理解您的要求,也认为您的要求有一定的合理性,但就我方目前的条件而言,因受种种因素的限制,实在难以接受您的要求。我们保证在这个问题上给予其他客户的条件绝对不比给您的好。希望您能够谅解。"如果不是什么大的问题,对方听了上述一番话以后,往往会自己放弃要求。

谈判具有一定的艺术性。人们对自己争取某个事物的行为的评价并不完全取决于最终的行为结果,还取决于人们在争取过程中的感受,有时感受比结果还重要。在这里,己方要认真地倾听对方的意见,肯定其要求的合理性,满足对方受人尊敬的要求;还保证其条件待遇不低于其他客户,进一步强化这种受人尊敬需求的效果,迎合人们普遍存在互相攀比、横向比较的心理。

五、谈判僵局的处理

1. 出现僵局的原因

事实上,谈判之所以陷入僵局,并不完全是因为谈判双方存在着不可化解的矛盾,也就是说,谈判本身并不属于那种没有可行性的谈判。

(1) 在商务谈判中,常有人凭借自己的实力或个人争强好胜的性格或心理战术的研究成果向对方施展阴谋诡计,设置圈套,迷惑对方,以达到平等条件下难以实现的谈判目标,这样就容易造成谈判僵局。

【小故事】

中德谈判

1995年12月德国总理科尔访华期间,上海地铁二号线的合作谈判陷入了僵局。形成僵局的原因是,德国代表以撤回贷款强压中方接受比原定能接受价格高出7500万美元的价格。对方代表有恃无恐,在谈判桌上拍桌子威胁中方代表,扬言再不签约,一切后果由中方负责。

中方代表根据手中掌握的地铁车辆国际行情,知道即使按照中方原定的报价,德国公司仍然有钱可赚。对方只是企图倚仗提供了政府贷款就漫天要价,想把德国政府贷款的优惠,通过车辆的卖价又悄悄地拿回去。

中方代表坚决拒绝在协议上签字。德方代表其实根本不愿意失去这单生意,所以在以后的谈判中不得不缓和自己的态度。

经过一轮又一轮的艰苦谈判,德方不但把车辆价格下调,整个地铁项目的报价也比原来降低了 1.07 亿美元。

资料来源：佚名.商务谈判僵局的处理[EB/OL].[2012-02-14]. http://www.doc88.com/p-0972026914564.html.

（2）因意见分歧引起对立而陷入僵局。这分为主观反对意见和客观反对意见。主观反对意见形成僵局，并不一定是谈判内容本身造成的，而是谈判对手从自己的立场、爱好、习惯等方面提出的。人们总是不自觉地脱离客观实际，盲目地坚持自己的主观立场，甚至忘记了自己的出发点是什么。客观反对意见是谈判对手针对质量、价格、时间等条款提出的反对意见。由于谈判双方的固执己见，因此找不到一项超越双方利益的方案来打破这种僵局，对付这种客观反对意见，使谈判陷入僵局。

【小故事】

世界银行贷款谈判

我国曾获得一笔世界银行某国际金融组织贷款，用以建筑一条二级公路。按理说，这对于当时我国拥有筑路工艺技术和管理水平来说是一件比较简单的事情。然而负责这个项目的某国际金融组织官员，却坚持要求我方聘请外国专家参与管理。这意味着我方要大大增加在这个方面的开支，于是我方表示不能同意。我方在谈判中向该官员详细介绍了我国的筑路水平，并提供了有关资料，这位官员虽然提不出异议，但由于以往缺乏对中国的了解，或是受偏见支配，他不愿意放弃原来的要求，这使谈判陷入了僵局。为此，我方就特地请他去看了我国自行设计建造的几条高水准公路，并由有关专家作了详细的说明和介绍。正所谓百闻不如一见，心存疑虑的国际金融组织官员才算彻底信服了。

资料来源：王景山，范银萍.商务谈判[M].北京：北京理工大学出版社，2007.

（3）信息沟通障碍导致僵局。信息沟通障碍指双方在交流信息的过程中由于主客观原因所造成的理解障碍。谈判过程是一个信息沟通的过程，只有双方信息实现正确、全面、顺畅的沟通，才能互相深入了解，才能正确地把握和理解对方的利益及条件。但是实际上双方的信息沟通会遇到种种障碍，其主要表现为，由于双方文化背景差异所造成的观念障碍、习俗障碍、语言障碍；由于知识结构、教育程度的差异所造成的问题理解差异；由于心理、性格差异所造成的情感障碍；由于表达能力、表达方式的差异所造成的传播障碍等。信息沟通障碍使谈判双方不能准确、真实、全面地进行信息、观念、情感的沟通，甚至会产生误解和对立情绪，使谈判不能顺利进行下去。还有一种情况，谈判的双方因用语不当或过激的语言，造成感情、自尊心上的伤害而引起对立，双方都不肯作丝毫让步，使谈判陷入僵局。

【小故事】

我公司是中国二级企业

某跨国公司总裁访问一家中国著名的制造企业，商讨合作发展事宜。中方总经理很自豪地向客人介绍说："我公司是中国二级企业……"此时，翻译人员在翻译这句话时很自然地用 Second-class Enterprise 来表述。不料，该跨国公司总裁闻此，原本很高的兴致突然冷淡下来，敷衍了几句立即起身告辞。在归途中，他抱怨说："我怎么能跟一个中国的二流企业合作?"在我国,企业档案工作目标管理考评分为"省(部)级""国家二级""国家一级"三个考级。"省(部)级"是国家对企业档案工作的基本要求。"国家一级"为最高等级。所以,一个小小的沟通障碍,会直接影响合作。

资料来源:佚名.商务谈判僵局的处理[EB/OL].[2012-02-14]. http://www.doc88.com/p-0972026914564.html.

根据上述原因,谈判僵局一般可分为胁迫性对立僵局、意见性对立僵局和情绪性对立僵局三类。

2. 僵局的处理原则

商务谈判者的经验证明,僵局的处理要注意以下基本原则。

(1) 符合人之常情。真正的僵局形成后,谈判气氛随之紧张,这时双方都不可失去理智,任意冲动。必须明确冲突的实质是双方利益的矛盾,而不是谈判者个人之间的矛盾,因此要把人与事严格区分开,不可夹杂个人情绪的对立,以致影响谈判气氛。

(2) 努力做到双方不丢面子。面子就是得到尊重,人皆重面子。在商贸谈判中没有绝对的胜利者和失败者,商务谈判的结果都是在现有的条件下共同努力取得的。因此,任何一方,都必须尊重对方的人格,在调整双方利益取向的前提下,使双方的基本需求得到满足,不可让任何一方下不了台,而造成丢面子、伤感情的局面。

(3) 尽可能实现双方的真正意图。僵局的解决,最终表现为双方各自利益的实现,实际上是实现了双方的真正意图。做不到这一点,双方利益完全不能保证,僵持局面就不会结束。

因此,谈判双方必须遵循这些原则,主动积极地打破僵局,采取一定的策略,争取及时缓解。

3. 突破僵局的策略

谈判出现僵局,就会影响谈判协议的达成。无疑,这是所有谈判人员都不愿看到的。因此,在双方都有诚意的谈判中,应尽量避免出现僵局。但谈判本身又是双方利益的分配,是双方的讨价还价,僵局的出现也就不可避免。因此,仅从主观愿望上不愿出现谈判僵局是不够的,也是不现实的,因此,对待谈判中的僵局,应当正确认识、慎重对待、认真处理,掌握突破谈判僵局的策略与技巧,从而更好地争取主动,为谈判协议的签订铺平道路。

(1) 话语鼓励对方。当谈判出现僵局时,你可以用话语鼓励对方:"看,许多问题都已解决了,现在就剩一点了。如果不一并解决,不就可惜了吗?"这种说法看似很平常,实际上却能鼓动人,发挥很大的作用。

对于牵涉多项讨论的谈判,更要注意打破僵局。比如,在一场包含六项议题的谈判中,有四项是重要议题,其余两项是次要议题。现在假设四项重要议题中已有三项获得协议,只剩下一项重要议题和两项小问题了,那么,针对僵局,你可以这样告诉对方:"四个难题已解决了三个了,剩下一个如果也能一并解决,其他的小问题就好办了,让我们再继续努力,好好讨论讨论唯一的难题吧!如果就这样放弃了,前面的工作就都白做了,大家都会觉得遗憾!"听你这么说,对方多半会同意继续谈判,这样僵局就自然地化解了。

(2) 搁置争议问题。当谈判陷入僵局，经过协商却毫无进展，双方的情绪均处于低潮时，可以采用避开该话题的办法，换一个新的话题与对方谈判，以等待高潮的到来。横向谈判是回避低潮的常用方法。由于话题和利益之间的关联性，当其他话题取得成功时，再回来谈陷入僵局的话题，会比以前容易得多。

把谈判的面撒开，先撇开争议的问题，转而谈其他问题，而不是盯住一个问题不放，不谈妥誓不罢休。例如，在价格问题上双方互不相让，僵住了，可以先暂时搁置一旁，改谈交货期、付款方式等其他问题。如果在这些议题上对方感到满意了，再回头来讨论价格问题，阻力就会小一些，商量的余地也就更大些，从而缩小分歧，使谈判出现新的转机。

【小故事】

松下的谈判艺术

日本松下公司的前任总裁松下幸之助是个极具智慧的商人，在他的领导下，松下公司日渐强大，成为世界上著名的电器生产企业。一次，松下幸之助去欧洲与当地一家公司谈判。由于对方是当地一个非常有名的企业，不免有些傲慢。双方为了维护各自的利益，谁都不肯做出让步。以至于谈到激烈处，双方大声争吵，甚至拍案跺脚，气氛异常紧张，尤其是对方更是毫不客气，松下幸之助无奈，只好提出暂时中止谈判，等吃完午饭后再进行协商。

经过一中午的休整，松下幸之助仔细思考了上午双方的对决，认为这样硬碰硬地对着干，自己并不一定能得到好处，相反可能谈不成这笔买卖。于是他开始考虑换一种谈判方式。而对方仗着自己具有"天时、地利、人和"的优势，丝毫不愿做出让步，打定主意要狠狠地杀一下松下幸之助的威风。

谈判重新开始，松下首先发言。而对方个个表情严肃，一副志在必得的样子。松下并没有谈买卖上的事，而是说起了科学与人类的关系。他说："刚才我利用中午休息的时间，去了一趟科技馆，在那里我看到了矩子模型，并且深受感动。人类的钻研精神真是值得赞叹。目前人类已经有了许多了不起的科研成果，据说阿波罗11号火箭又要飞向月球了。人类的智慧和科学事业能够发展到这样的水平，这实在应该归功于伟大的人类。"对方以为松下是在闲聊天，偏离了谈判的主题，也就慢慢地缓和了紧张的面部表情，松下继续说："然而，人与人之间的关系并没有如科学事业那样取得长足的进步。人们之间总是怀着一种不信任感，他们在相互憎恨、吵架。在世界各地，类似战争和暴乱那样的恶性事件频繁地发生在大街上。人群熙来攘往，看起来似乎是一片和平景象。其实，人们的内心深处却仍相互进行着丑恶的争斗。"

他稍微停了一会儿，而对方越来越多的人被他的话吸引，开始集中精神听他谈话。接着，他说："那么人与人之间的关系为什么不能发展得更文明一些、更进步一些呢？我认为人们之间应该具有一种信任感，不应一味地指责对方的缺点和过失，而是应持一种相互谅解的态度，一定要携起手来，为人类的共同事业而奋斗。科学事业的飞速发展与人类精神文明的落后，很可能导致更大的不幸事件发生。人们也许用自己制造的原子弹相互残杀，日本在第二次世界大战期间已经蒙受了原子弹所造成的巨大灾难。"

此时，人们的注意力已经完全被松下所吸引，会场一片沉默，人们都陷入了深深的思索之中。随后,松下逐渐将话题转入谈判的主题上,谈判气氛与上午完全不同,谈判双方成了为人类共同事业而合作的亲密伙伴。最终欧洲的这家公司接受了松下公司的条件,双方很快就达成了协议。

资料来源:吴湘频.商务谈判[M].北京:北京大学出版社,2014.

(3) 运用休会策略。休会策略是谈判人员为控制、调节谈判进程,缓和谈判气氛,打破谈判僵局而经常采用的一种基本策略。它不仅是谈判人员恢复体力、精力的一种生理需求,也是调节情绪、控制谈判过程、缓和谈判气氛、融洽双方关系的一种策略。当谈判陷入僵局时,如果继续谈判,双方的思想还沉浸在紧张的氛围中,结果往往是徒劳无益的。此时,比较好的做法就是休会,给双方留出时间进行思索,使双方有机会冷静下来,客观地分析谈判形势、统一认识、商量对策,从而为打破谈判僵局做出准备。

一般情况下,休息的建议是会得到对方的积极响应的。休息不仅有利于自己一方。对对方、对共同合作也十分有益。在僵局形成之前,建议休息是一种明智的选择。如果在谈判中,某个问题成为绊脚石,使谈判无法进行。这时,聪明的办法就是在双方对立起来之前,马上休息,否则,双方为了捍卫自己的原则不得不互相对抗。只要双方的目标是"谋求一致",那么休息就是为了寻找解决双方在洽谈中碰到的问题的方法。

(4) 请调解人调停。当谈判双方严重对峙而陷入僵局时,双方信息沟通就会出现严重阻碍,互不信任,互相存在偏见甚至敌意。这时第三者出面斡旋可以为双方保全面子,使双方感到公平,从而使信息交流畅通起来。中间人在充分听取各方解释、申辩的基础上,能很明显地发现双方冲突的焦点,分析其背后所隐含的利益分歧,据此寻找解决这种分歧的途径。谈判双方之所以自己不能这样做,则是因为"不识庐山真面目,只缘身在此山中"。

商务谈判中的中间人主要是由谈判者自己挑选的。不论哪一方,它所选定的斡旋者应该是被对方所熟识、为对方所接受的,否则就很难发挥其应有的作用。在选择中间人时还要考虑其是否具有权威性,这种权威性是使对方受中间人影响,最终转变强硬立场的重要力量。

(5) 推心置腹地沟通。面对谈判双方"你死我活"的争论,人们一般认为只有法庭才能解决。其实有些僵局不必麻烦第三者,双方只要推心置腹地交换一下意见,就可化解一场冲突。例如,双方都死守自己的立场不让步,这时谈判一方不妨这样说:"你瞧,我们这种态度怎么能解决问题呢?我们各有不同的利益和目的,为什么不相互交换一下彼此的了解、彼此的感受和彼此的需要呢?"现实谈判中有许多僵局是运用这种方法化解的。本来谈判双方是对立的,而有了交换意见的态度后,双方就会转为合作关系了,最终双方会共同找出解决的方法,双方的需要都可获得满足。此外,在谈判出现僵局的时候,从共同利益着眼强调双方的共损共荣也是推心置腹沟通策略的运用。

(6) 借助权威效应。当谈判遇到僵局时,可请出地位较高的领导者出席,表明对处理僵局问题的关心和重视;或是运用明星效应,向对方介绍社会知名人士使用本产品后有利于己方的言论。对方就有可能"不看僧面看佛面",放弃原先较高的要求。

【小故事】
一流企业家的回信

湖南一酒厂生产的"伏特加"酒要到美国市场上推销,它们聘请了一位美国推销专家,这位专家让该酒厂把第一批生产出来的10000瓶酒编成号。然后在圣诞节前夕准备了精美的明信片,分别寄给100多名美国著名的大企业家,并写明"我厂生产了一批新酒,准备将编号第××号至第××号留给您,如果您要,请回信"。节日前夕能收到大洋彼岸的明信片,他们喜悦万分,自然纷纷回信,并寄钱求购。然后,这位美国推销专家拿着100名一流大企业家的回信,再去找批发商进行谈判,结果一谈即成,大获成功。

资料来源:彭庆武.商务谈判[M].大连:东北财经大学出版社,2011.

(7) 变换谈判成员。现代生活中,人们更加重视自己的面子和尊严。所以,谈判一旦出现僵局,谁都不肯先做出让步。及时变换谈判组成员是一个很体面的缓和式让步技巧。需要指出的是,变换谈判组成员的技巧必须是在迫不得已的条件下使用,此外还要取得对方的同意。

【小案例】
换 人

美国一家公司与日本一家公司进行一次比较重要的贸易谈判,美国派出了自认为最精明的谈判小组,基本都是30岁左右的年轻人,还有一名女性。但到日本却受到了冷遇,不仅总公司的经理不肯出面,就连分部的负责人也不肯出面接待。在日本人看来,年轻人尤其是女性,不适宜主持如此重要的谈判。美方迫不得已撤换了这几个谈判人员,日本人才肯出面洽谈。

资料来源:佚名.商务谈判的磋商[EB/OL].[2018-11-27].https://www.docin.com/p-2152919177.html.

(8) 寻求第三方案。谈判各方在坚持自己的谈判方案互不相让时,谈判就会陷入僵局。这时破解僵局的最好办法是,各自都放弃自己的谈判方案,共同寻求一种可以兼顾各方利益的第三方案。

【小故事】
协议达成

某大型企业开发出一种新产品,某小型企业的产品是为之配套的一种零件,两个企业就这种新产品的配套问题进行谈判,因价格问题陷入僵局。大型企业出价每个零件7元,小型企业要价8元,各自互不相让。大型企业的理由是若每个零件超过7元,就很难迅速占领市场;小型企业的理由是每个零件若低于8元,企业将会亏损。表面上看,双方都要维护自己的效益,实际上,买卖做不成,双方都谈不上效益,做成买卖是双方的共同愿望。在这一前提下,双方交换了意见,最后以每个零件7.3元达成协议。这样的结果是,大型企业解决了占领市场的难题,而小型企业虽然是微利供货,但也同样有了收获,与这一大客户建立了长期的合作关系,该种新产品一旦占领市场,可以提高本厂配套产品的知名度,还会有长期可观的经济效益。

资料来源:彭庆武.商务谈判[M].大连:东北财经大学出版社,2011.

(9)以硬碰硬,据理力争。当对方提出不合理条件,制造僵局,给己方施加压力时,特别是在一些原则问题上表现得蛮横无理时,要以坚决的态度据理力争,因为这时如果做出破坏原则的退让和妥协,不仅损害己方利益和尊严,而且会助长对方的气势。这时,己方要拒绝接受对方的不合理要求,揭露其故意制造僵局的不友好的行为,使其改变蛮横无理的态度,自动放弃不合理的要求。这种方法首先要体现出己方的自信和尊严,不惧怕任何压力,坚持平等合作的原则;其次要注意表达的技巧性,用绵里藏针、软中有硬的方法回击对方,使其自知没趣,主动退让。

【小案例】

据 理 力 争

美国一家公司在得知我国某电缆厂需要购买一台无氧铜主机组合炉时,立即派代表前来洽谈。谈判一开始,美方代表便口若悬河,大谈了一番他们生产组合炉的先进技术及其完备的运输服务措施,包括走哪条线路、如何装箱、如何托运、如何保险等,好像中方已经购买了一样。最后,美方代表报价220万美元。

中方代表起初被美方代表的热情所打动,直至听到报价才警觉起来。"你们的报价高得出奇,没法谈!"中方代表毫不客气地说。

美方代表立刻表示价格可以商量。经过一番商讨,美方代表提出:"150万美元,这可是极其优惠的价格了,你们要尽快决定。"美方代表一下子把价格削去这么多,期望尽快成交。但是,中方代表摇摇头,仍然不同意,谈判出现裂痕。

第二天,美方代表带来许多资料送给中方代表,其中有许多是其他国家厂商购买该公司产品的使用资料,美方代表介绍了使用者对该公司产品的肯定意见。

当看到中方代表对这么多精美的资料不屑一顾时,美方代表不得不又一次把价格降下来:"我们的组合炉质量是最好的,如果你们有诚意,就130万美元吧。"

中方代表还是不同意,美方代表站起身来说:"我们已经两次大幅度地削价,而你们一点诚意都没有,不谈了!"

面对美方代表的威胁,中方代表反唇相讥:"你们开出这样高的价格,还说有诚意,你们不想谈,我们更不想谈了!"碰了硬钉子,美方代表又坐下来,表示可以再商量一下。经过交涉,美方代表下了最后"通牒":"120万美元,不能再降了!"

结果,中方代表还是不能同意,谈判破裂,美方代表只好买机票准备回去。临走前一天,他们与中方代表进行告别性会晤。美方代表拿出订好的机票表示这一次很遗憾,而双眼一直观察着中方代表的动静。中方代表将两年前美方以95万美元的价格将组合炉卖给匈牙利某公司的资料递到美方代表跟前,美方代表叫了起来:"这是两年前的事情了,现在价格自然是上涨了!"

中方代表反驳说:"物价上涨指数大约是每年6%,按此计算价格大约是106.7万美元。"

美方代表瞠目结舌,最后,这笔交易以107万美元成交。

资料来源:佚名.商务谈判的主要策略[EB/OL].[2015-04-21]. https://www.docin.com/p-1128551188.html.

第四节　商务谈判的成交阶段

一、谈判成交的主要标志

一般来说,谈判进入成交阶段,往往有以下两个明显标志。

1. 达到谈判的基本目标

经过实质性的磋商阶段,交易双方都从原来出发的立场做出了让步,此时,谈判人员较多地谈到实质性问题,甚至亮出了此次谈判的"底牌"。如果双方都确定在主要问题上已基本达到了目标,谈判成功就有了十分重要的基础,就可以说促成交易的时机已经到来。

2. 把握住交易信号

历经还价阶段的反复磋商后,在谈判成果与自己预测的目标已相当接近的情况下,谈判双方都会程度不同地流露出希望结束谈判的信号——这种信号的显现,只要用心观察,就不难从谈判者的体态语言中寻找出蛛丝马迹。

奥地利著名心理学家、精神病学家弗洛伊德曾说过:"有眼能看、有耳能听的人确信没有正常人能够保守秘密……他浑身上下都有他的背叛者渗出。"这个"背叛者"指的便是正常人在保守秘密或掩饰内心活动时,从身体上暴露出来的种种相关信息。之所以谈判者难以掩饰他内心世界的起伏,源于谈判是一个包含情感因素的过程,尤其是需要做出一个重大决定或是花一大笔钱购买商品或技术时,谈判者承受着巨大的心理压力,所以,谈判者越是感觉到要做的事情很重要,他内心的情感因素就越容易被唤起,其心理反应当然也就越强烈。心理学的研究表明,不论人的情感被唤起的是哪一种,其生理反应大多是类似的,都会出现诸如心跳加快、血压增高、呼吸加快、消化停止、肌肉绷紧、瞳孔放大、口干、排汗量增加、分泌肾上腺素、膀胱放松、思维速度加快等现象。

当谈判临近尾声,谈判者内心已拿定主意要接受对方提出的交易条件时,他们通常会出现下列身体表征:兴奋度增强,说话的速度加快(性格外向的人)或放慢(性格内向的人);就你的建议或提供的条件本身提出的问题明显增多,有些是在谈判开始时就提出过的问题;时不时地清清嗓子;出现明显的润湿嘴唇的动作。有的人会下意识地用抽烟、喝水来掩饰;眼睛睁大;手心出汗,用手在衣服上摩擦;变得越来越小心谨慎,出现了寻求保证的话题;再次审阅有关资料,提出许多与成交有关的假设问题;因肌肉紧张而出现"不寒而栗"的情况,脸红,手颤,坐立不安等。

你一旦发现对方出现了上述表征中的几种,就应该推想到对方可能已生出了接受你所提出的交易条件、有了与你成交的打算了。这时,你必须趁热打铁,把握住交易信号,进一步打消对方心中残留的一部分疑惑与犹豫,否则,谈判将功亏一篑。为此谈判者要从以下方面着手。

（1）不要表现出太兴奋的样子。一旦对方透露出有签约意愿的信号，眼看自己的努力就要大功告成，缺乏经验的谈判者多半难以掩饰内心的激动与喜悦，并不知不觉地在言谈举止间流露出来，这是非常危险的，因为当对方下决心成交之后，忽然瞅见你一副眉开眼笑、洋洋得意的样子，往往就容易对自己做出的决定陡生疑虑，担心这桩交易是不是决定得太草率而吃了大亏，进而会犹豫起来，甚至做出反悔的决定。

（2）营造亲密的氛围。此时，若是一对一的谈判，谈判者与对方交谈时要尽量地压低声音，做出严肃认真的表情。其原因在于，低声交谈给人一种谈论秘密或重要事情的感觉，而只有在亲密的朋友之间才会经常交流秘密、重要的信息。这么一来，有的谈判对手就会不自觉地被你所营造的这种气氛感染，将身体靠近你，侧耳倾听你的话语，回答时也会不自觉地压低声音，谈判双方犹如一对好朋友在密谈。实际上，对方的这种言行变化本身就是对你的一种认同，只是对方的这种认同是被你所营造出的亲密氛围所感染的，它对促使对方下定决心成交，将产生极大的推动作用。

（3）语气由商量向确定转变。临近成交之际，谈判者在语言表述上必须增加确定性的、毋庸置疑的口吻，减少商量性的、优柔寡断的语句，比如："如果没有其他的问题，这件事就这么定下来了。""签了合同之后，我们三天之内就给你们发货。""下一笔生意我们还愿意与您合作。"上述的种种说话方式采用的是一种理顺对方心态的强化性暗示，好像双方已经成交了似的。反之，此时如果这么说："您看我们是不是可以签合同了？""现在您愿意购买我们的产品了吧？"谈判对手恐怕会出于本能顺口回答道："不，让我再考虑考虑。"

（4）尽量满足对方的"不过……"。在这种时候，对方常会说一些诸如"价格还可以，不过，保修的问题……""我们需要倒是需要，只是，你们的交货期能否保证……""是否给些运费补贴？"等，这种语言已经意味着"可以准备成交了"，对方此时提出这些要求无非是出于能多要一点是一点的心理，能得到满足当然更好，实在满足不了就算了。所以，你只要能满足对方提出的一部分"不过"，便成交在望了。

当你不同意对方提议中的某部分时，可以试着使用以下的语句："我知道你的感受""事实上，我有过同样的感受""请让我告诉你，我所发现的东西……"这是经验丰富的推销员经常使用的"感受——曾经感受——发现"公式，它使对方在听到你的反对意见时，不会产生出争辩的欲望。

二、成交促成的常用方法

成交促成方法是在成交过程中，谈判人员在适当的时机，用以启发对手做出决策、达成协议的谈判技巧和手段。对于任何一个谈判人员来讲，熟悉和掌握各种成交促成的常用方法是非常重要的。

1. 直截了当法

谈判人员用简单明确的语言，向谈判对手直截了当地提出成交建议，这是一种最常用也最简单有效的方法。例如：某某主任，您是我们的老客户了，您知道我们公司的信用条件，这次看是否在半个月后交货……

运用主动请求法，应把握成交时机，一般来说，在与关系比较好的老顾客谈判时、在对手不提出异议并且想购买又不便开口时,以及在对手已有成交意图但犹豫不决时,可以更多地运用这一方法。

2. 配角赞同法

谈判人员把对方作为主角,自己以配角的身份促成交易的实现。从性格学理论来讲,人的性格多种多样,如外向型与内向型、独立型与支配型等。人都不喜欢别人左右自己,对于内向型与独立型的人,更是如此,他们都处处希望自己的事情由自己做主。在可能的情况下,谈判人员应营造一种促进成交的氛围,让对手自己做出成交的决策,而不要去强迫他或明显地左右他,以免引起对手的不愉快。运用这种方法时,关键应牢记一个法则,即始终当好配角,不能主次颠倒。按一些有经验的谈判人员的办法,可以借鉴四六原则,即谈判人员只做引导性的发言和赞同的附和,一般占洽谈内容的 4/10;启发对手多讲,一般可占洽谈内容的 6/10。当然,不能忘记,在当配角的过程中,应认真倾听对方的意见,及时发现和捕捉有利时机,并积极创造良好的氛围,促成交易。

【小案例】

试开二手车

史密斯先生在美国亚特兰大经营一家汽车修理厂,同时还是一位十分有名的二手车推销员,在亚特兰大奥运会期间,他总是亲自驾车去拜访想临时买部廉价二手车开一开的顾客。

他总是这样说:"这部车我已经全面维修好了,您试试性能如何?如果还有不满意的地方,我会为您修好。"然后请顾客开几公里,再问道:"怎么样?有什么地方不对劲吗?"

"我想方向盘可能有些松动。"

"您真高明。我也注意到这个问题,还有没有其他意见?"

"引擎很不错,离合器没有问题。"

"真了不起,看来你的确是行家。"

这时,顾客便会问他:"史密斯先生,这部车子要卖多少钱?"

他总是微笑着回答:"您已经试过了,一定清楚它值多少钱。"

若这时生意还没有谈妥,他会怂恿顾客继续一边开车一边商量。这一做法使他的生意几乎都能顺利成交。

资料来源:佚名.推销管理案例[EB/OL].[2015-05-24].https://www.docin.com/p-1159802019.html.

3. 诱导成交法

诱导成交法是指在商务洽谈中诱导客户同意自己的推销建议,最后促使对方同意成交进而签约;或诱导客户提出具体意见,帮助客户解决问题,仅为促成成交的方法。其要点是推销方不直接总结产品的利益,而是提出有关利益的一系列问题让准客户做出一连串的肯定回答。

【小案例】

运输车型的选择

某运输公司为了得到一家建筑公司的订单,派了一名业务员前去洽谈。托运方在考虑是否签订单时,认为并不需要该公司的笨重的大型卡车,只需与另一家运输公司签约并使用他们的中型货车即可。

业务员为了达成交易,采用了引导的办法。

业务员:"请问你需要的车主要用来干什么?"

托运者:"我们是建筑承包公司,当然是用来运输建筑材料。"

业务员:"你们在确定所需要的车型时,看重的是什么?比如速度、运载量、操作灵活、油耗?"

托运者:"我们主要是看速度、运载量、操作灵活。"

业务员:"操作灵活正是我们公司的 JF 大型卡车的优点之一,国内其他型号或牌号的货车在这方面是无法与我们的相比的。"

托运者:"是吗?我要亲眼看一看。"

业务员:"你们每天运载货物的重量有多少?运输里程有多远?"

托运者:"每天运载量大约 24 吨,跑一趟约 200 公里。"

业务员:"这么说,用 JF 大卡车每天只需跑一趟,而中小型货车每天至少要跑 3 趟。"

托运者:"那是当然的。"

业务员:"你认为每天跑一趟还是跑三趟对你们单位更为有利呢?"

托运者:"我们有两个工地,让我考虑一下……"

业务员:"是的,不管有几个工地,跑的次数都取决于车型。还有一个可能就是,如果你们有大件货物,用大卡车就十分方便,而用中小型货车就不十分有利。"

托运者经过比较,认为大型卡车对自己确实更有利。每天跑一趟,剩下的时间还可以在两个工地之间从事其他业务。

资料来源:佚名.处理僵局的技巧[EB/OL].[2012-04-11].http://www.doc88.com/p-511677689024.html.

4. 选择成交法

选择成交法是指推销人员向准客户提供两种或两种以上购买选择方案,并要求其迅速做出抉择的成交方法。在谈判中,推销方应该看准客户的购买信号,先假定成交,后选择成交,并把选择的范围局限在成交的范围内。这种方法可以减轻客户的心理压力、营造良好的成交气氛。从表面上看,选择成交法似乎把成交的主动权交给了客户,而事实上就是让客户在一定的范围内进行选择,可以有效地促成交易。选择成交法的要点就是使客户回避要还是不要的问题。例如:

"先生,请这边坐……您要点什么?咖啡?牛奶?汽水?"

"小姐,您喜欢这件红的,还是喜欢那件蓝的?"

"唐经理,先要 5 吨、10 吨还是 20 吨?"

"陈科长,您是要大包装的还是要小包装的呢?您看,这些都是样品……"

"王经理,您是现金支付还是用转账支票。"

这都是选择成交法。在运用选择成交法时,销售方应该让客户从中做出一种肯定的回答,而不要让客户有拒绝的机会。同时,尽量避免向客户提出太多的方案,最好是两项,最多不要超过三项,否则你很难达到尽快成交的目的。

5. 小点成交法

谈判人员通过次要问题的解决,逐步地过渡到成交的实现。从心理学的角度看,谈判者一般都比较重视一些重大的成交问题,轻易不作明确的表态,相反,对于一些细微问题,往往容易忽略,决策时比较果断、明确。小点成交法正是利用了这种心理,避免了直接提及重大的和对方比较敏感的成交问题,而是选择适当的小点,同时将小点与大点有机地结合起来,先小点后大点,循序渐进,达到以小点促成大点的成交目的。小点成交法广泛用于准客户难以做出购买决策,或准客户购买情绪不好时。例如:

对方提出资金较紧,谈判人员对于不那么畅销的商品,这时可以说:"这个问题不大,可以分期付款,怎么样?"

一位客户很想买一套西装,但又顾虑重重,你可以这样说:"这套西装真的不错,但如果你不满意这些装饰用的扣子,我们可以立即为您换成其他样子的。"

你也可以对一个买房者这样说:"您希望我们给你36个月或48个月的分期付款方案吗?"

当在这些次要的方面取得一致后,一般来说更主要的问题,即是否购买也就迎刃而解了。

【小贴士】

未能成交时的注意事项

在商务谈判中,不是每次都能按预想成交,有时费了九牛二虎之力,也没能与客户成交。怎样与客户结束谈判也是需要注意的。

(1) 正确认识失败。谈判失败时,要能够正确面对,即使心中感到沮丧,也不要在表情上有所流露,失魂落魄,言行无礼。因为此次商谈不成功,不等于今后不会再谈成生意。古人讲:"买卖不成仁义在。"虽然没谈成生意但沟通了与客户的感情,留给客户一个良好的印象,也是一种成功——为赢得下次生意成功播下了种子。因此,这时需要注意自己辞别客户时的言行。

(2) 友好地与客户告辞。要继续保持和蔼的表情,真诚地道歉、致谢,如:"百忙中打扰您了,非常感谢!"仅仅因为客户耐心地听完自己的话也要致以谢意。

三、协议的工作细节

在签署成交协议时,谈判人员对一些细节问题仍需小心谨慎,不可马虎。这些细节问题的具体内容包括以下方面。

1. 协议文字的切磋和选用

重要的协议,其文字必须字斟句酌,务必清晰、准确,不留技术和法律上的漏洞,以防在执行的过程中造成麻烦。例如,在1972年的中美联合公报中,为了表述中国大陆与中国台湾的关系,中美双方的谈判代表绞尽脑汁,最后美国总统的国家安全顾问基辛格博士想出了一句"台湾海峡两岸的中国人,都认为只有一个中国",使三方皆可接受,并且一直沿用到今天。商务谈判,协议应当用两国文字分别起草,以保证概念正确。

2. 正确选择签约地

尽管协议经过了双方的认可,又有法律顾问的审阅,但在执行的过程中仍有可能产生对条文的歧义,因而难以完全避免提起诉讼。如果谈判双方不在一个地区,就会产生诉讼由哪个地区法院审理的问题。我国《民事诉讼法》规定:"因合同纠纷提起的诉讼,由被告住所地或者合同履行地人民法院管辖。"在签订协议时尽量要选择对自己有利的地区,并在合同中加以注明。

3. 协议要经过法律公证

市场经济本质上就是法制经济,可许多人还缺乏法律意识,经常碍于人情面子,或相信经验、关系,使协议成为君子协议,在执行的过程中产生许多麻烦,甚至给组织造成不可弥补的恶果。因此,在签订协议时,一定要聘请法律顾问审阅,避免出现法律上的错误或疏漏。重要的协议,还应到法律公证处公证,使其具有法律效力,以便日后监督执行。

【小故事】

日美谈判的启发

1970年,美国与日本的经济贸易出现了比较大的逆差,美国总统尼克松多次要求当时的日本首相佐藤主动限制向美国出口纺织品。佐藤在去美国之前,日本一些著名人士一再劝告他:"不要向美国屈服。"在这场"日美纺织品战"中,尼克松为了迫使佐藤限制纺织品出口,步步紧逼。最后,佐藤回答说道:"我一定要妥善解决。"

"胜利了!"尼克松赶紧向新闻记者宣布,新闻界也为之振奋。可是过了不多久,美国报纸却又抱怨佐藤背信弃义,因为实际情况并没有什么改变。其实,日本根本就没打算主动限制对美国的纺织品出口。佐藤最后说的那句话,应该说既是表示了否定态度,也是出于给美国总统"留面子"。日本人的这种思考方式可以从日本著名社会学家铃木明说过的话中得到证明:"日语中的双关词,是日本民族要求和睦相处的产物。要是我们说每一句话开门见山,那势必会整天相互间争论不休。"

资料来源:佚名.商务谈判实务[EB/OL].[2016-11-14].https://www.docin.com/p-1785011650.html.

四、签约阶段策略

1. 场外交易策略

当谈判进入成交阶段,双方已经在绝大多数的议题上取得一致意见,只在某一两个问题上存在分歧、相持不下而影响成交时,仍把问题摆到谈判桌上来商讨往往难以达成协议,即可考虑采取场外交易,比如酒宴上、游玩场所等。其原因如下:一是经过长时间的谈判,已经令人很烦闷,影响谈判人员的情绪,还会影响谈判协商的结果;二是谈判桌上紧张、激烈、对立的气氛及情绪迫使谈判人员自然地去争取对方让步,而即使是正常的、应该的,但在最后一个环节上的让步,让步方会认为丢了面子,可能会被对方视为投降或战败;三是即使某一方主谈或领导人头脑清楚冷静,认为做出适当的让步以求尽快达成协议是符合本方利益的,也会因同伴态度坚决、情绪激昂而难以当场做出让步的决定。场外轻松、友好、融洽的气氛和情绪则很容易缓和双方剑拔弩张的紧张局面。轻松自在地谈论自己感兴趣的话题、交流私人感情,有助于化解谈判桌上激烈交锋带来的种种不快。这时,适时巧妙地将话题引回到谈判桌上遗留的问题上来,双方往往会很大度地相互做出让步而达成协议。

需要指出的是,场外交易的运用,一定要注意谈判对手的不同习惯。有的国家的商人忌讳在酒席上谈生意。为此必须事先弄清,以防弄巧成拙。

2. 期限策略

从多数的商务谈判实际来看,协议基本上都是双方到了谈判的最后期限或临近这个限才达成的,但遗憾的是很多谈判者却忽略了这一做法。在最后期限到来时,对方往往并不十分在意,除非这个截止日期马上就要到来。但是,随着这个期限的逐渐迫近,对方内心的焦虑会与日俱增,特别是当他负有尽可能签约的使命时,他更会显得急躁不安,而到了截止日期那一天,这种不安和焦虑就会达到最高峰。针对这种心理状况,在商务谈判过程中,就不必操之过急地强求解决,要善于运用这种"最后期限"的策略,规定出谈判的截止日期,然后假以时日,对这些棘手的问题暂时按兵不动,到谈判的最后期限临近时,即可借助这一无形的压力,向对方展开心理攻势,必要时,还可以做一些小的让步作为配合,给对方造成机不可失、时不再来的感觉,以此来说服对方。

3. 优惠策略

当对方对大部分交易条件很不满意,而价格又较高的情况下,谈判人员可以考虑对方压价的要求,让利给对方,如采取回扣、减价以及附赠品等方法。有时候,为了使对方尽早付款或大批量订货,也可以通过让利而使谈判圆满结束。例如,"你们若能把履约的时间提前两个月,我们将优待你们或降低价款","你们所订的数量实在太少,这个合同似乎都不值得一签,如果你们能再多订出一倍的量,我们还可以减价10%,这可是难得的优惠条件呀!"

4. 最后让步策略

在最后签约之前,谈判双方都要做出最后一次报价。最终报价一定要注意选择好报价的时机。千万要谨慎,不要过于匆忙地报价,否则会被对方认为是另一种让步,对方会希望再得到更好地获取利益的机会;当然也不能报价过晚,对局面起不到作用或影响很小。为了选好时机,最好把最终报价分成两步:主要部分放在后面期限之前提出,刚好给对方留下一定的时间回顾和考虑;次要部分,应作为最后的好处,安排在最后时刻提出。最后让步时,应注意以下两个问题。

(1) 要严格把握最后让步的幅度。一般来讲,最后让步的幅度大小必须足以成为预示最后成交的标志。在决定最后让步幅度时,一个主要因素是看对方接受这一让步的这个人在对方组织中的地位,合适的让步幅度是:刚好满足较高职位的人维护其地位、尊严的需求。对较低职位的人来讲,以使对方的上司不至于指责他未能坚守为度。

(2) 要做到让步与要求同时提,也就是说,在我方做出最后让步的同时,最好要求对方做出相应的回报。谈判者可用以下方式向对方发出信号:一是谈判者在提出让步时,可示意对方这是我本人的意思,这个让步很可能会受到上级的批评,所以,要求对方给予相应的回报;二是并不直接进行让步,而是指出我方愿意这样做,但要以对方的让步作为交换条件。

【小故事】

朝鲜停战谈判趣闻逸事

朝鲜停战谈判从1951年7月10日正式开始,到1953年的7月27日,经过两年多的艰苦谈判,终于画上了句号。但谈判期间趣闻逸事迭出,使谈判富有戏剧性色彩。

1. "静坐"战

在1951年8月10日13时30分开始的会议上,当中朝方面首席代表南日将军批驳对方"海空优势补偿论""防御阵地与部队安全论",指出对方没有理由拒绝以三八线为军事分界线的建设时,美方首席代表特纳·乔埃中将竟漠然置之,拒不发言,会场上一片寂静。乔埃一会儿用两手托腮,一会儿又玩弄起面前的铅笔。偶尔和南日目光相遇,他便避开,从口袋里掏出香烟点燃,然后缓缓地吐出缕缕烟雾,就是不说话。而他的助手们也一个个抽烟,不抽烟者就用笔在纸上胡乱涂抹,或抬头直盯着中朝代表。中朝方面代表尽管对美方这种做法十分愤怒、鄙视,但都很冷静地望着:南日嘴里叼着象牙烟嘴,眼睛直瞪乔埃;中方的解方、张平山都不抽烟,就静静地坐着;李相朝低头画图。

在"静坐"将近一小时的时候,坐在参谋席上的柴成文按照预先商定的方案,离开会场,到距会场仅百米远的地方,向李克农做了汇报。李克农指示:就这样"坐"下去。柴成文回到会场后。在纸条上写了"坐下去"三个字传给中朝代表。

这场"静坐"战一直僵持了132分钟,最后,乔埃终于开口说话。

2. 短会的"世界纪录"

1952年3月下旬至4月初,第二项议程的小组委员会在限修机场和中立国提名两个问题上陷入僵局。会议开到4月11日,美方谈判代表哈里逊采取了"到会即提休会"的办法,以阻挠谈判的正常进行。

设在板门店谈判会场的帐篷两侧各有一门,双方代表都是各自出入自己一方的帐篷口。每天哈里逊夹着文件包懒洋洋地步入帐篷,不等坐稳便急切宣称"建议休会",并起身退出会场。开始时还可以被叫回来听听中朝代表对休会的反应,几次以后,竟叫也叫不回来。这样,在讨论第三项议程的帐篷里,有时只开两分钟的会议,后来越来越短,最短的只有25秒钟。在国际性会议中,哈里逊创造了25秒短会的"世界纪录"。

3. "逃会大王"

1952年5月22日,美军少将哈里逊接替乔埃成为美方停战谈判首席代表,拉开了美方"逃会"的序幕。6月7日,谈判会议正在进行的时候,哈里逊提议休会3天,到11日复会。南日将军当即建议8日继续开会,哈里逊竟说:"8日你尽可到会,但我方将不出席。"说完起身离开会场。中朝方面称这种行为为"逃会"。

6月17日哈里逊第二次"逃会",27日第三次"逃会"。7月13日以后,美方连续单方面宣布休会7天,"逃会"升级。9月28日,美方又在战俘遣返问题上设置障碍,并单方面宣布休会10天,"逃会"再次升级。10月8日美方又单方面宣布无限期休会,使谈判陷入破裂的边缘。哈里逊真可谓"逃会大王"。

4. 离奇的"建议"

在1951年10月25日的谈判会议上,美方代表亨利·霍治少将曾说:"如果以'三八线'为军事分界线,根据地形,我方在东线后撤之后难以重新攻取;而你方在西线后撤之后,则易于重新攻取。"我方代表朝方当即指出:"我们在这里到底是在讨论停止战争、和平解决朝鲜问题,还是在讨论停火一下,再打更大的战争呢?"我方的反诘使得霍治无言以对。这天,在谁先打破僵局的问题上,霍治又提出一个"别开生面"的"建议",他说:"我建议咱们现在丢硬币,各自选择一面,以确定谁先走下一步。"霍治的表演,在严肃的国际谈判史上留下了令人捧腹的一笔。

资料来源:吕晨钟.学谈判必读的95个中外案例[M].北京:北京工业大学出版社,2007.

五、签订书面合同

签订书面合同,即签约,是商务谈判的重要有机组成部分,对此必须采取严肃认真的态度。另外,协议与合同是有区别的,但就其签订程序来说,两者一致,所以此处为了行文方便,不作严格区分。

1. 签约的意义

商务谈判,经过讨价还价,谈判双方已达成了完全一致的意见,但这些意见必须用法律形式来体现,都要签订合同或协议书、备忘录等形式的契约;只有用法律形式来体现谈判结果,明确双方的权利和义务,才能使谈判结果得到法律的保护,确保谈判结果是巩固的、确实的和有法律效力的。

进入签约阶段,谈判各方仍然不能掉以轻心。因为,只有协议经双方签字,才能成为约束双方的法律性文件。有关协议规定的各项条款,双方都必须遵守和执行,任何一方违反协议的规定,都必须承担法律责任。只要双方没有签约,谈判所达成的签约意向都缺少约束力,谈判还是有可能发生变化甚至破裂的。

2. 签字前的审核

合同文件撰写好后,在正式签字前,应做好两件事:一是核对合同文件(两种文字时)的一致性或文本与谈判协议条件的一致性(一种文字时);二是核对各种批件,包括项目批文、许可证、用汇证明、订货卡等是否完备以及合同内容与批件内容是否一致。这种签约前的审核工作相当重要,审查文本务必对照原稿,不要只凭记忆"阅读式"审核。

在审核中发现问题时,应及时互相通告,使双方互相谅解,不致造成误会。对于文本中的问题,一般指出即可解决。有的复杂问题需经过双方主谈人再次谈判。对此,思想上要有准备,不过要注意对方的态度。如属于已谈过的问题,对方有意扭曲,己方可明确指出,以信誉相压,不可退却。对于过去未明确的问题,或提出但未认真讨论,或讨论后并未得出统一结论的问题,可耐心再谈,能统一则统一,不能统一而又无关紧要的可删去。

3. 商务合同条款的拟定

商务合同一般由约首、主文和约尾三个部分组成。约首是合同的首部,用来反映合同的名称、编号、订约的日期、地点、双方的名称、地址、电报挂号、电传号码以及序言(表示双方订立合同的意愿和执行合同的保证)等内容。约尾是合同的尾部,用来反映合同文字的效力、附件的效力、合同份数以及双方签字等。约首和约尾是合同不可缺少的组成部分。约首和约尾不符合要求将妨碍合同的法律效力。主文即合同的正文部分,也是主题内容部分。它应明确记载双方的权利和义务,表现为各项交易条件。由于主文是反映双方交易条件和规定各方权利和义务的部分,所以它是合同最重要的部分。

各项交易条款必须相互衔接,保持一致,防止它们相互之间发生矛盾。在草拟合同时,为了准确地反映各项交易条件,不仅各条款要完备、明确、具体,而且要保证各条款之间不发生矛盾。品质的规定要与检验方法的规定相一致,运费计算的规定要与售价的规定相一致等。

合同书写要坚持两个基本原则。一是准确表达原则。合同条款的书写要准确反映经磋商达成一致意见的各项交易条件。也就是合同的内容应与磋商达成的协议完全一致。在书写合同时,首先应准确表达双方一致的意见。力求使合同能准确地反映各项交易条件。有时,起草人加上自己的意见修改了文字,对方草率而不加以审校就签字,待合同开始履行时才发现,再修改也不太可能了,签字即意味着承认。二是注重条款的拟定原则。标的(指货物、劳务、工程项目等),数量和质量,价款或者酬金,履行的期限、地点和方式,违约责任等根据法律规定的或按国际商务合同性质必须具备的条款,以及当事人要求必须规定的条款,也是国际商务合同的主要条款。因国际交易涉及的一方是外国(地区),而各国都有自己的经济法律,但这些法律只能在指定的国家和范围内使用,对其他国家除非双方协商同意,是没有任何约束力和法律作用的,不能成为谈判和签约的法律依据。假若对方提出合同条款应按某国的法律为依据,如对我方不利,我方可不予接受,而应以双方都能接受的法律为依据。一般合同上要标明双方适用的法律,即以哪个国家、哪个法为准。就算是国际惯例,双方不作规定,对合同而言也是无效的。

4. 商务合同签字人的确认

依照法定要求,商务合同的双方当事人经过相互协商达成协议,商务合同即告成立。商务合同的签约过程,就是双方当事人就合同内容进行协商取得一致意见的过程。

商务谈判中,主谈人不一定是合同的签字人,要注意确定比较合适的签字人。对外经济贸易合同一般应由企业法人签字,政府部门代表不宜签字。当合同需由企业所在国政府承诺时,可与外贸合同同时加拟一份"协议""协定书"或"备忘录",由双方政府部门代表签字,该文件是合同不可分割的一部分。签字人的选择主要出于对合同履行的保证。复杂的合同涉及面广,上级有关政府部门参与后,执行中若产生问题容易协调,对合同的顺利执行有所保证。有的国家、地区的厂商习惯在签约前,让签字人出示授权书。授权书由其所属企业的最高领导人签发,若签字人就是企业的最高领导,要以某种方式证实其身份。

协议的签署是与该协议谈判有关的最后一个工作环节,也是谈判者在合同谈判阶段可以借以保护自身利益的最后一次机会。在对对方某些情况不清楚或有疑问的情况下,如疑问关系到合同的履行及自身的利益,则应进一步设法调查了解,或请求有关部门对合同进行见证、公证,以取得可靠的保证。合同当事人应当以自己的名义签订合同。一般而言,若在合同中各条文含义没有抵触,则合同一经双方有正当权限的代表依法签署,即告生效,正当权限的代表通常是指能负责承担合同规定义务、享受合同规定权利的法人代表。

5. 签订后的工作

重大的商务谈判合同(协议)签订以后,绝不可以高枕无忧,因为世界上没有十全十美、没有漏洞的合同(协议)。尽管合同(协议)已经白纸黑字不可更改,但有经验的谈判者总是力求在解释合同(协议)过程中为自己谋求利益,同时也防止对方对合同(协议)做出不利于己方的解释,所以还应继续不断地研究合同(协议)。

【小贴士】

合同欺诈行为

商务人员在工作过程中,一定要注意以下合同欺诈行为,只有如此,才可能避免较大损失。

(1) 偷梁换柱。伪造合同等文件,牟取非法利益。

(2) 借鸡下蛋。冒用他人名义签订合同,骗取钱财。

(3) 借刀杀人。非法转让合同,牟取非法收入。

(4) 声东击西。以包销产品为名签订加工承揽合同或技术转让合同骗取中介费或技术转让费。

(5) 瞒天过海。违反或规避国家法律签订加工承揽合同,骗取质保金。

(6) 监守自盗。利用职务之便为违法分子提供盖有公章的空白合同书。

(7) 移花接木。当事人双方恶意串通,故意损害第三方利益。

(8) 釜底抽薪。在合同条款中设置达不到的认证标准,迫使对方违约骗取财物。

(9) 趁火打劫。利用对方法律素质低的条件,骗取合同定金。

(10) 笑里藏刀。以低价销售产品为诱饵,骗取货款。

(11) 浑水摸鱼。订立口头合同,利用空头支票进行骗买、骗卖活动。

(12) 无中生有。在报刊等宣传媒介刊登虚假广告,诱导当事人签订技术转让合同、中介合同,骗取技术转让费、部分原料费等。

(13) 以逸待劳。以破产为由,终止合同,将所骗款项转移。

(14) 假公济私。假冒特定当事人(企业、公司)或某法定代表人、业务员等并留下名片、电话号、手机号等,签订假合同,骗取预付款、订金、转让费等。

(15) 抛砖引玉。以现场看货作掩护,骗取对方信任,签订合同骗取货款。

(16) 借尸还魂。冒充名人,骗取对方信任,签订合同,骗取货物或货款。

(17) 顺手牵羊。以签订合同为名行贿受贿。

(18) 暗度陈仓。以签订承包合同为名,使固有资产流失,而个人得利。

(19) 走为上策。签订建筑工程施工合同骗取定金。

(20) 诱人上钩。以订货合同方式向对方许诺优惠条件,然后设法使对方不能履行合同而取得合同违约罚款。

资料来源:佚名.浅析合同违法行为[EB/OL].[2013-01-10]. https://wenku.baidu.com/view/76e4c6d1d15abe23482f4d68.html.

六、合同签订后的谈判任务

合同签订后,就进入了合同的履行阶段。在此阶段,很多情况下依然要进行谈判。

1. 合同履行过程中的主要谈判业务

合同能够被顺利、全面地履行是签约双方的共同愿望。但是，履行过程中可能会出现许多意外情况，导致合同不能被顺利或全面履行，甚至出现纠纷，这就要进行谈判。

履行合同过程中的主要谈判业务是涉及合同中止履行的谈判业务，这是指当事人一方掌握了另一方不能履行的确切证据时，经双方谈判未果，所采取的中止履行合同的行为。采取这一行动时，要立即通知另一方。中止履行合同是一种暂缓措施，如经过谈判后另一方当事人对履行合同确实提供了充分的保障时，应当继续履行合同；如果一方当事人确定不再履行合同时，被中止履行的另一方则有权要求其采取补救措施或赔偿损失。如果当事人一方没有对方不能履行合同的确切证据而中止履行合同的，则应负违反合同的责任。

2. 合同转让的谈判业务

如果当事人一方把自己享有的合同中的权利或应当履行的义务转让给第三方，必须事先征得另一方当事人的同意；由国家批准的合同，其权利、义务的转让也应经原批准机关同意。

3. 合同变更的谈判业务

谈判合同的变更既是商业行为又是法律行为。

从国际商务的角度看，在合同签订以后，谈判双方完全履行之前，即在合同履行的过程中，由于双方当事人常常需要对合同的内容进行协商，做出某些修改和补充，就产生了合同的变更。

从法律的角度看，谈判合同的变更是指因一定的法律事实而改变合同的内容和标的的法律行为。合同的变更需要在合同当事人协商一致的基础上进行，主要形式表现为对原合同条款的修改。与合同的订立一样，必须采取书面形式，其法律后果是产生了新的合同关系。

4. 合同解除的谈判业务

合同签订以后，未完全履行之前，因为某些原因导致合同的履行已经成为不可能或不必要，要进行解除合同的谈判。如果一方当事人对另一方当事人违反合同的行为证据确凿，或者在合同约定的期限内一方没有履行合同，在被允许推迟履行的合理期限内仍未履行，或者合同约定的解除合同的条件已经出现，当事人一方有权通知另一方解除合同。谈判合同的解除是消灭既存合同的法律效力，同样也需要在当事人协商一致的基础上进行。

谈判合同变更或解除必须具备下列条件之一：①合同双方当事人一致同意。②外界因素的变化使合同的履行成为不可能。③合同一方无法履行。④合同一方严重违约。⑤不可抗力事件的发生。⑥合同约定的解除条件出现导致合同无法继续履行。

谈判合同变更或解除要遵循下列程序：①当一方需要变更或解除合同时，应以书面形式及时向对方发出变更或解除的建议。②一方变更或解除合同的建议需征得另一方的同意，当对方表示同意后，有关合同的变更或解除即发生效力。③变更或解除合同的建议、答复，须在双方合同期限内，或有关业务主管部门规定的期限内提出和做出。④因变更或解除合同发生纠纷的，要依据法定的解决程序处理。

5. 合同纠纷的处理

在合同履行过程中，由于一方或多方的原因，或由于不可抗力的原因，会发生对合同条款乃至词句的种种争议，这就是合同纠纷。处理合同纠纷的途径有以下几种。

（1）协商处理。协商是解决合同纠纷的一种有效方式。协商处理是指争议发生后，由争议双方自行磋商，各方都做出一定的让步，在各方都认为可以接受的基础上达成谅解，以求得问题的圆满解决。协商处理的优点是不用第三方介入，气氛比较友好，争议如能解决可以不经仲裁或司法诉讼，省时、省钱、省力，所以这一办法被普遍采用。

（2）调解处理。调解处理是指当合同纠纷发生后，由第三方从中协调，促进双方当事人和解。调解作为一种由第三方来说服双方的调停工作，目的是希望双方互谅互让，平息争端，自愿让步而达成协议。这种化解矛盾的方式常被人们用于处理各种纠纷。

（3）仲裁。仲裁又称公断，当出现合同纠纷时，合同当事人中的任何一方均可提出请求，由仲裁机关依法做出裁决。仲裁具有行政和司法的双重性质。

（4）诉讼处理。当出现合同纠纷时，当事人中的任何一方都可以向法院提起诉讼，通过司法手段解决争端。办理诉讼手续时，要注意以下问题。

① 起诉方式。诉讼应在合同履行地或合同签订地向管辖范围内的法院提出，案件才能被受理。

② 草拟起诉书。起诉书应写明原告和被告单位的名称、所在地、法定代表人姓名和委托代理人的姓名等。法定代表人除可委托律师外，一般还可以委托经法院允许的其他人担任起诉代理人，但须写委托书说明委托事项。此外，还要写明是诉讼双方直接签订的合同还是委托单位签订的合同。起诉的前提是，必须有明确的被告和具体的诉讼请求以及事实根据，被告必须有不履行合同或不完全履行合同的行为。在提出书面诉讼的同时，还要提供有关材料和证件、单据，如合同正本、来往函电、进出口单据及其他原始凭证等。

③ 应诉答辩。应诉一方在接到法院送达的起诉书副本后，要在规定的期限内提出答辩书并提交法院。在受理诉讼过程中，法院首先应本着调解原则，进行司法调解。在无法进行调解的情况下，法院就以事实为依据，以法律为准绳做出判决。任何一方对一审判决不服，可以在规定期限内向上一级法院上诉。经上一级法院判决或驳回上诉的，就必须坚决执行，不能再行上诉。

【小贴士】

谈判关键点总结

谈判者要牢记以下关键点：
（1）为谈判做好准备，谈判结果就会大不相同；
（2）除非创造了谈判的价值，否则任何出价都是过高的；
（3）对自己的实质目标和关系目标要有决断力；
（4）参与谈判的人比较多时，给每个参与者分配一个特定的角色；
（5）情绪激动时要停止关注问题，转而关注人；
（6）谈判是互动的行为，不可能事事都按严格的顺序进行；

(7) 讨论彼此的替代方案是双赢谈判的一种关键手段;
(8) 提一些与利益相关的问题,以此回应对方,表明我方的立场;
(9) 有效的谈判者倾听的不仅仅是话语,还有对方真正关注的东西;
(10) 要维护自己的利益,灵活对待自己的方案;
(11) 直面对方的最佳替代方案,没必要自我防御;
(12) 接近最终协议时,谈判者要为双方达成更好的交易而努力;
(13) 感到困惑时,要重新审视潜在的利益,只要保持教养、毅力和耐心,就能得到好的结果;
(14) 记得总结你的协议。

资料来源:卢姆.没什么谈不了[M].姜丽丽,许捷,陈福勇,译.北京:世界图书出版公司,2012.

课后练习

1. 分析开局在谈判过程中的地位和作用。
2. 怎样营造谈判开局气氛?
3. 在商务谈判中应如何报价?
4. 商务谈判磋商阶段的主要工作内容有哪些?
5. 谈判僵局出现的原因是什么?当僵局出现时应如何应对?
6. 注意观察市场上买卖双方讨价还价的技巧,并结合所学的谈判知识,写一篇观察报告。
7. 简述商务谈判中成交阶段的主要任务。
8. 案例分析。

供销中的讨价还价

海先生代表一家小的制造商,正在和罗先生(一家供应商的合同科科长)洽谈有关原料的购销。谈判在供应商处进行。

经过了长时间的谈判之后,双方的立场已经相当接近。海先生已经对所购房、料出价45万元,罗先生说这个价还算合适,但表示还得和老板商量一下,说完他就走出了会议室。大约10分钟后他就回来了,于是就发生了下面的对话。

罗:"我已经请示了马先生(罗的老板),他告诉我,任何低于55万元的价格都是不能接受的。但是,我告诉了他贵方绝不肯再让步了,于是他说,看在贵方是我们的老客户的份上,他愿意接受一半损失,把价钱定为50万元就成交。"

海:"这不行,我们去年花42万元买了同等质量的货。45万元已经是我方的最高价,这一点我在一小时前已经告诉您了。"

罗:"这我知道,海先生,可是……(海、罗两位又争论了大约3刻钟,可海先生仍是不肯提价)。"

罗:"好吧,我再去跟老板商量。"他又出去了,回来后他说:"马先生发火了,不过我还是让他同意48万元这个价。趁他还没改变主意,咱们就拍板吧?"

海：显得很生气,说:"我看不出再谈下去还有什么用。我已经订了机票,2小时后就得登机回去。如果你们老板不想做这笔生意,那就请他来直接跟我说好了。请他现在就来,否则我就要走了。"

罗："请稍候,我马上就回来!"(5分钟后他陪着马先生进入)。

马(过来同海握手,坐下后):"海先生,问题到底出在哪里?"

海："问题不在我们,我已经出了我们的最高价格,这已经比我们上次买同样的货时多给了3万元。如果您还不接受,那么再讨论下去也没什么用了。"

马："从去年开始我们的成本就提高了不少,海先生,现在让我来跟您算算几笔账。"(于是马逐项地说了几个海、罗二人已经讨论过的数字。)

海：听了几分钟,确信他说不出什么新的东西后,说:"请停下,马先生,这些我和罗先生都已经讨论过了,您到底接不接受45万元这个价?"一边说他一边往皮包里装文件。

马："我真不知道接受这个价后,我们还怎么活!但是,我可绝不想让您把我看成个老顽固,让我再跟本部的副总裁去商量商量,看他有什么话说。"

海："这要花多长时间?离我登机可只剩下一个小时了!"

马："我10分钟后一定回来!你们两位为什么不趁这工夫喝杯咖啡呢?"15分钟后他回来了,坐下后他说:"海先生,我给您带来了好消息,副总裁先生说了,如果我能为这笔生意的任何损失都承担责任,他让我用46万元的价格跟您成交。这可离您给的价没多远了。说句实话,我们这可是跟您赔本做生意哟!"他向海先生伸过手来说,"怎么样,拍板?"

海："那就46万元吧。星期一我回到公司,由我准备有关文件。"当然只有海先生知道其最高价为47.5万元。

资料来源：佚名.商务谈判试卷[EB/OL].[2013-01-08]. http://www.doc88.com/p-0079217796933.html.

思考题：

(1) 双方在谈判中使用了哪些讨价还价的策略?请说明表现策略的具体言行。

(2) 海先生是如何对付罗先生的"与老板商量"的招数的?

(3) 在马先生出现后,海先生除了47.5万元的底线的原因外,还有什么理由拒绝48万元成交?

(4) 如果马先生拒绝从48万元再让到46万元,那么海先生有哪些选择?

一场斗智斗勇的较量

甲方：中国甲厂

乙方：美国乙公司

中国甲厂因为扩大生产的需要,决定向美国乙公司购进6台卷簧机,4台测试仪,2台双面磨床,想借此提高自身的产品质量,打入美国市场。因为该笔订单较大,美方也非常想做成这笔生意。

第一轮谈判

某年11月中旬,中国甲厂的徐厂长到美国乙公司进行考察,双方经过讨价还价,最后与乙公司谈定以520万美元的价格购买6台卷簧机、4台测试仪、2台双面磨床设备,并相约年底由乙公司派代表到中国甲厂签订正式的合同。

第二轮谈判

当甲厂的徐厂长回国后，经过更为详细的调研和专家论证，认为花520万美元引进这12台设备价格有点偏高。但由于引进这套设备双方已经敲定意向性价格，估计难以变动，甲厂徐厂长决定在第二轮谈判中要从增加设备方面入手，以弥补可能的利益损失。

12月17日，美方乙公司的总经理史密斯先生和助手麦克尔如约来到甲厂，与徐厂长开始了紧张的第二轮谈判。徐厂长鉴于上次的教训，这次做了充足的准备工作，除了对国际市场行情做了更为充分的调研之外，还对乙公司和史密斯总经理的情况和谈判特点做了相应的了解。

谈判刚开始，经验丰富、老练精明的史密斯总经理立刻表示："谢谢主人对我们的欢迎，我们这次来到贵厂，完全是带着诚意而来，我们信守以前谈定的意向，希望马上签订合同，我们已买好明早起飞的机票，希望此事能够尽快办好，好让我们赶回去过圣诞节。这是我们根据上次谈定的意向拟定的合同文本，请徐厂长过目，如无异议，请签字。"史密斯总经理一开始就吹响了决战的号角，气势逼人，他的目的就是速战速决，尽快签订合同，以保住前面的既得利益。

徐厂长对此状况早有准备，他接过合同文本，并不急于翻看，而是把它放在一边，不慌不忙地说："史密斯总经理，离圣诞节还有一个多星期呢，这么急着回去干吗？作为主人，我们还没尽地主之谊呢！我们很乐意陪同客人到处看看，了解了解我们的国家。至于合同，我看还是谈得更细一点好，现在匆忙签字，将来出现纠纷反而不好。在正式签订合同之前，有关设备项目应该再商议一下，你看如何？"史密斯先生碰了个软钉子，他意识到马上签字似乎是不太可能的了。

徐厂长这时才慢慢翻阅着合同文本，笑容满面地说："史密斯总经理，在贵方的合同文本中，对于我厂向贵公司购买的设备项目中，怎么连工艺装备都没写清楚，那到底是否包括工艺装备呢？"

"当然不包括。"史密斯总经理连连否认。

"是吗？史密斯总经理，我们购买设备是使用的，不是放着看的。一般人买台电视机，都包括天线、插头、导线等装备。你们这么做好像不大符合商业习惯吧！"

史密斯总经理一想，自觉有点理亏，说："好吧，那就写上。"他想，不能因小失大，反正这些没有多少钱，只要徐厂长签字，这点最后的甜头还是要给对方的。

谁料到，对于徐厂长来说，他的策略才刚刚开始。徐厂长接着又说："我方购买4台测试仪，怎么没有配套的专业电子计算机呢？"

史密斯总经理一听急了，一台专业配套的计算机价值上万美元，如果答应了，利益就要受损很多。他赶紧连连摆手，"不，不，徐厂长，如果这样，我们无法接受。"于是推磨式的谈判开始了，直到中午时，史密斯总经理终于让步了，他希望下午能够签字。

午饭后，徐厂长亮出了底牌，抛出了一系列新的条件。他说："希望史密斯总经理能够谅解，照这样的合同条件，我还是无法签字。"他顿了顿又说："我们购买的这套设备，现在只能生产一般的弹簧，我们希望它也能够生产专用的弹簧，这需要贵方免费提供相关的技术资料。除此之外，我们还希望引进设备投产后，在5年内每年能够返销60万美元的产品到贵国的市场;我们还希望贵公司在完成设备安装后,提供返销所需的弹簧钢丝;此外,贵方应该再增加两台双面磨床。"

史密斯总经理听后,脸涨得通红,连说:"不!这不可能!徐厂长,这种条件,我们根本无法签订合同了。"他的助手麦克尔也随声附和说:"十分遗憾,没想到我们的诚意未被贵方理解。"两人便欲起身告辞。

徐厂长及时展开心理战,"坦率地说,你们也知道,我们和另外一家厂商也有过接触,他们近期已许诺按极优惠的价格提供这些设备,但我们中国人是看重老朋友的,希望与你们做成这笔生意。当然,如果贵方实在觉得不行,也不必勉强,我相信,我们还会有别的合作机会的。"说着,徐厂长也站起身来。

史密斯总经理有点紧张,焦急地说:"好吧,那我们再谈谈看。"谈判一直拖延到18点,双方仍未达成协议,关键是那两台总价值32万美元的双面磨床,史密斯总经理是无论如何也不愿做出让步。

晚饭过后,20点双方在客人下榻的饭店继续谈判,你来我往地争论,一直到次日3点,谈判仍然在僵局之中。徐厂长起身告辞,说:"今天就谈到这儿吧。明天大家还有工作,我们的客人也该休息了。如果实在谈不成,明早送你们上飞机。"说完留下助手便告辞了。

次日早晨,史密斯总经理终于忍耐不住了,让麦克尔来敲徐厂长助手的房门,说:"我们希望上午再谈一次。""不是今早的飞机吗?你们有时间吗?""不,是19点。"徐厂长听到这个消息,十分兴奋,这说明史密斯先生不愿意放弃这笔生意,谈判应坚持自己的立场,寸步不让。在上午的谈判中,史密斯总经理只答应增加一台双面磨床,但徐厂长仍坚持自己的立场,谈判仍然没有结果。午饭时,史密斯先生和麦克尔只是闷头喝酒,行李已搬到汽车上了。徐厂长与客人握手告别,送他们上汽车。这时,他的助手心里十分紧张,悄悄拉了一下徐厂长的胳膊,因为他知道,如果不签这个合同,项目申请下来的拨款就不算数了。徐厂长表面仍然泰然自若,对客人微笑着说:"再见!"就在汽车引擎发动的那一瞬间,史密斯先生突然说:"徐厂长,您如果能够上车送我们去机场,也许我们还可以再谈谈。"

徐厂长不动声色地说:"如果您真想谈,就请下车。去机场的时间还来得及。"史密斯经理无可奈何地下了车,不到2个小时,双方就在合同上按照徐厂长的要求签了字。就这样,徐厂长得到了额外的利益。

资料来源:郭秀君.商务谈判[M].北京:北京大学出版社,2011.

思考题:

(1)谈判人员应该从该谈判中吸取哪些经验?

(2)根据谈判所提供的资料,如果你是谈判人员,你将从哪些方面进行改进?

第四章 商务谈判的语言沟通

谈话,和作文一样,有主题,有腹稿,有层次,有头尾,不可语无伦次。

——梁实秋

有效的沟通取决于沟通者对议题的充分掌握,而非措辞的甜美。

——(美国)葛洛夫

学习目标

- 明确商务谈判语言的特征。
- 掌握商务谈判的语言沟通技巧。
- 谈判过程中能够做到积极地倾听。

案例导入

柯泰伦的胜利

柯泰伦曾是苏联派驻挪威的全权代表。她精明强干,可谓女中豪杰。她的才华多次在外交和商务谈判上得以展示。有一次,她就进口挪威鲱鱼的有关事项与挪威商人谈判。挪威商人精于谈判技巧,狮子大开口,出了个大价钱,想迫使买方把出价抬高后再与卖方讨价还价。而柯泰伦久经商场,一下识破了对方的用意。她坚持出价要低、让步要慢的原则。买卖双方坚持自己的出价,谈判气氛十分紧张。各方都拿出了极大的耐心,不肯调整己方的出价,都希望削弱对方的信心,迫使对方做出让步。谈判进入了僵持状态。

柯泰伦为了打破僵局,决定运用谈判技巧,迂回逼近。她对挪威商人说:"好吧,我只好同意你们的价格啦,但如果我方政府不批准,我愿意以自己的工资支付差额,当然还要分期支付,可能要支付一辈子的。"柯泰伦这一番话表面上是接受了对方的价格,但实际上却是以退为进,巧妙地拒绝对方的要求。挪威商人对这样的谈判对手无可奈何。他们怎么能让贸易代表自己出工资支付合同货款呢?他们只好把鲱鱼的价格降下来。

资料来源:佚名.商务谈判案例分析[EB/OL].[2012-09-13].http://www.doc88.com/p-370141765995.html.

问题:

(1)柯泰伦是怎样与挪威商人展开谈判的?

(2)柯泰伦的谈判为什么能够获胜?

第一节　商务谈判语言的特征

谈判，离不开一个"谈"字，不管是和风细雨的劝说，还是理直气壮的唇枪舌剑，时时刻刻都离不开语言。谈判中最重要的工具就是语言，谈判双方必须利用语言来传播信息、交流情感，表达自己的意向。没有语言，谈判根本无法进行。谈判是智慧的较量，而语言又是谈判者思想与智慧的表达方式。谈判语言关系到谈判的成败，其原因就在于谈判语言不同于一般生活中的语言，它需要在紧张、激烈对抗中，始终把握己方的目标，同时运用各种语言技巧来突破对方的防线。谈判语言的主要特征有如下方面。

一、目的性

谈判语言是一种目的非常明确的语言，不管是谈判中的陈述、说服，还是提问、回答，都是为了自己的利益需要而进行的。不带有任何功利目的，无求于对方的谈判是不存在的。20世纪70年代初，中美建交谈判时，美国时任国务卿基辛格在与邓小平对话时曾说："我们的谈判是建立在健全基础之上的，因为我们都无求于对方。"第二天，毛泽东主席会见基辛格时，就其前一天的谈话进行了反驳。毛泽东说："如果双方都无求于对方，你到北京干什么？如果双方都无求于对方，那么，我们为什么要接待你和你们的总统？"毛泽东一针见血地指出，谈判是一种双向的需要，谈判带有明确的目的性。谈判的目的性决定了谈判语言必然具有鲜明的功利性。

【小故事】

志在必得

在某年秋季广交会上，我国的外贸人员在一个清雅的接待室里与外商谈判。中方人员讲："由于国际、国内铅价猛涨，这次出口的蓄电池，我们准备适当提高价格。"听到新的价格，外商连连摇头。再谈下去，对方却说，"还是以前的报价就谈，否则谈判就结束。"眼看谈判陷入僵局。外贸人员找到北京电池厂负责人，要求他们压一压出厂价。副厂长等人一算账，认为压价就肯定赔钱，无法接受这个建议。怎么办？经过充分的准备，王副厂长等人开始与外商直接谈判。在两天半的时间里，厂方详细谈到国际市场铅价及蓄电池价格上涨的幅度，原料价格上涨对产品成本的影响，本厂产品与外国同类产品价格的对比情况，如果双方成交，各自可获取的盈利。厂方摆出的事实和数据清晰明确，具有无可辩驳的说服力，外商不得不叹服，"你们对市场行情真是一清二楚。"买卖最后终于谈成了。

资料来源：佚名.谈判口才[EB/OL].[2012-07-18].https://www.docin.com/p-444271210.html.

二、灵活性

谈判是一个动态过程，瞬息之间，变化万千。尽管一般情况下，谈判双方事前都要做充分的准备，对谈判内容、己方的条件、可能做出让步的幅度、对方的立场、对方可能采取的策略都进行了研究，并对谈判过程进行了筹划，但是，谈判过程常常是风云变幻、复杂无常，任何一方都不可能事前设计好谈判中的每一句话。具体的言语应对仍然需要谈判者临场组织、随机应变。

谈判中，谈判者要密切注意信息的输出和反馈情况，根据不同内容和阶段，针对谈判对象、主客观情况变化，及时、灵活地调整谈判语言。尤其是在双方就关键性的问题短兵相接时，一问一答、一叙一辩，都要根据当时谈判场上的变化而变化，这就是灵活的随机性。如果谈判中发生意料之外的变化，而仍然拘泥于既定的对策，思想僵化，方式呆板，语言不能机智应变，则必然在谈判中失去优势，导致被动失利。

三、策略性

因为谈判是一种智慧的较量，所以在谈判中，一方为了获得尽可能多的利益，往往采取各种策略，诱使对方按照己方的条件达成协议。因而成功的谈判者常常在谈判双方的利益冲突和利益协调中，从合作的立场出发，以其特有的机警和敏锐，不放过有利于自己的任何一个机会。同时，运用各种计谋、多种恰到好处的言谈，使谈判朝着有利于己方的方向发展。

【小故事】

日本人的谈判策略

有一次，日本一家公司与美国一家公司进行一场许可证贸易谈判。谈判伊始，美方代表便滔滔不绝地向日方介绍情况，而日方代表则一言不发，认真倾听，埋头记录，当美方代表讲完后，征求日方代表的意见，日方代表却迷惘地表示"听不明白"，只要求"回去研究一下"。几星期后，日方出现在第二轮谈判桌前的已是全新的阵容，由于他们声称"不了解情况"，美方代表只好重新说明了一次，日方代表仍然以"还不明白"为由使谈判不得不暂告休会。到了第三轮谈判，日方代表团再次易将换兵并故伎重演，只告诉对方，回去后，一旦有结果便会立即通知美方。半年多过去了，正当美国代表团因得不到日方任何回音而烦躁不安、破口大骂日方没有诚意时，日本突然派了一个由董事长亲率的代表团飞抵美国，在美国人毫无准备的情况下要求立即谈判，并抛出最后方案，以迅雷不及掩耳之势催逼美国人讨论全部细节，措手不及的美方代表终于不得不同日本人达成了一次明显有利于日方的协议。事后，美方首席代表无限感慨地说："这次谈判，是日本在取得偷袭珍珠港之后的又一重大胜利。"

资料来源：佚名.国际商务谈判中的攻防策略[EB/OL].[2012-07-02].http://www.doc88.com/p-4834904524101.html.

谈判语言的策略性表现在：一样的话、同样的意见，用策略性的说法表达，赢得对方的好感，产生良好的表达效果。下面是一些不同说法对比的例子。

【例一】 错误："是你没有把事情办好。"

正确："让我们来看看，是否还能比现在做得更好一些？"

【例二】 错误："你必须在下午3点钟以前把它交给我。"

正确："请你辛苦一下，下午3点钟以前把它交给我，谢谢！"

【例三】　错误:"这件事我办不了。"
　　　　　正确:"我没有这个权力,但我知道老李也许可以帮你,我帮你联系一下。"
【例四】　错误:"你有什么问题?"
　　　　　正确:"请你告诉我发生了什么事?"

在以上各例中,第一种说法是错误的表达方式,因为说话者用一种在对方听来是受责备、被强迫、打官腔的方式表述意见,这容易立即招致对方的反感和抵触。采用第二种说法,说话者的话语中流露出一种友好、协商的姿态,对方的合作意愿无疑会大大提高。

四、反馈性

在商务谈判中,往往会出现许多稍纵即逝的机会。谈判者不仅要反应敏捷,而且要立即做出判断和回答。抓住了机会,也就抓住了成功的可能性。所以谈判中一方面要为己方的谈判条件争取最大的满足;另一方面要迅速捕捉对方谈话中的矛盾之处或者漏洞,不失时机地加以利用。这就是谈判语言迅捷的反馈性。

【小故事】

快 速 出 击

一次某外商向我国一个外贸单位购买香料油,出价每千克 40 美元,我方要价 48 美元。外商一听我方要价就急了,说:"不,不,你怎么能指望我出 45 美元以上来买呢?"我方代表立即抓住这一机会,巧妙地反问说:"这么说,你方是愿意以 45 美元成交了?"外商情急之下露了底,只好说可以考虑。结果双方以每千克 45 美元成交,比我方原定的成交价高出 3 美元。

资料来源:佚名.商务谈判策略[EB/OL].[2017-12-14].http://www.doc88.com/p-9475627242926.html.

谈判中对时间的要求是严格的,这与平常的生活语言大不相同。谈判中双方的陈述、说明、提问、回答等都是紧张的智力较量,要求在极短的时间内立即对对方的发言做出反馈,或同意,或拒绝,或反驳,或提出新的建议,都要求谈判者迅速做出反应。迟迟不予回答,或在谈判桌上说错了又收回来,都会被认为是不礼貌的,或者是不负责任的表现。

第二节　商务谈判语言沟通的技巧

正如美国著名律师尼伦伯格在其著作《谈判的策略》一书中举的例子那样:"最近,我那两个儿子为分吃一块苹果馅饼而争了起来,两个人都坚持要切一块大的给自己,结果他们始终分不好。于是我建议他们,由一个人先切,由另一个先拿自己想要的那块,两个人似乎觉得这样公平,他们接受了,并感到自己得到了公平的待遇。"谈判应该是一种"赢—赢"式谈判,而非"赢—输"式谈判,这是谈判的最高境界。我们在谈判时,一定不要忽视这一基本点。商务谈判的语言沟通技巧主要有如下方面。

一、积极倾听,用心理解

先让我们看一个例子:日本松下电器公司的创始人松下先生曾谈到自己初次交易谈判中的一个教训,他上东京找批发商谈判,意欲推销他的产品,批发商和蔼可亲地说:"我们是第一次打交道吧?以前我好像没见过您。"这是明显的探测语,批发商想要知道面前的对手是生意老手还是新手。松下先生恭敬地回答:"我是第一次来东京,什么都不懂,请多多关照。"这极平常的寒暄语却使批发商获得了重要信息:对手原来是一个初出茅庐的新手。批发商问:"你打算以什么价格出售你的产品?"松下又如实亮底说:"产品成本20元,我准备卖25元。"按当时市场价格25元钱价格适中,产品质量又好,但由于松下无意间暴露了自己的弱点,因此批发商说:"你首次来东京做生意,刚开张应当卖得更便宜些,20元卖不卖?"批发商了解对手人生地不熟,又有急于打开销路的愿望,因此趁机杀价。松下先生后来才悟到当初的吃亏,正是由于自己缺少经验,没有能感觉到对方的探测性语言。在许多人看来,谈判中要多发言,这样才能把自己的意图说清楚,使另一方完全明白自己的观点、看法。其实,真正高明的谈判家并不这样做。他们采用的办法大多是"多听少说"。尽量少发表自己的看法,多听对方的陈述,这种听是主动的,并非只是简单地用耳朵听就行了,还需要用心去理解,探求对方的动机,积极做出各种反应。这不仅是出于礼貌,而且是在调节谈话内容和谈判气氛。

1. 要耐心倾听

谈判中一般的交谈内容并非总是包含许多信息量的。有时,一些相对普通的话题,对你来说可能知道的已经够多了,可对方却谈兴很浓。这时,出于对谈判对方的尊重,应该保持耐心,不能表现出厌恶的神色,也不能表现出心不在焉的神情。越是耐心倾听他人的意见,谈判成功的可能性越大。因为聆听是褒奖对方谈话的一种方式,耐心聆听能在无形中提高对方的自尊心,加深彼此感情,为谈判成功创造和谐融洽的环境和气氛。

2. 要虚心倾听

谈判的一个主要目的是沟通信息,联络感情,而不是智力测验或演讲比赛,所以在听人谈话时,应该有虚心聆听的态度,不要中途打断对方的谈话,这也是不尊重对方的表现。正确的做法是听话者在谈判中应随时留心对方的"弦外之音",回味对方谈话的观点、要求,并把对方的要求与自己的愿望做比较,预想好自己要阐述的观点、依据的理由,使谈判走向成功。

3. 要注意主动反馈

在对方说话时,听话者不时发出表示倾听或赞同的声音,或以面部表情及动作向对方示意,或有意识地重复某句你认为很重要、很有意思的话。若一时没有理解对方的话,不妨提出一些富有启发性和针对性的问题,这样对方会觉得你听得很专心,重视他的话。

【小案例】

科恩与领班

有一年夏天,当时科恩以一名推销员身份到一家工厂去谈判产品购销事宜。他习惯于早到谈判地点,四处走走,跟人聊聊天。这次他和这家工厂的一位领班聊上了。善于倾听的科恩,总有办法让别人讲话,他真的喜欢听别人讲话,所以不爱讲话的人遇到了科恩,也会滔滔不绝起来。而这位领班也是如此,在侃侃而谈之中,他告诉科恩说:"我用过各公司的产品,可是只有你们的产品能通过我们的试验,符合我们的规格和标准。"

后来边走边聊时,他又说:"嗨!科恩先生,你说这次谈判什么时候才能有结果呢?我们厂里的存货快用完了。"

科恩专心致志地倾听领班讲话,满心欢喜地从这位领班的两句话里获取了极有价值的情报。当他与这家工厂的采购经理面对面地谈判时,从工厂领班漫不经心的讲话里获取的情报帮了他的大忙。

资料来源:佚名.商务谈判沟通[EB/OL].[2014-10-01].https://www.docin.com/p-925944258.html.

二、善于提问,控制局面

有这样一个例子,有一位教徒问神父:"我可以在祈祷时抽烟吗?"他的请求遭到神父的严厉斥责。而另一位教徒又去问神父,"我可以吸烟时祈祷吗?"这个教徒的请求却得到了允许,悠闲地抽起了烟。这两个教徒发问的目的和内容完全相同,只是语言表达方式不同,但得到的结果却相反。由此看来,善于提问,语言技巧高明才能赢得期望的谈判效果。"知己知彼,百战不殆。"了解谈判对手,是保证谈判获得成功必不可少的条件。要深入了解双方,除了仔细倾听对方发言,注意观察对方的举止、神情、仪态以捕捉对方的思想脉络、追踪对方的动机之外,通过适当的语言手段,巧妙提问,随时控制谈话的方向,并鼓励对方说出自己的意见,这是获取必要信息的更为直接的有效方式。

1. 不要羞于提问

很多谈判者坐在谈判桌前时,羞于提问。虽然没听明白对方的意思,但是因为有众多的谈判人员在场,认为提问题暴露了自己的无知,会让别人瞧不起,有碍面子,因此不懂装懂,不提问题;或者有些时候怕自己提问题太多,会引起对方的反感,因而尽量少提问题,这些都是不正确的态度。谈判牵扯到双方的重要利益,而且谈判时双方都在使用各种策略以争取自己的利益。有时是故意说得复杂让对方听不懂,如果此时稀里糊涂地答应了条件,正合对方心意。因此,如果有疑问,就必须要向对方提问,这不仅使得己方了解了事实真相,而且很大程度上控制了局势。在日常生活中,往往是提问题的人掌握了主动权,因为他控制了对方的思维,回答问题的人更多是被牵着鼻子走,因此,如果在谈判时适时适度地提问不仅不会让己方陷入被动,而且很大程度上占了主动权。

2. 注意提问的恰当时机

谈判中提问应该等对方发言完毕再问。日常生活中,我们都知道打断别人的谈话是不礼貌的,在谈判中更是如此。要注意听对方的谈话,不明白的地方可以先记下来,等对方陈述完后再问。这样有三个好处:首先,是尊重他人的体现,不会因中途打断对方而引起不快;其次,听完了对方的谈话可以完整地了解对方的思路和意图,避免断章取义,错误地理解对方的意图;最后,听完对方的陈述再提问,也为自己争取了思考的时间,可以思考怎样提问比较合适,以免出现漏洞。如果对方的话冗长,也可以适时地打断对方。在打断对方前,要注意当时的气氛和对方的情绪。在日常生活中,如果要向某人提要求,一般是选择这个人比较高兴的时候,在谈判中也是如此。如果打断对方提问题,要选择对方说话的间歇,而且要在气氛融洽时,在对方认为形势有利于他们的时候提。这时对方在心理上往往较少设防,回答得比较详细、充分,己方可能会获取充足的信息。如果气氛紧张,对方会很谨慎地回答,己方获得的信息可能有限。

3. 讲究提问方式

提问有不同的方式,在谈判中的提问更要注意提问方式的选择。为了保证谈判气氛的融洽,一般来说,较多地使用选择性问句。如"您认为我们应该先讨论交货方式的问题还是价钱的问题合适呢?"这种问句方式,给对方一个选择的空间,以免引起对方的逆反心理,再配以得体的措辞,柔和的语调,对方比较容易接受。而且这种问法看起来是让对方选择,实际上己方已经设定了选择的范围"交货方式还是价钱",表面看起来把主动权给了对方,实际是己方在掌握了主动权的基础上给了对方少许的自主权,而就是这"少许的自主权"往往使得对方的心理比较满足,因此,在谈判中经常会使用选择性问句。在提问时应多使用比较委婉的词语,比如,"您觉得这样处理怎样?""我们是不是还需要讨论一下供货方式的问题?""麻烦您解释一下刚才的建议,我们还不是很清楚。"再辅以诚恳的态度,一定会取得比较理想的效果。

另外,提问应该避免几个问题:一是不要使用盘问、审问式的问句,避免几个问题连着问,因为对方既不可能一一给予详细的回答,还会引起对方的反感,破坏了谈判的气氛。二是提问题的态度要诚恳,避免给对方讽刺、威胁等感觉,对方才乐于回答。三是要有疑而问,不要为了表现自己而问。有的人为了表现自己的口才或专业,故意卖弄,结果往往会弄巧成拙。四是对方不愿回答的问题,不要一而再,再而三地追问,可以委婉地换种方式获得信息,不一定非得逼问对方。

【小故事】

连 连 发 问

在一场货物买卖谈判中,双方就价格问题难以达成一致时,买方经过精心策划,提出了下列问题:"尊敬的先生,当一件成品所需的原材料开始降价,那么随着成本的下降,其价格是否应降低呢?""是的,毫无疑问。""当一件产品的包装改用简易包装了,那么它的价格是否应降低呢?""是的。""那么你方在原材料价格大幅度下降,产品又改用简易包装的情况下,为什么还坚持原来的价格呢?"直到这时卖方才发现落入了陷阱,无言以对,只能应对方的要求降低产品的价格。

资料来源:佚名.商务谈判口才[EB/OL].[2015-09-07].http://www.doc88.com/p-9844463460445.html.

三、巧妙回答,避实就虚

在商务谈判中,如何回答对方的问题更重要,如果回答得不好,往往会掉进对方设置的"陷阱"中,被对方牵着鼻子走。因此,在很多的政治谈判、军事谈判和商贸谈判中,"回答"比"提问"还重要。同提问一样,回答应为谈判效果服务,该说什么,不该说什么,应该怎么说都要由"有利于谈判效果"来决定。回答时的总原则就是"经过慎重思考,再三斟酌,能不答的就不答,能少答就不要多答,尽量少说"。

实际上,擅长回答的谈判高手,其回答技巧往往在于给对方提供的是一些等于没有答复的答复。潘肖珏在其所著的《公关语言艺术》中列举了如下实例来说明。

【例一】 在答复您的问题之前,我想先听听对方的观点。

【例二】 很抱歉,对您所提及的问题,我并无第一手资料可作答复,但我所了解的粗略的印象是……

【例三】 我不太清楚您所说的含义是什么,是否请您把这个问题再说一下。

【例四】 我们的价格是高了点,但是我们的产品在关键部位使用了优质进口零件,增加了产品的使用寿命。

例一的应答技巧,在于用对方再次叙述的时间来争取自己的思考时间;例二一般是属于模糊应答法,主要是为了避开实质性问题;例三是针对一些不值得回答的问题,让对方澄清他所提及的问题,或许当对方再说一次的时候,也就找到了答案;例四是用"是……但是……"的逆转式语句,让对方先觉得是尊重他的意见,然后话锋一转,提出自己的看法,这叫"退一步而进两步"。我们应当很熟练地掌握和运用这些回答技巧。在谈判中,回答还要注意以下方面。

1. 尽量避免正面回答

对方提问的目的是想从我们的回答中获取信息,因此在回答时就要尽量避免正面回答,防止泄露太多的信息。如果对方知道得太多,我们就丧失了主动权。如果对方问:"你们的报价是多少?"就不应直接回答是多少,可以回答:"跟市场上其他同类产品的价格差不多,但是我们的产品比市场上的同类产品质量要好得多,相信价格方面你们会满意的。"多使用模糊性的词语,回答不要太确切。比如有的谈判人员,想知道对方打算在什么时候结束谈判,以便运用限期策略迫使对方做出让步,于是在见到对方一开始就非常热情地询问:"贵方打算什么时候离开呀?最近机票不好买,如果需要,我们可以帮忙预定。"这时可千万不能被对方的热情冲昏了头,说出类似"我们打算下周一走,那就麻烦你们帮忙订机票吧"之类的话,这样就掉进了对方的"陷阱",对方可能会在谈判时"故意"地拖延时间,迫使我们最后做出巨大让步,陷于被动。可以回答:"我们不着急,难得来一趟,有时间我们还要四处玩玩。"这就委婉地向对方表明"时间不是问题,我们有足够的精力进行谈判。"对方也就不敢使用限期策略了。

【小故事】

刘伯温妙答

明朝的刘伯温,是个堪与诸葛亮相比的智者。有一次,朱元璋问他:"明朝的江山可坐多少年?"刘伯温寻思,无论怎么回答都可能招致杀身之祸,不由汗流浃背地伏地回答说:"我皇万子万孙,何须问我。"他的回答用"万子万孙"的恭维话作为掩护,实际上却是以"何须问我"的托词做了回答,朱元璋抓不到刘伯温的任何把柄,自然也就无可奈何。

资料来源:佚名.明朝江山可多久[EB/OL].[2014-04-01]. http://blog.sina.com.cn/s/blog_4549d677010009q6.html.

2. 不要一一作答

有时,对方的问题很多,如"我们想知道关于价格、数量、交款方式等问题贵方是怎样考虑的",对此不要一一给予答复,被对方控制思维,可以就其中己方考虑成熟的问题予以答复,如"我们先讨论一下对我们双方都很重要的问题,就先说说价格吧。"后面的问题,如果对方不追问,就没有必要一一作答了,否则有些像学生回答老师的提问,心理、气势都处于弱势,不利于谈判的平等进行。

最好能把问题"踢"给对方,让对方作答。前面已经说过,问者往往控制局势,所以要学会把问题"踢"给对方,把问题"踢"给对方的同时也把压力转移给了对方。如对方问"贵方对价格是怎样考虑的?"可以这样回答:"一般来说,价格通常跟货物的数量相关。如果贵方要的数量多,价格就稍微低些;如果贵方要的数量少,价格就相对高些,贵方打算要多少呢?"这样把问题再踢给对方,先让对方思考如何应答"要多少"的问题。己方可以根据对方的回答灵活应答价格问题,可以变被动为主动。

【小故事】

幽默语言

背景与情境:在中国加入世贸组织"关于旅游服务业谈判"过程中,中方谈判代表要求欧共体承认中国厨师资格证书,允许中国厨师作为专家进入欧共体各成员国市场提供服务。中国驻日内瓦代表团杨维宏参赞用生动的语言向欧共体代表介绍了中国厨师的精湛菜系和等级资质。有着法兰西、意大利烹调传统的欧洲人自然能够理解中国烹调技艺的非同寻常。欧共体主谈代表丹尼尔女士也不例外,兴致盎然地点头同意在有商业存在的条件下,中国厨师可以作为专家进入欧共体市场。但是,丹尼尔女士毕竟是一位口才干练、头脑机敏、富有协调能力的贸易谈判专家,所以,她似乎又意识到让步之后应该索要一点什么,于是问道:"我们能够得到什么回报呢?"(What can we get in return?)中方代表立刻回答:"你们可以在国内享用中国菜呀!"(You can enjoy the Chinese food in your country.)全场都笑了。

资料来源:杨群祥.商务谈判[M].大连:东北财经大学出版社,2013.

3. 遇到难以回答的问题,使用缓兵之计

在谈判中,如果遇到难以回答的问题,不要急于回答,可以含糊其词,拖延回答。

【小故事】

拖延回答

美国一位著名的谈判专家有一次替邻居与保险公司交涉赔偿事宜。理赔员先发表了意见:"先生,我知道你是谈判专家,一向都是针对巨额款项谈判,恐怕我无法承受你的要价,我们公司若是只出100元的赔偿金,你觉得如何?"

专家表情严肃地沉默着。根据以往经验,不论对方提出的条件如何,都应表示出不满意,因为当对方提出第一个条件后,总是暗示着可以提出第二个,甚至第三个。

理赔员果然沉不住气了:"抱歉,请勿介意我刚才的提议,我再加一点,200元如何?"

"加一点,抱歉,无法接受。"

理赔员继续说:"好吧,那么300元如何?"

专家等了一会儿道:"300元?嗯……我不知道。"

理赔员显得有点惊慌,他说:"好吧,400元。"

"400元?嗯……我不知道。"

"就赔500元吧!"

"500元?嗯……我不知道。"

"这样吧,600元。"

专家无疑又用了"嗯……我不知道",最后这件理赔案终于在950元的条件下达成协议,而邻居原本只希望要300元!

这位专家事后认为,"嗯……我不知道"这样的回答真是效力无穷。

资料来源:佚名.商务谈判拒绝策略[EB/OL].[2012-04-28].http://www.doc88.com/p-589679856348.html.

四、说服对手,讲究技巧

商务谈判中很重要的工作就是说服,常常贯穿于谈判的始终。双方都会运用各种方法争取说服对方,达到己方的利益要求。这就是说,谈判过程中,谁能够通过说服使对方接受自己的观点,谁就能够获取谈判的最终成功,反之,不会说服,就不会克服谈判中的障碍,也就不能取得谈判的最终成功。所以,在谈判中谈判者能否说服对方,对于取得满意的谈判结果、促成谈判和局、达到合作共赢至关重要。说服谈判对手要注意运用以下技巧。

1. 赢得对手信任,建立良好关系

一般情况下,当一个人考虑是否接受他人的意见和建议时,往往会先衡量自己与说服者的熟悉程度和信任程度。假如熟悉并信任对方,就会接受和采纳对方提出的意见或建议。在商务谈判过程中,良好的人际关系同样能发挥不可低估的作用。

【小案例】

谈判前先下围棋

我国某进出口公司与新加坡一家公司谈生意,中方公司的张经理在此之前了解到新加坡参加谈判的总经理王先生喜欢下围棋。于是在谈判前夕,张经理带着围棋主动来到王先生下榻的宾馆。"下一盘棋怎么样?"接到这样的邀请,年过半百的王先生居然高兴得像孩子一样手舞足蹈。原来王先生出身于围棋世家。一场"酣战"下来,双方意犹未尽,畅谈起事业、成就、亲情、家世等。王先生对张经理大为赞赏,当即表示:"能和你这样的人交朋友,这笔生意我少赚点都值得。"几天后,双方谈判进行得很顺利,新加坡公司也欣然接受了我方提出的价格优惠条件,双方友好地签订了外贸合同。

资料来源:佚名.国际商务谈判[EB/OL].[2012-08-05].http://www.doc88.com/p-578185509532.html.

此案例说明一个道理,欲想说服谈判对手,必先了解和熟悉对方并设法与其建立良好的人际关系。该案例中的张经理,谈判前了解到新加坡公司总经理王先生酷爱下围棋这一喜好,并亲自登门与王先生切磋棋艺,张经理这种投其所好的方式正合王先生心意,在下棋过程中两人逐渐建立了良好的人际关系,于是在接下来的谈判中王先生也欣然接受了中方公司提出的降价要求,并表示"少赚点钱都值得"。试想,倘若当初中方公司的张经理没有事先与王先生下棋交流并成为棋友,那么在谈判中对方就不可能如此痛快地答应张经理提出的降价要求。

2. 设身处地,创造"是"的氛围

如果你想使某人接受,你就必须熟悉他的立场,然后抓住他的"手",引他到你想要他去的地方。你千万不要对他大喊大叫,应该先表示对对方的理解,以"协商""肯定"的方式,建立起一种双方在谈判中"一致"的感觉,使谈判对手对自己产生好感,然后逐渐使对方接受自己的建议或观点,在愉快友好的气氛中将谈判不断地向前推进。美国研究人际关系的专家戴尔·卡耐基把这种说服谈判对手的方式称作"苏格拉底问答法"。苏格拉底是著名的古希腊哲学家和思想家,此人以辩论见长。他所创立的问答法是迄今为止被人们公认的"最聪明的劝诱法"。其特点是:通过避开易产生分歧和一些重大的原则问题,先提出那些易使对方说"是"的问题,让对方产生平静而畅快的心境,通过对方做出一系列的肯定回答后,以至于出现一种把肯定回答坚持到底的惯性。

现代心理学研究表明,人们对那些与自己想法一致的人往往会产生好感,并会将自己的想法根据那些人的观点和建议进行调整。比如"我知道在这件事情上你会同意我的建议。""你一定会对这个问题感兴趣的",等等。以积极的、主动的心态鼓励和启发对方树立自信心、最终接受己方的观点。

【小案例】

西屋公司的推销员

一家公司的总工程师通知西屋公司说,不准备订购他们的发动机了,理由是发动机的温度过高。西屋公司的推销员前去交涉,就是从"是"开始进行说服的。

推销员说:"我同意你的意见,如果发动机太热,不应该买它。发动机的温度不应该超过国家规定的标准。"

对方答:"是。"

推销员说:"有关规定说,发动机的温度可以高出室内温度72华氏度,对吗?"

对方说:"对。"

推销员说:"厂房有多热?"

对方答:"大约75华氏度。"

推销员说:"75华氏度加上72华氏度是147华氏度,是不是很烫手呢?"

对方答:"是的。"

结果,推销员运用"苏格拉底问答法",把自己的意见通过对方的"是"灌输到了对方的头脑中,使对方又接受了订货。

资料来源:佚名.商务谈判沟通[EB/OL].[2017-05-07].http://www.doc88.com/p-3428616156202.html.

这种方法实际上就是按对方的思维逻辑去考虑问题,承认对方赖以做出决定的依据,再委婉地指出依据的不合适或依据的基础不正确。这样,在驳倒对方观点的同时,也使对方接受了你的观点。这种说明方式在经济索赔谈判中尤其有效。

3. 增加"认同",寻找双方共同点

在商务谈判中,要想成功地说服对方,一方面要想方设法赢得对方的信任,另一方面要努力寻找双方之间的共同点,比如,寻找双方共同感兴趣的事或话题,以此作为跳板,因势利导地展开说服才能奏效。事实证明,"认同"是人们之间相互理解与沟通的有效方式,也是说服谈判对手的一种有效方法。认同就是寻找谈判双方的共同点,减少戒心和心理上的一些疑虑,使对方容易接受己方的建议和观点。寻找双方共同点应该从以下几个方面着手。

(1) 工作方面的共同点。比如,职业相同、追求相同、目标一致,等等。
(2) 生活方面的共同点。比如,都喜欢吃中餐、生活经历类似、信仰相同,等等。
(3) 双方兴趣、爱好上的共同点。比如,都喜欢足球或钓鱼、都爱好书法或旅游,等等。
(4) 通过双方共同熟悉的第三者,增加认同感。

在初次与对方交往时,想得到对方的认同并说服他,可以通过寻找双方都熟悉的第三方,缩短双方之间的距离,便于交谈、成功地说服对方。

4. 字斟句酌,仔细推敲

在谈判过程中,如果想说服对手,一定要字斟句酌,仔细推敲说服用语。比如,在说服对手时,尽量不用或少用"愤怒""生气"或"恼怒"等字眼,在表达自己的情绪时,在使用"担心""失意""害怕""忧虑"等用词前要仔细推敲,做到三思而后说,这样才能收到良好的说服效果。

5. 运用实例,巧妙说服

商务谈判中,有些谈判对手由于受个人经历或经验的影响,给他讲大道理远不如用具体的实际例子更有说服力。

【小案例】

说服罗斯福

第二次世界大战期间,一些美国科学家试图说服时任美国总统罗斯福重视原子弹的研制,以遏制法西斯德国的全球扩张战略。他们委托总统的私人顾问、经济学家萨克斯出面说服总统。但是,不论是科学家爱因斯坦的长言,还是萨克斯的陈述,总统一概不感兴趣。为了表示歉意,总统邀请萨克斯次日共进早餐。

第二天早上,一见面,罗斯福就以攻为守地说:"今天不许再谈爱因斯坦的信,一句也不谈,明白吗?"萨克斯说:"英法战争期间,在欧洲大陆上不可一世的拿破仑在海上屡战屡败。这时,一位年轻的美国发明家富尔顿来到了这位法国皇帝面前,建议把法国战船的桅杆砍掉,撤去风帆,装上蒸汽机,把木板换成钢板。拿破仑却想:船没有帆就不能行走,木板换成钢板就会沉没。于是,他二话没说,就把富尔顿轰了出去。历史学家们在评论这段历史时认为,如果拿破仑采纳了富尔顿的建议,19 世纪的欧洲史就得重写。"萨克斯说完,目光深沉地望着总统。罗斯福总统默默沉思了几分钟,然后取出一瓶拿破仑时代的法国白兰地,斟满了一杯,递给萨克斯,轻缓地说:"你胜利了。"萨克斯顿时热泪盈眶,他终于成功地运用实例说服总统做出了美国历史上最重要的决策。

资料来源:佚名.谈判口才[EB/OL].[2012-03-17].http://www.doc88.com/p-593546537513.html.

6. 学会洞悉内心,善于抓住良机

敏锐的观察联想能力,准确的分析判断能力,是巧妙运用说服语言的重要前提,而恰到好处地掌握"火候",不失时机地果断决策,也是说服过程中不可缺少的重要环节。比如:当判断对方深感迷茫时,要善于"拨云驱雾"、指点迷津,使其仿佛看到"雨过天晴太阳升"的美丽景色;当判断对方犹豫不决时,要善于"趋利避害"、旁征博引,使其尽快舒展"紧锁着的双眉",跟着你的思路往前走;当判断对方有"改弦易张"的苗头时,要善于调整策略和改变谈话语气,在肯定其前面表现的基础上"趁热打铁"地赞美他的能力、魄力和人格魅力,使其尽量放弃"回头"意念,义无反顾地"跟你走";当判断双方谈判条件已经没有实质性让步空间,再坚持己方意见就有可能"前功尽弃"时,要善于当机立断,先适当用一些赞赏对方的语言肯定前期的谈判成果,再大度而主动地做出"为了我们之间的友谊与继续合作,我方准备接受当前的条件"的姿态,为快速达成协议作好"铺垫"。

【小案例】

杰克说服承包商

杰克是一个俱乐部的经理,他想新建一个规模较大的舞场,于是,他找到了一个正想进入建筑行业的承包商,这个承包商承诺愿以低价为他提供一个优质的舞场,同时也提出,在舞场建成之后允许其他客户来参观,并为他宣传工程质量,以便为自己拉更多的生意。杰克当即答应了对方提出的条件。但是,舞场建成以后,杰克又进一步要求承包商承担装饰工程,承包商很生气,当即拒绝了这一要求。

杰克既没有指责和怪罪对方,也没有放弃说服对方的努力,他友善而颇有远见地提出:"舞场的美观有助于宣传工程质量,相当于贵公司的实体广告,我坚信一定会给你们带来更多的生意!"建筑承包商眼睛顿时一亮,毫不犹豫地答应了杰克的新要求,且当即表示要不惜工本地装饰好这个舞场。结果,杰克以优惠的价格得到了一个漂亮的舞场,承包商不仅借此扬了名,而且又获得了好几笔生意。

资料来源:佚名.国际商务谈判中说服技巧的应用[EB/OL].[2016-01-02].https://wenku.baidu.com/view/d045ce81cf84b9d529ea7a22.html.

不难看出,要想说服对方接受己方条件,就要站在对方角度考虑问题,使对方感觉到你像朋友一样,设身处地地为自己出主意、想办法,才能收到"柳暗花明""峰回路转"的奇特效果。谈判实践中,应重点从下列三个方面把握其要点:一是将问题重点放在利益上而非立场上。因为促使谈判者做出决定的是利益,利益是隐藏在立场背后的真正动机。单纯地站在立场上磋商问题,其结果只能是谈判双方不欢而散。二是精心设计双方满意的方案,寻找双方有利的解决办法,双方才会在谈判中各自取得相关利益,实现双赢谈判结局。三是坚持客观标准,用大家共同认可的客观标准判断整个谈判的过程。

【小贴士】

说服"顽固者"的技巧

（1）"下台阶"法。当对方自尊心很强，不愿承认自己的错误，从而使你的说服无济于事时，你不妨先给对方一个"台阶"下，说一说他正确的地方，或者说一说他错误存在的原因，让对方能理解。这样，他就会感到没有失掉面子，因而容易接受你善意的说服。

（2）等待法。有些人可能一时难以说服，不妨等待一段时间，对方虽然没有当面表示改变看法，但对你的态度和你所讲的话，事后他会加以回忆和思考。必须指出，等待不等于放弃。任何事情，都要给他人留有一定的思考和选择的时间。同样，在说服他人时，也不可急于求成，要等待时机成熟时再和他交谈，效果往往比较好。

（3）迂回法。当有的人正面道理已经很难听进去时，不要强行或硬逼着他进行辩论，而应该采取迂回前进的方法。就像作战一样，对方已经防备森严，从正面很难突破，解决办法最好是迂回前进，设法找到对方的弱点。一举击破对方。说服他人也是如此，当正面道理很难说服对方时，就要暂时避开主题，谈论一些对方感兴趣的事情，从中找到对方的弱点。逐渐针对这些弱点，发表己方的看法，让他感到你的话对他来说是有用的，使他感到你是可信服的，这样你再逐渐把话转入主题，晓之以利害，他就会更加冷静地考虑你的意见，容易接受你的说服。

（4）沉默法。当对方提出反驳意见或者有意刁难时，有时是可以做些解释的。但是对于那些不值得反驳的问题，倒是需要你讲求一点艺术手法，不要有强烈的反应，相反可以表示沉默。对于一些纠缠不清的问题，如果又遇上了不讲道理的人，只要当作没听见，不予理睬，对方就会觉得他所提出的问题可能没有什么道理，对方根本就没有在意，于是自己也会感到没趣而不再坚持，从而达到说服对方的目的。

资料来源：佚名.商务谈判说服技巧［EB/OL］.［2017-04-24］.http://www.doc88.com/p-5856372502971.html.

五、婉言拒绝，不伤情面

谈判过程中，不仅要经常说服对方，还要避免被对方说服，即拒绝对方的某些要求。拒绝对方也意味着己方在某个问题上的承诺，因此，拒绝是谈判中一项难度较大的技巧，谈判者需要认真掌握，才能做到得心应手。

1. 委婉语言拒绝

谈判中在拒绝对方时尤其应该使用委婉的语言，如果觉得对方的要求太过分，己方难以承受，我们可以试想，下面两种方式哪种更有利于谈判的进行？一是不等对方把话说完，就怒火中烧，拍案而起，不惜用尖刻的语言回击对方，情绪失控；二是神情平静地听对方把话说完，然后微笑地看着对方，说："我们完全理解您的要求，也希望双方尽量达成一致意见，但是我方的确承受不了这种让步，还希望你们能够理解。"哪一种解决方式更有利于问题的解决呢？当然还是第二种。委婉和真诚中透露着坚定的语气，不容对方质疑，效果远远好于前者。

委婉地拒绝对方还要注意一些词语和句式的选择，如"这件事情恐怕目前我们还难以做到"要比"这件事,我们做不到"更容易让对方接受,"这个建议还可以,但我们能否想一个更好的解决办法呢"要比"这个建议不好"更有利于谈判的进行。这些说法都是侧面否定对方的建议,不易引起对方的反感,也使己方的观点顺理成章。当然,委婉地拒绝对方并不等于不拒绝对方,虽然说法委婉,但一定要让对方清楚是拒绝了他,以免引起误会。例如,某公司谈判代表故作轻松地说:"如果贵方坚持这个进价,请为我们准备过冬的衣服和食物,总不忍心让员工饿着肚子瑟瑟发抖地为你们干活吧!"这样拒绝不仅转移了对方的视线,还阐述了拒绝的理由,即合理性。

2. 幽默语言拒绝

在谈判中,有时会遇到不好正面拒绝对方,或者对方坚决不肯降低的要求或条件,你并不直接加以拒绝,相反全盘接受。然后根据对方的要求或条件推出一些荒谬的、不现实的结论来,或机警地以诙谐幽默、玩笑打诨的话题作为掩护,避开实质性问题。这种拒绝法,往往能产生幽默的效果。

【小案例】

拒绝的理由

买家购买完洗涤灵之后,发现了商家的商品有分量不足的现象,便以此为依据向厂家讨价还价。由于这款洗涤灵在最初商定价格时就将价位降到了底线,所以面对这样的情况,卖家派出了业务代表与买家进行谈判。

"仅在对这部分产品的抽查中就发现了分量不足的问题,真不敢想象其他的产品还会存在什么样的问题,所以我们要求降低价格。"买家不依不饶。

业务代表笑着说:"我曾看过这样一则报道,报道上说美国一家专门为空降部队伞兵生产降落伞的军工厂都存在着万分之一的产品失误率,这也就是说,每一万个降落伞兵就有一个可能因为降落伞质量不合格而失去生命。军方不能容忍这样的情况发生,于是便让生产厂家的人亲自跳伞。从那以后,降落伞的质量再也没有出现过问题。所以,我有个提议,你们不妨将那瓶分量不足的洗涤灵送给我使用,这样以后你们购买的产品肯定会一个问题都没有了。而且,这可是我们单位自建厂18年以来,第一次有免费使用洗涤灵的机会哦!"

资料来源:沈冰.商务谈判中的"太极推手":拒绝、否定也是招[J].销售与市场,1996(5).

3. 模糊语言拒绝

巧妙地使用模糊语言也可以避免矛盾激化,变被动为主动。模糊的回答可以避开一些敏感话题,避免泄密,还可以为自己以后的行为留有余地。

【小故事】

新闻发言人的幽默

1995年8月22日,是邓小平91岁华诞,适逢外交部例行的记者招待会。

"今天是邓小平先生91岁的诞辰,我想问一下关于他的健康状况的说法是不是还是那样没有变化?"一位德国记者问。这位日耳曼人的确有点狡猾。他不问身体健康与否,而问是否有所变化。众所周知,万物都处于变化之中,自然不能回答没有变化,但若说有变化,变好还是变坏?这个问题的确不好回答。

"变化当然是有的啦!"新闻发言人陈健拖长了声音回答。众记者一听,都竖起了耳朵,以为陈健要发布什么重大新闻,不料此招乃是故弄玄虚,见已经吊起了众记者的胃口,他才不慌不忙地抖开了包袱:"他又年长了一岁。"原来如此,被耍了一回的记者也忍不住笑了。

"当然,他的身体状况是好的。"陈健收敛了笑容,一本正经地又补充道。

陈健的回答显然是有意脱离了那位记者的交际意图,超出了所需要的信息,答非所问,有意把谈话内容转向其他方向,引出戏剧性的效果。

资料来源:刘媛,董良峰.论商务谈判中幽默语言的语用特征[J].徐州教育学院学报,2008(3).

4. 肢体语言拒绝

从婴儿时期开始,每个人就会不靠语言来向别人表达需要和好恶,这种能力一直保持终生。谈判中对手的一眨眼、一努嘴、一颦一笑,都是行为的暗示和内心心理活动的外露,这些已日益被身体动作学的研究所证明。所以,如果想要拒绝对手,你可以不必开口说"不",利用肢体语言一样可以充分传达你的意思。在谈判中,当你不赞成对手的意见时,你可以把双手交叉在胸前。这是利用身体语言来挡住别人的进攻,防卫自己的典型方法。对手一见你这种姿态,就立即感觉到了你的态度,从而信心动摇,很难进一步发表他的意见了。

六、摆脱窘境,反败为胜

谈判中,有时会出现一些意想不到的场面,此时缺乏经验者往往会一时语塞,无言应答,窘态百出。遇到紧急情况要冷静、沉着,充分运用语言这根"魔棒"调节谈判气氛,尽快摆脱窘境。

1. 引申转移法

谈判时遇到紧急情况,应尽力以新话题、新内容引申转移,把尴尬的情况引开,千万别拘泥一端,执着不放,那样会僵持不下,甚至使谈判失败。

【小故事】

打破窘境

我国一贸易代表团到美洲一个国家洽谈贸易,由于会谈十分成功,参加谈判的成员十分高兴。这时,对方一位年长的谈判者为表达兴奋之情,竟热烈地拥抱了我方的一位女士,并亲吻了一下。该女士十分尴尬,不知所措。这时,我方代表团团长走上前来,用一句话打破了窘境。他说:"尊敬的××先生,您刚才吻的不是她本人,而是我们代表团,对吧?"那位年长者马上说:"对!对!我吻的是她,也是你们代表团,也就是你们中国!"尴尬的气氛顿时在笑声中烟消云散了。

资料来源:佚名.谈判的语言艺术[EB/OL].[2012-09-26]. http://www.doc88.com/p-936469528682.html.

2. 模糊应答法

模糊应答可以应付一些尴尬乃至困难的场面,使一些难以回答、难以说清的问题变得容易。例如,在谈判中,对方提出了一个你既不好当即肯定,也不好当即否定的问题,此时不妨这么回答:"这个问题很重要,我们将注意研究。"这就是一种特定语境中的模糊应答。

3. 反思求解法

有时面对一些很难从正面回答的问题,可以换个角度,从话题的反面去思考,这样常可找到新颖的答案,使人脱离窘境。

【小故事】

没有消息就是最好的消息

我方与美方的一次商务谈判已进行到尾声阶段,双方只是就一些细节反复协商。这时,美方有人送来一封信,美方首席谈判者打开一看,信封内空空如也。原来送信人疏忽了,信没装入信封,美方送信人十分尴尬。这时我方代表为缓和气氛,使谈判顺利进行下去,微笑着说:"没有消息就是最好的消息。"一句话,使美国送信人解脱了尴尬,冲淡了紧张气氛。这句话是美国人常用的一句谚语,我方代表借此语"反思求解",使气氛恢复正常。

资料来源:佚名.商务谈判习题[EB/OL].[2014-01-27].http://www.doc88.com/p-9743775964985.html.

课 后 练 习

1. 谈判语言有哪些特征?
2. 商务谈判中如何倾听、提问、回答、说服和拒绝?
3. 你有一部已经开了几年的汽车,想把它卖掉。如果能卖到 7 万元,你就很满意,就在你准备刊登出售汽车广告的当天下午,有人想 8 万元买你这部车。此时,你如何与买家谈判?请注意你的语言沟通技巧的运用。
4. 当别人问到你的敏感问题时,你会采用什么方式在不伤和气的情况下巧妙地回答问题?
5. 案例分析。

卡耐基的谈判术

卡耐基每个季度都要在纽约的某家大旅馆租用大礼堂 20 个晚上,用以讲授社交训练课程。有一季度,刚开始授课时,忽然接到通知,要他付比原来多 3 倍的租金。而这个消息到来以前,入场券已经印好,而且早已发出去了,其他准备开课的事宜都已办妥。怎样才能交涉成功呢? 两天以后,他去找经理。

"我接到你们的通知时,有点震惊。"他说,"不过这不怪你。假如我处在你的地位,或许也会这么做。你是这家旅馆的经理,你的责任是让旅馆尽可能地多盈利。你不这么做的话,你的经理职位很难保住。假如你坚持要增加租金,那么让我们来合计一下,这样对你有利还是不利。"

"先讲有利的一面。"卡耐基说:"大礼堂不出租给讲课的而是出租给办舞会、晚会的,那你可以获大利了。因为举行这类活动的时间不长,他们能一次付出很高的租金,比我这租金当然要多得多。租给我,显然你吃大亏了。"

"现在,来考虑一下'不利'的一面。首先,你增加我的租金,却是降低了收入。因为实际上等于你把我撵跑了。由于我付不起你所要的租金,我势必再找别的地方举办训练班。"

"还有一件对你不利的事实。这个训练班将吸引万千的有文化、受过教育的中上层管理人员到你的旅馆来听课,对你来说,这难道不是起了不花钱的广告作用吗?事实上,假如你花5000元钱在报纸上登广告,你也不可能邀请这么多人亲自到你的旅馆来参观,可我的训练班给你邀请来了。这难道不合算吗?"讲完后,他告辞:"请仔细考虑后再答复我。"

最后,经理让步了。

资料来源:王晶.气场攻心术[M].沈阳:辽宁教育出版社,2012.

思考题:

(1)试分析卡耐基的谈判策略。

(2)本案例对你有何启示?

第五章 个人礼仪

世界上没有难看的人，只有不懂得如何让自己打扮得体的人。

——靳羽西

在美的方面，相貌的美高于色泽的美，而秀雅合适的动作又高于相貌的美。

——（英国）培根

学习目标

- 明确仪容的基本要求。
- 进行仪容细节的修饰，做到仪容整洁卫生。
- 能够根据自身面容的特点进行化妆，展现出富有魅力的妆容。
- 做到发型美观。
- 明确着装的基本要求。
- 男士西装穿着符合规范。
- 女士穿着西服套裙符合规范。
- 在社交场合，能够以正确优美的站姿、坐姿、走姿、蹲姿展现出良好的体态。
- 在社交场合，能够正确遵循眼神、微笑、手势等礼仪规范要求，展现出大方自然的个性形象。
- 能够杜绝各种不良的行为举止。

 案例导入

着装随便导致商务谈判失败

中国某企业与德国一公司洽谈割草机出口事宜。按礼节，中方提前五分钟到达了公司会议室。客人到后，中方人员全体起立，鼓掌欢迎。不料，德方人员脸上不但没有出现期待的笑容，反而均露出一丝不快的表情。更令人不解的是，按计划一上午的谈判日程，德方半小时便草草结束，匆匆离去。事后我方了解到：德方之所以提前离开，是因为中方谈判人员的穿着不当。德方谈判人员中男士个个西装革履，女士个个都穿职业套装，而中方人员除经理和翻译穿西装外，其他人有穿夹克衫的，有穿牛仔服的，有一位工程师甚至穿着工作服。众所周知，德国是个重礼仪的国家，德国人素以办事认真而闻名于世。在德国人眼里，商务谈判是一件极其正式和重大的活动，中国人穿着太随便说明了两个问题：一是不尊重他人；二是不重视此活动。既然你既不尊重人，又不重视事，那就没有必要谈了。

资料来源：佚名.商务谈判中的礼仪[EB/OL].[2016-10-10].https://www.docin.com/p-1754113224.html.

问题：

(1) 商务谈判人员应该注意哪些礼仪？

(2) 本案例对你有何启示？

第一节 仪容礼仪

一、仪容基本要求

【小故事】

林肯对长相的要求

一次林肯总统面试一位新员工，后来他没录取那位应征者。幕僚问他原因，他说："我不喜欢他的长相！"幕僚不理解，又问："难道一个人天生长得不好看，也是他的错吗？"林肯回答："一个人40岁以前的脸是父母决定的，但40岁以后的脸应是自己决定的。一个人要为自己40岁以后的长相负责。"

资料来源：佚名. 一个人要对40岁后的脸负责[EB/OL]. [2014-08-30]. https://www.meipian.cn/5j5zdol.

1. 整洁

(1) 保持面部干净。应当选择适宜自己肤质的洗面奶早晚洁面，去除面部的油脂和毛孔中的污垢。同时要注意眼部卫生，及时去除眼角的分泌物。若配戴眼镜，要注意保持镜片洁净光亮。

【小贴士】

正确地洗脸

正确洗脸，保持皮肤清洁卫生是不可或缺的。正确的洗脸方法是：洗脸时水温不要太高，一般应低于35摄氏度；洗脸应从下往上、从里向外洗，这样有助于皮肤血液循环；要使用温和的洗面奶，少用或不用香皂；洗脸的动作要轻柔。

(2) 保持手部卫生。人际交往中，经常要与人握手、用手传递东西、做手势等，因此要注重双手的清洁和养护。一是要勤洗手，保持双手洁净；二是要勤剪指甲，保持适当的长度。需要注意的是，女士不要涂颜色过于鲜亮的指甲油。

(3) 口腔保持清爽。要注意清洁牙齿，每天早晚刷牙。还要勤漱口，去除口腔异味。人际交往中，注意不要当众清理牙齿上的残留物，在与人会面之前不食用葱、蒜等刺激性气味的食物。

【小贴士】

去除口腔异味的方法

去除口腔异味的方法有两种：一是每天早晚坚持用淡盐水漱口。二是嚼口香糖保持口气清新。但要注意,在人际交往中当着他人的面嚼口香糖既不文雅,也是失礼于人的。三是养成不吃生蒜、生葱和韭菜一类带刺激性气味蔬菜的良好习惯,免得在工作中担心自己说话"带味道",或是使接近自己的人感到不快。

(4)头发适时梳洗。头发要勤洗勤理。一般每周应当洗头2~3次,每月修剪1~2次。男士的头发要没有汗味,保持干净整洁,发型要大方得体、不怪异。女士的头发要有自然光泽,发型要端庄协调,刘海不要遮住眼睛和脸。

【小贴士】
洗发的注意事项

洗发时的水温过高或过低均对发质不利。专家证明,40摄氏度左右的水温最适宜。洗发水的种类繁多,不宜跟风选择。应当根据自己发质的特点,有针对性地选择。电吹风对人体有辐射且高温易伤头发,应当不用或少用。如果使用,距头部应为15~20厘米。

要经常梳理头发。梳理头发是每天必做之事,而且应当不止一次。按照常规,在下述情况下皆应自觉梳理一下自己的头发:一是出门上班前,二是换装上岗前,三是摘下帽子时,四是下班回家时,五是其他必要时。

在梳理自己的头发时,还有三点应予注意:一是不宜当众进行。作为私人事务,梳理头发时当然应该避开外人。二是不宜直接下手,最好随身携带一把发梳,以便必要时使用。不到万不得已,千万不要以手指去代替发梳。三是断发头屑不宜随手乱扔。梳理头发时,难免会产生少许断发、头屑等,信手乱扔是缺乏教养的表现。

(5)保持脚部清洁。脚作为支撑人体的重要部位,每天要进行运动。它会分泌出大量汗液,恶化脚底环境,为真菌繁衍提供温床,如不及时改善,会导致各种脚部疾病,如脱皮、脚癣、脚部溃烂等。所以,平时要注意洗脚,让其通气,擦些护脚霜,还要加以适当保健按摩,美化脚部肌肤。

(6)注意洗澡。洗澡可以除去身上的油垢和汗味,使人精神焕发。条件允许要常洗澡,尽量要坚持每星期至少洗1次,在参加重大礼仪活动之前还要加洗一次。

(7)保持衣裳整洁。要勤换内衣,外衣也要定期清洗、消毒。要勤换鞋袜,保持鞋袜舒适干净,不要在集会或演出等公众场合脱鞋。

除了注意以上方面之外,还要注意经常修剪不雅的体毛。男士要每天刮脸、修剪胡须,还要及时修剪鼻毛;女士如果穿无袖的服装,要注意提前修剪腋毛,否则露出来,会给人不雅的感觉。

2. 美观

漂亮、美丽、端庄的外观仪容是形成优美良好的交际形象的基本要素之一。人们都希望自己在社交场合中变得更美丽,这是无疑的。有些人认为把发胶、摩丝喷在头上,把各种色彩涂抹在脸的相应部位就美了。因此,经常可以看到"横眉冷对""血盆大口""油头粉面"。这不是美,而是丑了。

美观是指从效果来说的。要使仪容达到美观的效果,首先必须了解自己的脸形及脸的各部位特点,孰优孰劣要心中有数;其次要清楚怎样化妆、美发和矫正才能使自己扬长避短,变拙陋为俏丽,使容貌更迷人。这些,要在把握脸部个性特征和正确的审美观的指导下进行。

【小案例】

李霞,你过得好吗

今天是李霞的大学同学毕业20周年聚会的日子。李霞在毕业后就没有见过任何一位同学。对于今天的同学聚会,李霞非常激动。平时不怎么化妆的她觉得应该把自己好好地打扮打扮。于是她涂上厚厚的白粉,抹上深紫色的口红和深蓝色的眼影,兴高采烈地来到聚会地点。当她出现在同学面前时,同学们都大吃一惊,有的同学还走过来关切地问她是否过得不如意,说她看起来脸色不好,充满了沧桑感。她的心情一下就降到了冰点,她纳闷同学们莫名的惊讶与关心,她觉得自己过得很好。

资料来源:陈光宜.现代实用社交礼仪[M].北京:清华大学出版社,2009.

3. 自然

自然是美化仪容的最高境界,它使人看起来真实而生动,而不是似乎戴着一张呆板、生硬的面具。失去自然的效果,就是假,假的东西就失去了生命力和美。

有位化妆师说过:"最高明的化妆术,是经过非常考究的化妆,让人看起来好像没有化过妆一样,并且化出来的妆与主人的身份匹配,能自然表现那个人的个性与气质。次级的化妆是把人突显出来,让她醒目,引起众人的注意。拙劣的化妆是一站出来别人就发现她化了很浓的妆,而这层妆是为了掩盖自己的缺点或年龄。最坏的一种化妆,是化妆后扭曲了自己的个性,又失去了五官的协调,例如小眼睛的人竟化了浓眉,大脸蛋的人竟化了白脸,阔嘴的人竟化了红唇……"

可见化妆的最高境界是无妆、自然;因此美好仪容要依赖正确的技巧、合适的化妆品;要一丝不苟、井井有条;要讲究适度、体现层次;要点面到位、浓淡相宜。这样才能使人感到自然、真实的美。

4. 协调

协调包括:第一,妆面协调。指化妆部位色彩搭配、浓淡协调,所化的妆针对脸部个性特点,整体设计协调。第二,全身协调。指脸部化妆、发型与服饰协调,力求取得完美的整体效果。第三,角色协调。指针对自己在社交中扮演的不同角色,采用不同的化妆手法和化妆品。如作为职业人员,应注意化妆后体现端庄稳重的气质;如作为专门从事公关、礼仪、接待、服务等的人员,出头露面的机会多,要表现出一定的人际吸引魅力,就应浓淡相宜,青春妩媚,符合人们共同的爱美之心。第四,场合协调。指化妆、发型要与所去的场合气氛要求一致。日常办公应略施淡妆;出入舞会、宴会,可化浓妆;参加追悼会应素衣淡妆。不同场合的不同化妆、发型,不仅会使化妆者内心保持平衡,也会使周围的人心理融洽。

【小案例】

不修边幅的小王

小王的口头表达能力不错,对公司产品的介绍也很得体,人既朴实又勤快,在业务人员中学历又最高,老总对他抱有很大希望。可做销售代表半年多了,业绩总上不去。问题出在哪里呢?原来他是个不修边幅的人,双手拇指和食指喜欢留着长指甲,里面经常藏着很多脏东西。脖子上的白色衣领经常是酱黑色,有时候手上还记着电话号码。他喜欢吃大饼卷大葱,吃完后也不知道去除异味。在大多数情况下,根本没有机会见到想见的客户。有客户反映小王说话太快,经常没听懂或没听完客户的意见就着急发表看法,有时说话急促、风风火火,好像每天都忙忙碌碌的,很少有停下来的时候。

资料来源:陈文汉.商务谈判实务[M].北京:电子工业出版社,2013.

【小幽默】

测 个 颜 值

有个女生下载了一个测颜值的软件,用自己的照片试了一下,显示9.5分!她开心极了,马上将分值分享到了朋友圈,可没过几分钟,她又删除了这条信息。

朋友问她怎么了,女生委屈地说:"我刚才试了一下偶像的照片,显示97.5分。"

资料来源:陈新. 2018 搞笑段子[EB/OL].[2018-11-18]. http://dy.163.com/v2/article/ detail/E0TBU3950529S8KK.html.

二、化妆适度

1. 化妆前的准备

(1)束发。化妆前,先用宽发带或毛巾将头发束起来或包起来,使脸部轮廓更加清晰,防止散发妨碍化妆,也可以避免化妆时弄脏头发。

(2)洁肤。选用适合自己肤质的洗面奶去除脸上的油污、灰尘和汗渍,注意最好用温水清洁面部。

(3)护肤。选用适合自己肤质的爽肤水和面霜轻轻拍在面颊上,做好基础的保湿,以使皮肤滋润。为防止眼部皮肤干燥,可以取适量眼霜,用无名指由内向外轻抹在眼睛周围,并做适当按摩。如果化妆前觉得皮肤状态不佳,可利用15~20分钟敷上一张面膜,取下后皮肤会变得光洁滋润,非常容易上妆。

(4)涂抹隔离霜。为有效保护皮肤,抵挡外界空气污染、紫外线辐射等,建议护肤后涂抹隔离霜。目前市场上很多隔离产品还有修正肤色的作用,可以调整不均匀的肤色,能为皮肤呈现良好的状态打下基础。

【小贴士】

对号入座选择隔离霜的颜色

- 粉色隔离霜——可改善苍白的肤色。
- 绿色隔离霜——可改善因敏感而泛红的肤色。
- 紫色隔离霜——可改善偏黄的肤色。
- 黄色隔离霜——可改善暗淡而无光泽的肤色。

2. 施妆过程

化妆时要认真掌握化妆的方法。化妆大体上应分为打粉底、画眼线、施眼影、描眉形、上腮红、涂唇彩、喷香水等步骤。每个步骤均有一定之法,必须认真遵守,讲求化妆的技巧。化妆的操作程序与要求如表5-1所示。

表5-1 化妆的操作程序与要求

步骤	目的	操作要点	注意事项
1.打粉底	调整面部肤色,使之柔和美丽	①选择粉底霜; ②用海绵取适量粉底,涂抹细致均匀	①粉底霜与肤色反差不宜过大; ②切记在脖颈部打粉底,以免面部与颈部"泾渭分明"
2.画眼线	使眼神生动有神,并且更富有光泽	①笔法先粗后细,由浓而淡; ②上眼线从内眼角向外眼角画; ③下眼线从外眼角向内眼角画	①一气呵成,生动而不呆板; ②上下眼线不可在外眼角处交会
3.施眼影	强化面部立体感,使双眼明亮传神	①选择与个人肤色适合的眼影; ②由浅而深,施出眼影的层次感	①眼影色彩不宜过分鲜艳; ②工作妆应选用浅咖啡色眼影
4.描眉形	突出或改善个人眉形以烘托容貌	①修眉,拔除杂乱无序的眉毛; ②逐根眉毛描眉形	①使眉形具有立体感; ②注意两头淡、中间浓,上边浅、下边深
5.上腮红	使面颊更加红润,轮廓更加优美,显示健康活力	①选择适宜的腮红; ②延展晕染腮红; ③扑粉定妆	①注意腮红与唇膏或眼影属于同一色系; ②注意腮红与面部肤色过渡自然
6.涂唇彩	改变不理想的唇形,使双唇更加娇媚	①用唇线笔描好唇线; ②涂好唇膏; ③用纸巾吸去多余的唇膏	①先描上唇,后描下唇,从左右两侧沿唇部轮廓向中间画; ②描完后检查一下牙齿上有无唇膏的痕迹
7.喷香水	掩盖不雅体味,使之清香怡人	①选择适宜的香水类型; ②喷涂于腕部、耳后、颌下、膝后等适当处	①香水切勿使用过量; ②香水气味应淡雅清新

【小贴士】

化妆水介绍

化妆水是爽肤水、紧肤水、调理水、柔肤水和洁肤水的统称。

(1)爽肤水。涂抹的感觉比较清爽,能补充肌肤的水分。

(2)紧肤水,也称收敛水。其最大的功效在于细致毛孔,有效平衡油脂分泌。特别针对需要收敛毛孔的油性皮肤或缓和性肌肤的T字部位设计,其他肌肤并不适合使用,因为它通常含有酒精成分。

(3)调理水。其作用是调整肌肤的酸碱值,肌肤在正常状态下呈弱酸性,洗完脸后,用调理水将肌肤恢复到弱酸性。

(4)柔肤水。比较起来,它比较滋润,给予肌肤细致的呵护,可以软化角质层,增强肌肤吸收滋润护肤品的能力。

(5)洁肤水。除了洗脸可以清洁肌肤之外,有一些"水"还能再次清洁脸部的残余污垢,等于是洁肤的保障。

购买化妆水的时候可以这样区分:油性皮肤使用紧肤水,健康皮肤使用爽肤水,干性皮肤使用柔肤水。对于混合皮肤来说,T字部位使用紧肤水,其他部位使用柔肤水和爽肤水皆可。敏感皮肤则可以选用敏感水或修复水,而要想美白的话就可以选用美白化妆水。

【小故事】

百变公主

小李是一名刚刚走上工作岗位的大学毕业生,对新的职场生活充满了憧憬与期待。为了尽快地融入职场,她在家人的支持下添置了不少行头,有职业装、化妆品、配饰等,可以说是应有尽有。可是每天早上上班前的化妆是她最痛苦的事情,一是花费时间多,二是她根本不知道自己适合化什么样的妆,每次都弄得很花,有时自己感觉很尴尬。有一次她还被一名男同事笑话是百变公主。还有一次她使用了咖啡色的眼影,吓坏了同事们。她也很苦恼,本来想用深色眼影让自己的脸看起来立体感强一些,为什么适得其反呢?

资料来源:佚名.职场礼仪[EB/OL].[2017-08-13].http://www.doc88.com/p-2002062983874.html.

3. 妆后检查

(1)检查左右是否对称。眼、眉、腮、唇、鼻侧等的两边形状、长短、大小、弧度是否对称,色彩浓淡是否一致。

(2)检查过渡是否自然。脸与脖子、鼻梁与鼻侧,腮红与脸色、眼影、阴影层次等过渡是否自然。

(3)检查整体与局部是否协调。各局部是否缺漏、碰坏,要符合整体要求,该浓该淡是否达到应有效果。整个妆面是否协调统一。

(4)检查整体是否完美。化妆要忌"手镜效果",即把镜子贴近脸部检查。虽然这样会看清细小的部分,但一般人只是在1米之外的距离与你面谈或招呼,所以要在镜前50厘米处审视自己,对脸部整体的平衡做出正确的判断。

【小案例】

补妆与化妆

一家公司最近来了一个秘书小王,她在工作方面没有什么问题,人也非常勤快,可就是给人不太得体的感觉。一天,快到中午时,小王气喘吁吁地从外面办事回到公司,满头大汗。她像个假小子一样拿手擦了擦汗就开始给客户打电话,同事见她还有些头发沾在眼角边,便对她说:"小王,看你出了那么多的汗,去补个妆吧。"小王说"没什么",继续埋头干活。过了不久,小王又以一副新面孔出现在同事们的面前——她脸上的粉擦得那么厚,整个如戏台上的媒婆,差点吓同事一跳。

资料来源:佚名.秘书基础[EB/OL].[2018-12-06].http://www.doc88.com/p-1826405128753.html.

4. 化妆的禁忌

(1)切忌在公共场合化妆。在众目睽睽之下化妆是非常失礼的,这样做有碍于别人,也不尊重自己。

(2)女士不能当着男士化妆。如何让自己更加妩媚,应是每个女性的私人问题,即便是丈夫或男朋友,这点距离也是要有的,从某种意义上来说"距离"就是美。

(3) 不能非议他人的化妆。由于个人文化修养、皮肤及种族的差异,每个人对化妆的要求及审美观是不一样的,不要总认为只有自己的化妆才是最好的。在和他人交往的过程中,即便是好朋友,也不要主动去为别人化妆、改妆及修饰,这样做就是强人所难和热情过度。

(4) 不要借用别人的化妆品。如确实忘了带化妆盒而又需要化妆,在这种情况下除非别人主动给你提供方便,否则千万不要用别人的化妆品,因为这是极不卫生的,也是很不礼貌的。

(5) 男士使用化妆品不宜过多。目前,男士化妆品也越来越多,但男女有别。男士不能使用过多的化妆品,否则会给人带来不良的印象,不要让人感到你化妆后有"男扮女装"的感觉。

【小贴士】

如何卸妆

(1) 卸除睫毛膏。首先将假睫毛取下,如果你戴了假睫毛或隐形眼镜,一定要先将其取下。将化妆棉用眼部专用卸妆液蘸湿后对折,闭上双眼,两手各用两根手指将化妆棉上下压住眼睫毛,夹紧包住,注意,睫毛根处也不要忽略。等待3~5秒后,让化妆棉上的眼部专用卸妆液将睫毛上的睫毛膏完全溶解,然后轻轻将化妆棉往前拉出,以便顺势将溶解的睫毛膏拭去。通常睫毛膏无法一次完全去除,你可以更新化妆棉,将上面的步骤再重复一次,直至完全清除为止。

(2) 卸除眼影及眼线。取一片化妆棉,同样用眼部专用卸妆液将其蘸湿。闭上眼,将化妆棉用食指、中指与无名指夹紧,覆盖于眼皮上2~3秒。然后将化妆棉轻轻地往眼尾拉走,以顺势拭去眼皮上的眼影。如果因为使用了防水眼线而没有去除干净,可再重复一次。

(3) 卸除不沾杯唇膏。用面纸按压嘴唇,吸掉唇膏里的油分。将两片蘸满卸妆液的棉片叠在一起轻敷嘴唇,微笑使唇纹舒展。由外围向唇部中心垂直卸除,不要来回搓。打开嘴角,将棉片对折,清理容易遗落的残妆。

(4) 卸除面部妆容。将卸妆产品适量涂抹于脸上,用指腹轻轻按摩脸部,让卸妆产品将脸上的彩妆充分溶解。注意细小的地方,如鼻梁两侧、嘴角、发际等处也要彻底卸除。用面纸将脸上所有的东西拭去,如果一次不干净,同样的步骤可再来一次。

【小幽默】

化 妆

小眉的闺蜜很少化妆,这天两人聊天,小眉就问:"你咋不爱化妆呢?"

闺蜜一脸严肃地说:"我不化妆,别人说我丑,我可以说我是没化妆。可万一我化了妆,还有人说我丑,我就什么借口都没有了。"

资料来源:巴梨.化妆[J].故事会,2016(12).

三、发型美观

头发位于人体的"制高点",俗话说"美丽从头开始",发型构成了妆容美的重要内容。

现代社会，发型的功能不仅是区分性别、美化容颜，更能反映一个人的道德修养、审美水平、知识层次。有时，人们可以通过一个人的发型准确地判断出他的职业、身份、受教育程度、生活状况和卫生习惯，更可感受出其是否身心健康以及对生活和事业的态度。美观的发型能给人一种整洁、庄重、洒脱、文雅、活泼的感觉。

美的发型，使人在社交中增强自我的自信心，陶冶人们的情操，领略对生活的热爱。不同的发型，能带给人整洁、庄重、洒脱、文雅、活泼等不同的感觉。因而不同的气质、爱好、脸形、发质、年龄的人要针对自身情况，扬长避短，选择和修饰适合自己的发型。如图5-1所示，是深受世界人民喜爱的美国著名影星奥黛丽·赫本的经典发型。美发主要应注意以下几方面。

图 5-1　影星赫本的经典发型

1. 发型与脸形

发型与脸形的配合要点，主要是突出优点和遮盖缺点，达到美化面容的目的，如表 5-2 所示。

表 5-2　脸形与发型适配一览表

脸形	主 要 不 足	适 合 发 型	效 　 果
梨形	面颊与额较前额宽	短发，头发尽量梳高，并覆盖前额和太阳穴，紧贴双耳	使额与前额平衡，夸张前额
圆形	苹果般面孔和丰腴下巴	避免从中间分开头发，把头发都梳到一边，并盖住耳朵	由于头发不对称，脸看起来长些
方形	太显刚毅	头发不宜中间分开，特别是刘海可向侧吹起一个高坡，向后平掠，贴着耳朵	脸的轮廓变得柔和
瓜子脸	下巴显尖削	额前覆盖些头发，头发可在耳后散下	下巴丰润些

【小贴士】

如何利用发带改变发型

改变发型不一定大动干戈，一条或多条搭配的纤细发带，就可以让人眼前一亮、令人惊艳。

要领之一，根据发色来挑选发带的颜色。自然黑发的人不应该选墨绿、金棕、红色等比较暗调的颜色，这样会使发色更加暗淡，应挑选浅绿、米金、粉色系；而染了发色的人可以考虑暗调明调两色搭配：如墨绿搭配米白、深棕搭配米金，一明一暗，能显示出发型的层次感,让发质看起来更柔亮。

要领之二,根据头型确定戴发带的位置。头型浑圆且长的话可以将发带戴得倾斜一些,即从头顶向后脑勺倾斜,头型就不会显长;头型偏扁且短的人就不能自暴其短,应贴近额头的发际线和耳朵戴发带,位置靠前的戴法显得可爱些。

【小贴士】
用发型矫正面部缺陷的方法

(1) 遮盖法。以头发组成适当的线条或块面来改变脸形的不足,主要是在视觉上遮盖原来比较突出而不够完美的部分,冲淡突出的部分。

(2) 衬托法。主要将顶部和两侧的部分头发梳得蓬松或紧贴,以增加或减少某部分的块面,改变其轮廓。如圆形脸顶发向上梳得高而挺,下颌两侧紧缩些,脸形即有拉长感。脸形平扁时,发型的起伏要大,以增加脸形的立体感等。

(3) 填补法。利用头发或饰物来填补不足的部位。例如,头部有瘪塌部分,可用结扎蝴蝶结、发夹、插花或衬假发填补。

(4) 增美法。脸形肤色都很美时,则要求发型不能破坏自然美,而应该衬托或者增加自然美。

2. 发型与性别

对于男士来讲,头发的具体长度,有着规定的上限和下限。所谓上限,是指头发最长的极限。按照常规,一般不允许男子在工作时长发披肩,或者梳起辫子,在修饰头发时要做到:前发不覆额,侧发不掩耳。男士头发长度的下限是不允许剃光头。

对于女士来讲,在工作岗位上头发长度的上限是:不宜长于肩部,不宜挡住眼睛。长发过肩的女子在上岗之前,可以采取一定的措施,如将超长的头发盘起来、束起来、编起来,不可以披头散发。女士头发长度的下限也是不允许剃光头。

【小故事】
松下与理发师

日本著名跨国公司"松下电器"的创始人、被称为"经营之神"的松下幸之助,从前不修边幅,企业也不注重形象,因此企业发展缓慢。一次他到银座的一家理发室去理发,理发师看到他的形象后,毫不客气地对他说:"你对自己的容貌修饰毫不重视,就如同将你的产品弄脏似的。作为公司的代表,如果你不注意形象,产品能打开销路吗?"一句话将松下幸之助问得哑口无言。他将理发师的劝告牢记在心,从此以后对自己的外在形象十分重视,生意也随之兴旺起来。现在,松下电器的产品享誉天下,这与松下幸之助长期率先垂范,要求员工懂礼貌、讲礼节是分不开的。

资料来源:潘志华.精神决定成败[EB/OL][2017-05-19].https://www.docin.com/p-1928803554.html.

3. 发型与身材

发型设计不应只是简单增加或减少身高的作用。发型、脸形和身材应该是和谐一致的。有时单看某一款发型很漂亮,与脸形和肤色都配合得很好,可是站起来一看就感到美中不足了。原来是发型太短或太长,导致头长和身高比例失衡,或头宽与身宽比例不相宜。根据人体美学测量学的研究,头长和身高的比例应该为 1∶7.5～1∶8。只有遵循形式美法则才能使发型设计具有增加体型美或修补体型缺陷的效果。顾筱君总结发型与体型的配合大致有下列几种情况。①

(1) 身材矮小者的发型。身材娇小、脸形圆润的人会给人小巧玲珑之感,发型设计不宜破坏这种感觉。发型应以秀气、精致为主,避免粗犷、蓬松,否则会使头部与整个形体的比例失调,给人以大头小身体的感觉。烫发时应将花式、块面做得小巧、精致一些。或者选用偏分的短发或中长发,短发显得轻快活泼,富有青春魅力。身材矮小者也不适宜留长发,因为长发会使头显得大,破坏人体比例的协调性。留中长发时,可将发梢自然向里弯曲,任秀发自然飘逸。高耸的盘发可以增加身高错觉,但要视脸形或头长而定。

(2) 身材矮胖者的发型。矮胖体形的人给人一种丰满健康、充满活力之感。发型要协调这种健康的美感,造成一种有生气的健康美,譬如选择运动式发型。此外应考虑弥补缺陷,胖人脖子短,不宜留披肩长发,不宜烫卷发,不宜让头发过于蓬松或过宽,尽可能让头发向高度发展,显露脖子以增加身体的视觉高度。也可以盘头,或选择让头发向上蓬松发展的发型(也要视头长与身长比例而定)。

(3) 身材高瘦者的发型。高瘦体形的人细长而单薄,头部显小。若要弥补这些不足,发型就要求生动饱满,避免将头发梳得紧贴头皮,或将头发搞得过分蓬松,造成头重脚轻的印象。一般来说,高瘦身材的人比较适宜留长发和直发。应避免将头发削剪得太短薄,或高盘于头顶上。头发长至下巴与锁骨之间较理想,且要使头发显得厚实、有分量。也可将长发盘起,梳理成高雅的发髻,优雅而别致。发型的轮廓宜保持圆形或烫出有波浪的卷曲状并层次分明,也可将头发后梳显露丰满的面庞。

(4) 身材高胖者的发型。男人的高大是一种魁梧,给人一种力量美,但高大对女子来说就会缺少苗条、纤细的美感。除了以服饰及化妆设计予以矫正外,发型设计也有一定的美化效果。为适当减弱这种高大感,发式上应以大方、简洁为好。高大妇女的发型一般以直发为主,以长发或中长发、大波浪卷发为好,即使做卷发也应服帖、紧凑;也可以做盘发或简单的短发,发型应简洁明快,线条流畅、大方、奔放、洒脱,不要追求繁杂的花样,头发不要太蓬松。总的原则是简洁、明快,线条流畅。

另外,如果上身比下身长,或上下身等长,则发式可选择长发以遮盖其上身;如果肩宽臀窄,就应选择披肩发或下部头发蓬松的发式,以发盖肩,分散肩部宽大的视角;若颈部细长,可选择长发的发式,不适宜采用短发式,以免使脖颈显得更长;若颈部短粗,则适宜选择中长发式或短发式,以分散颈粗的感觉。

总之,进行发式选择时,必须根据自己的身材,选择一个与之相称的发型。

---

① 顾筱君.21世纪形象设计教程[M].北京:机械工业出版社,2012.

【小贴士】

发型与职业

根据职业的需要，设计一个很理想的发型对每个人都非常重要。以下是几种常见职业的发型。

（1）教师或机关人员的发型选择。发型要简洁、大方、朴素、明快，最好是剪成短发或烫后稍加修理。若是留成中长发，则可在自然蓬松的基础上以适宜的发卡装饰，给人以淡雅、端庄的感觉。

（2）公务人员或秘书的发型选择。由于社会活动较多，头发最好留得长一些，以便能经常变换发型。一般可以将头发烫成波浪或剪成披肩直发，这些发型稍加修饰或变动，即可适应多种场合。

（3）运动员或学生的发型选择。根据这类人员的职业特点，发型可以做成轻松活泼的短发，若留长发则扎成马尾状，看起来十分可爱、阳光，又易于梳理。

由于社会分工的不同，因而出现了各种不同的职业，所以设计出能衬托整体又能表现个性的发型，才能和谐统一。

第二节　服饰礼仪

着装，是一种无声的语言，它能透露出一个人的个性、身份、涵养、经济状况、审美水平及其心理状态等多种信息。在人际交往中，着装直接影响到别人对你的第一印象，关系到对你个人形象的评价，因此，所谓三秒定乾坤的说法也不无道理。得体规范的服饰，可以更好地表现出对交际对象的尊重。它反映了自身良好的素质和修养，进而展示出企业良好的精神面貌和管理水平。

一、着装基本要求

1. 着装的个性协调

穿着的个性协调是指一个人的穿着要与他的年龄、体型、职业和所处的场合等吻合，表现出一种和谐，这种和谐能给人以美感。

（1）穿着要和年龄协调。在穿着上要注意你的年龄，与年龄相协调，不管是青年人还是老年人，都有权利打扮自己，但是在打扮时要注意，不同年龄的人有不同的穿着要求。年轻人的穿着应鲜艳、活泼、随意一些，这样可以充分体现出青年人的朝气和蓬勃向上的青春之美。而中、老年人的着装则要注意庄重、雅致、整洁，体现出成熟和稳重，透出那种年轻人所没有的成熟美。因此，无论你是青年、中年，还是老年，只要你的穿着与年龄相协调，都会使你显现出独特的美。

（2）穿着要与体型协调。关于人体美的标准，古今中外众说纷纭。有关专家综合我国人口的健美标准，提出两性不同的体型标准。女性的标准体型是：骨骼匀称、适度。其具体表现为：站立时头颈、躯干和脚的纵轴在同一垂直线上。肩稍宽，头、躯干、四肢的比例以及头、颈、胸的连接适度。以肚脐为界,上下身的比例符合"黄金分割"的1.618∶1,也可用近乎8∶5来表示。若身高160厘米,则其较为理想的体重是50~55千克,肩宽是36~38厘米,胸围是84~86厘米,腰围是60~62厘米,臀围是86~88厘米。男性的标准体型应基本遵循两臂侧平举等于身高的原则,若身高167~170厘米,则其较为理想的体重是68~70千克,胸围是95~98厘米,腰围是75~78厘米,颈围是30~40厘米,上臂围是32~33厘米,大腿围是55~56厘米,小腿围是37~38厘米。然而,在现实生活中,并非每个人的体型都十分理想,人们或多或少地存在着形体上的不完美或欠缺,或高或矮,或胖或瘦。若能根据自己的体型挑选合适的服装,扬长避短,则能实现服装美和人体美的和谐统一。

俗话说:"三分长相,七分打扮。"把握自己的体型特点,扬长避短,会让服饰弥补缺憾。具体应注意以下几点。

① 体型较胖的人,应是用冷色调的、小花型的、质地较软的面料。因为粗呢、厚毛料、宽条绒等会造成增加面积的效果。使胖人看起来更胖,给人一种笨重感。大花型面料有扩张效果,暖色、明亮的颜色也有扩张感,这都是体型较胖者所不宜选取的。

② 身材矮小的人,宜穿一色服装,最好鞋袜也同色。如爱穿花布,可选择清雅小型花纹为宜,衣领式样可取方领、V字领。裤子宜选用式样简单的传统式西裤,令腿显长。女士穿高跟鞋与颜色略深的丝袜,也能使双腿看上去较长,但不宜穿下摆有花纹的裙子。

③ 腰粗的人,可选择剪裁自然、曲线不明显的款式,或选肩部较宽的衣服。不宜穿紧腰式的裤子,或是把上衣掖在里面,避免使人特别注意你的腰部。不要穿松紧带裙子,以免看起来更胖。

④ 腿型不佳的人,可选择裙装与宽松的裤子。腿胖的女士可选有蓬松感的裙子和宽大的裤子,不宜穿对褶裙,以免更显腿粗;腿短的女士,穿裙装时选高腰设计加宽腰带,长裤则与上装同色。O形腿的人,应避免紧身裤,可穿质地优良的长裤或八分裤。裙长保持在膝盖以下。

此外,穿着还要和职业、环境、场合协调。

【小案例】

不要做肉粽

谢婷婷是某公司的总经理助理,平日里喜欢追赶潮流。她体态丰满,但喜欢穿紧窄的衣服,总是把自己穿得像个鼓鼓囊囊的肉粽一般。总经理多次旁敲侧击地劝她穿衣服宽松一点,可谢婷婷装聋作哑,依旧我行我素。鉴于她出色的工作能力,总经理也没有再追究下去。

一次,总经理让谢婷婷代他前去接待一位重要的女客户,为此,总经理特别嘱咐谢婷婷选一身合身的正式服装。谢婷婷倒是挑选了一身白色的简单款套装穿上,可衣服穿在她身上明显小了一号,腰部被勒得死死的,反而衬托出丰满的胸部,还是一如既往的"肉粽"形象。总经理本想叫谢婷婷回去换一套衣服,可一看时间来不及了,只得作罢。

到了约定地点,女客户一看到谢婷婷的打扮,眼里就闪过一丝惊讶的神色。在随后的谈话中,女客户总是顾左右而言他,明显带着轻视的神色,谢婷婷怒火中烧,却又不便发作。

事后,总经理对谢婷婷的着装大肆批评了一番,责令她立即改正,否则就走人。谢婷婷委屈不已,她不明白:"我不就是穿得紧身了一点吗,至于这么小题大做吗?"

资料来源:廖春红.中国式商务应酬细节全攻略[M].广州:广东人民出版社,2010.

2. 着装的色彩搭配

色彩是服装留给人们记忆最深的印象之一,而且在很大程度上也是服装穿着成败的关键所在。色彩对他人的刺激最快速、最强烈、最深刻,所以被称为"服装之第一可视物"。一般来讲,不同色彩的服饰在不同场合所产生的效果是不同的,为此,我们需要对色彩的象征性有一定的了解。

【小贴士】

服装色彩及其象征意义如表5-3所示。

表5-3 服装色彩及其象征意义一览表

色彩类型	色彩名称	象 征 意 义
暖色调	大红	活力、热情、活泼、兴奋、激情、奔放、喜庆、福禄、爱情、革命
	粉红	柔和、温馨、温情
	黄色	明快、鼓舞、希望、炽热、光明、庄严、明丽、希望、高贵、权威、富有朝气
	橙色	开朗、欣喜、活跃
冷色调	黑色	沉稳、庄重、冷漠、悲哀、静寂、死亡,或者刚强、坚定、冷峻、富有神秘感
	浅蓝	纯洁、清爽、文静、梦幻
	深蓝	自信、沉静、平静、深邃、安详
中间色	黄绿色	安详、活泼、幼嫩
	灰色	中立、和气、文雅
	红紫色	明艳、夺目
	紫色	华丽、高贵、谦和、平静、沉稳、亲切
过渡色	粉色	活泼、年轻、明丽而娇美
	白色	朴素、高雅、明亮、纯洁、神圣、恬淡,或者空虚、无望
	淡绿色	生命、鲜嫩、愉快、青春、自然、朝气

(1)色彩的搭配方法。这包括如下方法。

① 统一法,即配色时尽量采用同一色系中各种明度不同的色彩,按照深浅不同的程度搭配,以便创造出和谐感。例如,穿西服按照统一法可以选择这样搭配:如果采用灰色色系,可以由外向内逐渐变浅,深灰色西服—浅灰底花纹的领带—白色衬衫。这种方法适用于工作场合或庄重的社交场合。

② 对比法,即在配色时运用冷色、深色,明暗两种特性相反的色彩进行组合的方法。它可以使着装在色彩上反差强烈,静中求动,突出个性。但有一点要注意,运用对比法时忌讳上下1/2对比,否则会给人以拦腰一刀的感觉,要找到黄金分割点即身高的1/3点上(即穿衬衣从上往下第四、第五个扣子之间),这样才有美感。

③ 呼应法,即在配色时,在某些相关部位刻意采用同一色彩,以便使其遥相呼应,产生美感。例如,在社交场合穿西服的男士讲究三一律。所谓三一律,就是男士在正式场合时

应使公文包、腰带、皮鞋的色彩相同,这就是呼应法的运用。

(2)正装的色彩。非正式场合所穿的便装,色彩上要求不高,往往可以听任自便,而正式场合穿的服装,其色彩却要多加注意。总体上要求正装色彩应当以少为宜,最好将其控制在三种色彩之内。这样有助于保持正装保守的总体风格,显得简洁、和谐。正装若超过三种色彩则给人以繁杂、低俗之感。正装色彩,一般应为单色、深色并且无图案。最标准的正装色彩是蓝色、灰色、棕色、黑色。衬衣的色彩最佳为白色,皮鞋、袜子、公文包的色彩宜为深色(黑色最为常见)。

此外,肤色也关系到着装的色彩,浅黄色皮肤者,也就是我们所说的皮肤白净的人,对颜色的选择性不那么强,穿什么颜色的衣服都合适,尤其是穿不加配色的黑色衣裤,会显得更加动人。暗黄或浅褐色皮肤(也就是皮肤较黑)的人,要尽量避免穿深色服装,特别是深褐色、黑紫色的服装。一般来说,这类肤色的人选择红色、黄色的服装比较合适。肤色呈病黄或苍白的人,最好不要穿紫红色的服装,以免使其脸色呈现出黄绿色,加重病态感;皮肤黑中透红的人,则应避免穿红、浅绿等颜色的服装,而应穿浅黄、白等颜色的服装。

3. 着装的场合选择

所谓穿着要注意场合,是指要根据不同场合来进行着装。在商务交际中,不同的场合有不同的着装。一般在商务谈判、重要的商务会议、求职面试等正规、严肃的正式场合。男士通常应穿西服套装(上下装面料相同、颜色相同)。纯黑色西服在西方通常用于婚礼、葬礼及其他极为隆重的场合。而正式的商务场合最常使用的西服套装颜色为深蓝色和深灰色,搭配白衬衫,这是国际商务场合男士的必备服装。女士在正式的商务场合中,与男士西装相对应的是西服套裙(上衣领子与男士西装领子相似)。

【小故事】

"游击队"遇到"正规军"

一次商务谈判中,甲方首席代表穿着灰色西装、白色衬衫、印花领带,与会代表则穿着不同颜色的夹克;而乙方首席代表穿着笔挺深蓝双排扣西装、浅蓝衬衫、金黄条纹领带,与会代表一律深蓝单排扣西装、蓝白条纹衬衫、蓝色领带。两队人马握手入座,根据服装颜色深浅,心理学分析,乙方组合较具谈判权威性,犹如正规军;甲方保守色系如游击队,气势弱了三分。最后乙方主动掌握先机。

资料来源:陈文汉.商务谈判实务[M].北京:电子工业出版社,2013.

二、男士西装穿着

1. 男士西装的选择

(1)选择合适的款式。西装的款式可分为英国、美国和欧洲三大流派。尽管西装在款式上有流派之分,但是各流派之间的差异并不很大,只是在后开衩的部位、扣子的排数、领子的宽窄等方面有所不同。不过,在胸围、腰围的胖瘦,肩的宽窄上还是有所变化的。因此,我们在选择西装时,要充分考虑到自己的身高、体型,如身材较胖的人最好不要选择瘦型短西装;而身材较矮者也最好不要穿上衣较长、肩较宽的双排扣西装。

（2）选择合适的面料和颜色。西装的面料要挺括一些。正式礼服的西装可采用深色（如黑色、深蓝、深灰等）颜色的全毛面料制作。日常穿的西装颜色可以有所变化，面料也可以不必讲究，但必须熨烫挺括。如果穿着皱巴巴的西装，会破坏自己的交际形象的。

（3）要选择合适的衬衣。穿着西装时，一定要穿带领的衬衣。花衬衣配单色的西装效果比较好，单色的衬衣配条纹或带格西装比较合适；方格衬衣不应配条纹西装，条纹衬衣也不要配方格西装。

（4）选择合适的领带。在交际场合穿西装必须打领带，领带的颜色、花纹和款式要与所穿的西装相协调。领带的面料以真丝为最优。

【小贴士】

领带的来历

领带起源于英国男子衣领下的专供男子擦嘴的布。工业革命前，英国也是个落后国家，人们吃肉时用手抓，然后大块大块地捧到嘴边去啃，成年男子又流行络腮胡子，大块肉一啃就把胡子弄油腻了，男人们就用袖子去擦。为了对付男人这种不爱干净的行为，妇女们在男人的衣领下挂了一块布专供他们擦嘴用，久而久之，衣领下面的这块布就成了英国男式上衣传统的附属物。工业革命后，英国发展成为一个发达的资本主义国家，人们对衣食住行都很讲究，挂在衣领下的布就演变成了领带。

2. 男士西装的穿着要点

（1）合体的上衣与衬衣。合体的西装上衣应长过臀部，四周下垂平衡，手臂伸直时上衣的袖子恰好过腕部，领子应紧贴后颈部。

穿西装时必须穿长袖衬衣，衬衣最好不要过旧，领子一定要硬扎、挺括，外露的部分一定要平整干净。衬衣下摆要掖在裤子里，领子不要翻在西装外，衬衣袖子应长于西装袖子。衬衫领子稍露出外衣领。衬衫的袖口也应长出外衣袖口1~2厘米。

（2）注意内衣不可过多。穿西装时切忌穿过多的内衣。衬衣内除了背心之外，最好不要再穿其他内衣。如果确实需要穿内衣，内衣的领圈和袖口也一定不要露出来。如果天气较冷，衬衣外面还可以穿上一件毛衣或毛背心，但毛衣一定要紧身，不要过于宽松，以免穿上显得臃肿，影响穿西装的效果。

（3）打好领带。正式场合的领带以深色为宜，非正式场合的领带以浅色、艳丽为好。领带的颜色一般不宜与服装颜色完全一样（参加凭吊活动穿黑西装系黑领带除外），以免给人以呆板的感觉。具体做法：一是领带底色可与西装同色系或邻近色，但两者色彩的深浅明暗不同，如米色西装配咖啡色领带；二是领带与西装同是暗色，但色彩形成对比，如黑西装配暗红色领带；三是一色的西装配花领带，花领带上的一种颜色尽可能与西装的颜色相呼应。

领带主要有以下五种打法[1]。

① 平结。平结为男士选用最多的领结打法之一，几乎适用于各种材质的领带。要诀：

---

[1] 选自 http://www.laonanren.cc/fuzhuang/20160317/18185.html, 2016-03-17

领结下方所形成的凹洞,需让两边均匀且对称,如图5-2所示。

图 5-2 平结

② 交叉结。这是适合单色素雅、质料较薄的领带选用的领结。对于喜欢展现流行感的男士不妨多加使用,如图 5-3 所示。

图 5-3 交叉结

③ 双环结。双环结能营造时尚感,适合年轻的上班族选用。完成后的特色就是第一圈稍露出第二圈之外,不要刻意盖住,如图 5-4 所示。

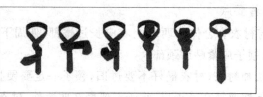

图 5-4 双环结

④ 温莎结。温莎结适用于宽领的衬衫。该领结应多往横向发展,避免材质过厚的领带,领结也勿打得过大,如图 5-5 所示。

图 5-5 温莎结

⑤ 双交叉结。这样的领结很容易给人一种高雅且隆重的感觉,适合正式活动场合选用。应多运用在素色且丝质领带上,若搭配大翻领的衬衫,不但适合,而且有种尊贵感,如图 5-6 所示。

领带结需靠在衣领上,但不能勒住脖子,也不能太往下,显得松松垮垮、不精神。领带系好后,垂下的长度应触及腰带,超过腰带或不及腰带都不符合要求。领带应用领带夹固

图 5-6　双交叉结

定。单排扣的西装在穿着时,由于不扣纽扣的时间较多,人在做动作的时候容易使领带飘起来,因此,穿单排扣的西装可以夹领带夹。领带夹应当夹在衬衣纽扣数下来第四五粒处。别针可以夹在西装左衣领上,约与第三粒衬衣纽扣齐平。如领带夹要与别针一起使用,应选用同款同色为宜。

【小故事】

细节决定胜负

某家大型企业面向北京各高校发出了招聘业务员的启事,希望能招到具有专业知识的有志青年,充实企业的第一线。根据收到的求职材料,企业招聘人员约见了一位经济管理专业的男生面试。这位男生身材微胖,个头不高。面试时,他面容修饰一新,衣着也十分正式,穿西装,系领带,但可能是为了舒服,他的领带松松垮垮地挂在脖子上,衬衣最上面一粒扣子也解开着。正是因为这一形象使他没有通过面试。一位人事总监说:"我认为你不可能仅仅由于系了一条领带而得到一个职位,但是我可以肯定系错了领带会使你失去一个职位。"

资料来源:佚名.面试技巧[EB/OL].[2011-09-30].https://www.docin.com/p-265956767.html.

(4) 裤子合体。西装的裤子要合体,要有裤线,裤长要触及脚面余 1～2 厘米。西装裤兜内不宜放沉东西。

(5) 鞋袜整齐。穿西装一定要穿皮鞋,而不能穿布鞋或旅游鞋。皮鞋的颜色要与西装相协调。皮鞋还应擦亮,不要蒙满灰尘。穿皮鞋还要配上合适的袜子,袜子的颜色应与西装颜色相同或者相近,切忌选配浅色的袜子。搭配正装的袜子应选用与西装外套同色系的深色棉袜,以干净、完整、合脚为宜。男士为避免在坐下时露出腿毛,应当选穿黑色或者深蓝色的不透明中长筒袜。

(6) 扣好扣子。不同的西装,扣子的系法不同,一定要按要求扣好扣子。

【小贴士】

西装纽扣的系法

如果穿单排一粒扣西装,扣与不扣均可。如果是单排两粒扣西装,扣子全部不扣表示随意、轻松;扣上面一粒,表示庄重,而全扣就不合适了。如果是单排三粒扣西装,扣子全部不扣表示随意、轻松;只扣中间一粒表示正统;扣上面两粒,表示庄重,全扣也是不对的。如果是双排扣西装,可全部扣,亦可只扣上面一粒,表示轻松、时髦,但不可不扣。如果穿三件套西装,则应扣好马甲上所有的扣子,外套的扣子不扣。

关于男士西装扣子的扣法还有"站时系扣,坐时解扣"的说法。男士在站立的时候,把西装扣好,这样在讲话、做手势的时候,西装才不会随着肢体乱跑,整体线条看起来更显干净利落。在坐着的时候,男士必须解开西装扣,如此西装才能随着身体的弧度,自然服帖地顺势而下,线条看起来比较流畅,也不会有束缚的感觉,才能舒适自在地坐在位子上。

在日常工作及非正式场合的社交活动中,男士可穿西服便装。西服便装上下装不要求严格配套一致。颜色可上浅下深,面料也可以上柔下挺。可以衬衫、领带配西裤,也可以不扎领带、不穿衬衫,而穿套头衫或毛衣。

标准的男士西装穿着如图 5-7 所示。

图 5-7　标准的男士西装穿着

【小贴士】

男士穿西装高水准三要求

- 三色原则:全身不要超过三个色系,尽量少,但别完全一样。
- 三一定律:鞋子、腰带、公文包一个颜色。最好皮鞋是黑色,代表庄重。
- 三大禁忌:男士有两种袜子不能穿——尼龙袜和白色袜子;穿夹克打领带等同外国的裤衩背心;左边袖子上的商标不拆代表未启封。

【小案例】

毁了一桩大生意的着装

某公司的老总到国外宣传推广自己的企业,来宾都是国际著名投资公司的管理人员,场面很正式。但听众们发现台上的老总虽然西装革履,裤脚下却露出一截棉毛裤的边,而且老总的黑皮鞋里是一双白色袜子。来宾们因此产生了疑问:这样一个公司老总能管好他的企业吗?这个公司的品质能保证吗?后来合作也就不了了之。

资料来源:佚名.商务谈判[EB/OL].[2010-10-11].https://www.docin.com/p-87223637.html.

问题:你能回答来宾们的疑问吗?

三、女士西服套裙穿着

【小故事】

女王的着装

1986 年英国女王伊丽莎白二世访问我国,走出机舱门第一个亮相,穿的是正黄色西服套裙,戴正黄色帽子,在阳光下显得非常绚丽、典雅。女王本人喜欢红色和天蓝色,很少穿黄衣服。但在中国,几千年的历史上黄色是皇帝的专用色。女王来中国访问穿正黄色裙装,既体现了自己高贵的气质,也显示了她作为一国君主的尊严与威仪,还表现出尊重中国传统文化习俗的友好姿态。

资料来源:佚名.服饰礼仪[EB/OL].[2017-12-30].https://www.docin.com/p-2066389683.html.

女士服装应讲究配套，款式较简洁，色彩较单纯，以充分表现出女士的精明强干、落落大方。

1. 选择合适的套裙

面料：最好是纯天然质地，又是质量上乘的面料。上衣、裙子及背心等应选用同一种面料。在外观上，套裙所用的面料，讲究的是匀称、平整、滑润、光洁，不仅有弹性、手感好，而且应当不起皱、不起毛、不起球。

色彩：应当以冷色调为主，借以体现出着装者的典雅、端庄与稳重。一套套裙的全部色彩不要超过两种，不然就会显得杂乱无章。

图案：按照常规，商界女士在正式场合穿着的套裙，可以不带任何图案。

点缀：不宜添加过多的点缀。一般而言，以贴布、绣花、花边、金线、彩条、亮片、珍珠、皮革等点缀或装饰的套裙都不适宜商界女士穿着。

尺寸：上衣不宜过长，下裙不宜过短。裙子下摆恰好达小腿最丰满处，乃是最为标准、最为理想的裙长。紧身式上衣显得较为正统，松身式上衣看起来则更加时髦一些。

造型：H形上衣较为宽松，裙子多为筒式；X形上衣多为紧身式，裙子大多为喇叭式；A形上衣为紧身式，裙子则为宽松式；Y形上衣为松身式，裙子多为紧身式，并以筒式为主。

【小贴士】

套裙的造型

H形套裙的主要特点是：上衣较为宽松，裙子多为筒式。这样一来，上衣与下裙便给人以直上直下、浑然一体之感。它既可以让着装者显得优雅、含蓄和帅气，也可以为身材肥胖者遮掩缺陷。

X形套裙的主要特点是：上衣多为宽肩紧腰式，裙子则大都是喇叭式。实际上，它是以上宽与下松来有意识地突出着装者腰部的纤细。此种造型的套裙轮廓清晰而生动，可以令着装者看上去婀娜多姿、楚楚动人。

A形套裙的主要特点是：上衣为紧身式，裙子则为宽松式。此种上紧下松的造型，既能体现着装者上半身的身材优势，又能适当地遮掩其下半身的身材劣势。不仅如此，它还在总体造型上显得松紧有致、富于变化和动感。

Y形套裙的主要特点是：上衣为松身式，裙子多为紧身式，并且以筒式为主。它的基本造型实际上就是上松下紧。一般来说，它意在遮掩着装者上半身的短处，同时体现出下半身的长处。此种造型的套裙往往会令着装者看上去亭亭玉立、端庄大方。

款式：套裙款式的变化主要体现在上衣和裙子方面。上衣的变化主要体现在衣领方面，除常见的平驳领、驳领、一字领、圆领之外，青果领、披肩领、燕翼领等并不少见。裙子的式样常见的有西装裙、一步裙、筒式裙等，款式端庄、线条优美；百褶裙、旗袍裙、A字裙等，飘逸洒脱、高雅漂亮。

2. 选择与套裙配套的衬衫

与套裙配套穿着的衬衫，有不少的讲究。从面料上讲，主要要求轻薄而柔软，比如真丝、麻纱、府绸、罗布、涤棉等，都可以用作其面料。从色彩上讲，则要求雅致而端庄，不失女性的妩媚。除了作为"基本型"的白色外,其他各式各样的色彩,包括流行在内,只要不是过于鲜艳,并且与所穿套裙的色彩不相互排斥,均可用作衬衫的色彩。不过,还是以单色为最佳选择。同时,还要注意,应使衬衫的色彩与所穿套裙的色彩互相协调,要么外深内浅,要么外浅内深,形成两者的深浅对比。

3. 选择与套裙配套的内衣

一套内衣往往由胸罩、内裤以及腹带、吊袜带、连体衣等构成。它应当柔软贴身,并且起着支撑和烘托女性线条的作用。有鉴于此,选择内衣时,最关键的是要使之大小合适。

内衣所用的面料,以纯棉、真丝等面料为佳。它的色彩可以是常规的白色、肉色,也可以是粉色、红色、紫色、棕色、蓝色、黑色。不过,一套内衣最好同为一色,而且其各个组成部分宜为单色。就图案而论,着装者完全可以根据个人爱好加以选择。

内衣的具体款式甚多。在进行选择时,特别应当关注的是,穿上内衣之后,不应当使它的轮廓一目了然地在套裙之外展现出来。

4. 选择合适的鞋袜

选择鞋袜时,首先要注意其面料。女士所穿的与套裙配套的鞋子,宜为皮鞋,并且以牛皮鞋为上品。同时所穿的袜子,则可以是尼龙丝袜或羊毛袜。

鞋袜的色彩有许多特殊的要求。与套裙配套的皮鞋,以黑色最为正统。此外,与套裙色彩一致的皮鞋也可选择。但是鲜红、明黄、艳绿、浅紫的鞋子,则最好莫试。穿着裙装时所穿的袜子,可有肉色、黑色、浅灰、浅棕等几种常规选择,只是它们宜为单色。多色袜、彩色袜,以及白色、红色、蓝色、绿色、紫色等色彩的袜子,都是不适宜的。

鞋袜在与套裙搭配穿着时,要注意其款式。与套裙配套的鞋子,宜为高跟、半高跟的船式皮鞋或盖式皮鞋。系带式皮鞋、丁字式皮鞋、皮靴、皮凉鞋等,都不宜采用。高筒袜与连裤袜,则是与套裙的标准搭配。中筒袜、低筒袜,绝对不宜与套裙同时穿着。

标准的女士套裙穿着如图 5-8 所示。

图 5-8 标准的女士套裙穿着

【小故事】

裙裤的麻烦

郑小姐在一家国内的公司工作。有一天,上级派她代表公司前往南方某城市参加一个大型的外贸商品洽谈会。为了给外商留下良好印象,郑小姐在洽谈会上专门穿了一件粉色的上衣和一条蓝色的裙裤。然而,正是她新置的这身服装,使不少外商对她敬而远之,甚至连跟她正面接触一下都很不情愿。

原来,国外商界人士一向崇尚传统,讲究男女着装有别,认为在正式场合以裙装为正装,而视着裤装为不务正业。

资料来源:佚名.形象礼仪[EB/OL].[2018-07-21].https://www.docin.com/p-2121519607.html.

【小贴士】
职业女士着装禁忌

无论是着正装还是休闲装，女士都要讲究文明着装。根据礼仪规范，女士着装要注意以下三个方面的禁忌。

一忌过分裸露。一般来说，凡可以展示性别特征、个人姿色的身体部位，或者令人反感、有碍观瞻的身体隐私部位，均不得有意暴露在外。胸部、腹部、背部、腋下、大腿是公认的着装时不准外露的五大禁区。在特别正式的场合，脚趾与脚跟同样也不能裸露。

二忌过分透薄。如果着装过于单薄或透亮，会让人十分难堪。女性尤其要高度重视这一问题，否则在社交中很容易使别人产生错觉，无意中还可能会受到轻薄之徒的性骚扰。

三忌肥瘦不当。一般来说，女士着装无论什么款式，大小必须合身。着装若是过于肥大，会显得无精打采，过于随意懒散；着装若是过于瘦小，不仅会让人觉得拘谨小气和不自然，还会给行动带来诸多不便。

第三节 仪态礼仪

仪态，又称"体态"，是指人的身体姿态和风度。姿态是身体所表现的样子，风度则是内在气质的外在表现。人的一举手、一投足、一弯腰乃至一颦一笑，并非偶然的、随意的。这些行为举止自成体系，像有声语言那样具有一定的规律，并具有传情达意的功能。人们可以通过自己的仪态向他人传递个人的学识与修养，并能够以其交流思想、表达感情。

在交际中，仪态是极其重要、有效的交际工具，它用一种无声的语言向人们展示出一个人在道德品质、人品学识、文化品位等方面的素质和能力。用优良的仪态礼仪表情达意，往往比语言更让人感到真实、生动。所以，我们在交际中必须举止优雅，做到仪态美。

一、体态

1. 站姿

俗话说："站如松。"站姿是人类的一种象征，男子的站姿如"劲松"之美，具有男子汉刚毅英武、稳重有力的阳刚之美；女子的站姿如"静松"之美，具有女性轻盈典雅、亭亭玉立的阴柔之美。正确的站姿是自信心的表现，会给人留下美好的印象。

（1）标准的站姿。标准的站姿，从正面看，全身笔直，精神饱满，两眼正视（而不是斜视），两肩平齐，两臂自然下垂，两脚跟并拢，两脚尖张开60°，身体中心落于两腿正中；从侧面看，两眼平视，下颌微收，挺胸收腹，腰背挺直，手中指贴裤缝，整个身体庄重挺拔。

站姿的要领是：一要平，即头平正、双肩平、两眼平视。二是直，即腰直、腿直，后脑勺、背、臀、脚后跟成一条直线。三是高，即重心上拔，看起来显得高。标准站姿如图5-9和图5-10所示。

（2）不同场合的站姿。在升国旗、奏国歌、接受奖品、接受接见、致悼词等庄严的仪式场合，应采取严格的基本站姿，而且神情要严肃。在发表演说、新闻发言、做报告宣传时，为了减少身体对腿的压力,减轻由于较长时间站立双腿的疲倦,可以用双手支撑在讲台上,双腿轮流放松。主持文艺活动、联欢会时,应将双腿并拢站立,女士最好站成"丁"字步,让站立姿势更加优美。站"丁"字步时,上体前倾,腰背挺直,臀微翘,双腿叠合,玉立于众人间,富于女性魅力,如图 5-11 所示。门迎、侍应人员往往站的时间很长,双腿可以平分站立,双腿分开不宜超过肩。双手可以交叉或前握垂放于腹前;也可以背后交叉,右手放到左手的掌心上,但要注意收腹。礼仪小姐的站立,要比门迎、侍应更趋于艺术化,一般可采取立正的姿势或"丁"字步。如双手端执物品时,上手臂应靠近身体两侧,但不必夹紧,下颌微收,面含微笑,给人以优美亲切的感觉。

图 5-9　标准站姿(正面)　　图 5-10　标准站姿(侧面)　　图 5-11　"丁"字步站姿

【小贴士】

站姿与性格

双腿并拢站立者,给人的印象是可靠、意识健全、脚踏实地而且忠厚老实,但表面有时显得有点冷漠。

两腿分开尺余,脚尖略朝外偏的站姿,表现出站立者果断、任性、富有进取心,不装腔作势。

双腿并拢站立,一脚稍后,两足平置地面,则体现出站立者有雄心,性格暴躁,是个积极进取、极富冒险精神的人。

站立时一脚直立,另一脚弯置其后,以脚尖触地,则说明站立者情绪非常不稳定,变化多端,喜欢不断的刺激与挑战。

2. 坐姿

俗话说:"坐如钟。"坐姿是人际交往中人们采用最多的一种姿势,它是一种静态姿势。优雅的坐姿给人一种端庄、稳重、威严的美。

(1) 标准的坐姿。落座时,要坚持尊者为先的原则入座,不要争抢;通常侧身走近座椅,从椅子的左侧就座,如果背对座椅,要首先站好,全身保持站立的标准姿态,右腿后退一点,用小腿确定椅子的位置,上身正直,目视前方就座。用小腿落座时声音要轻,动作要缓。

落座过程中,腰、腿肌肉要稍有紧张感。女士着裙装落座时,要用双手从后拢平裙摆,不可落座后整理衣裙。

坐立时,上身正直而稍向前倾,头、肩平正,腰部内收,通常只坐椅子的1/2~2/3处,两臂贴身下垂,两手可以搭放在椅子扶手上,无扶手时,女士右手搭在左手上,放于腹部或者轻放于双腿之上;男子双手掌心向下,自然放于膝盖上。男士膝盖可以自然分开,但不可超过肩宽;女士膝盖不可以分开。女士要注意使膝盖与脚尖的距离尽量拉远,以使小腿部分看起来显得修长,只有脚背用力挺直时,脚尖与膝盖的距离才最远,在视觉上产生延伸的效果,会使小腿部分看起来修长,腿部线条优美。当与他人进行交谈时,要注意不能只是转头,而应将整个上身朝向对方,以示对其重视和尊敬。

离座时要先以语言或动作向周围的人示意,方可站起,突然一跃而起会使周围的人受到惊扰;同落座时一样要注意按次序进行,尊者为先;起身时不要弄出响声,站好后才可离开,同样要从左侧离座。

人在坐着时,由臀部支撑上身,减少了两腿的承受力。由于身体重心下降,上身适当放松,可减轻心脏的负担。因此,坐姿是一种可以维持较长时间的姿势。它既是一种主要的白昼休息姿势,也是一般的工作、劳动、学习姿势,还是社交、娱乐的常见姿势。正因为这个缘故,坐姿要求端正、大方、舒展。标准坐姿如图5-12和图5-13所示。

图5-12 标准坐姿(正面)

图5-13 标准坐姿(侧面)

【小贴士】

坐姿与性格

心理学专家认为:将椅子转过去骑着坐的人显得自信好胜,但内心的防御性多半很强,不太爱与人交心。

喜欢抖腿的人多数聪明,反应快,接受能力强,但不是很有耐心,内心有浮躁或焦虑的一面,有时给人不够稳重的感觉。

端坐在椅子前半部分的人一般性格内向,谦虚有礼,善于倾听、体谅别人,他们多半个性成熟、亲和力强,容易受人信赖。

双腿张开,伸得很长的人一般性格外向、开朗、不拘小节,但有时比较傲慢、霸道、支配性强,容易发脾气、耍性子,不愿退让。

前胸紧靠桌子,双腿并拢的坐姿显得内向、拘谨、有些害羞,不够自信,这样的人多半不太果断,缺乏灵活性。

跷二郎腿的人通常自在随性,有时有些自大,喜欢挑剔,喜欢对别人的事指手画脚,爱给人提建议。

双腿自然分开,手放腿上的坐姿是古代男性的标准坐姿,体现出闲适、儒雅的气度。这种人通常稳重,值得信赖。

喜欢靠着椅背的人可能性格慵懒、散漫,做事拖沓,对自己要求不高,但对别人也比较宽容。

了解这些由无声语言"坐姿"所传递出的不同信息,将给我们带来不同的影响。

(2) 不同场合的坐姿。谈判、会谈时,场合一般比较严肃,适合正襟危坐,但不要过于僵硬。其要求上体正直,端坐于椅子中部,注意不要使全身的重量只落于臀部,双手放在桌上、腿上均可,双脚为标准坐姿的摆放。倾听他人教导、传授知识、指点时,如对方是长者、尊者、贵客,坐姿除了要端正外,还应坐在座椅、沙发的前半部或边缘,身体稍向前倾,表现出一种谦虚、迎合、重视对方的态度。在比较轻松、随便的非正式场合,可以坐得轻松、自然一些,全身肌肉可适当放松,可不时变换坐姿,以做休息。

【小贴士】

使用计算机时的坐姿

职场中绝大部分人士需要坐着使用计算机,究竟怎样坐才能既不累又美观,也是很多职场人士关注的问题,以下是几点提示。

(1) 上半身应保持颈部直立,以使头部获得支撑,两肩自然下垂,上臂贴近身体,手肘弯曲呈90°。操作键盘或鼠标时,应尽量使手腕保持水平姿势,手掌中线与前臂中线应保持直线状态。下半身腰部挺直,膝盖自然弯曲呈90°,并维持双脚着地的坐姿。

(2) 必须选择符合人体工学设计的桌椅,使用专用的电脑椅,坐在上面遵循三个直角:电脑桌下膝盖处形成第一个直角,大腿和后背成第二个直角,手臂在肘关节处形成第三个直角。肩胛骨靠在椅背上,双肩放松,下巴不要靠近脖子。两眼平视计算机屏幕中央,座椅最好有支持性椅背与扶手,并能调整高度。

(3) 计算机的摆放高度要合适。将计算机屏幕中心位置安装在与操作者胸部同一水平线上,最好使用可以调节高低的椅子。应有足够的空间伸放双脚,膝盖自然弯曲呈90°,并维持双脚着地,不要交叉双脚,以免影响血液循环。

3. 走姿

俗话说:"行如风。"这说的是走姿,走姿始终处于动态之中,体现了人类的运动之美和精神风貌。男式的走姿要刚健有力,豪迈稳重,有阳刚之气;女士的走姿要轻盈自如,含蓄飘逸,有窈窕之美。

(1) 标准的走姿。有人编了走路的动作口诀,体现了走姿的要领:双眼平视臂放松,以胸领动肩轴摆,提髋提膝小腿迈,跟落掌接趾推送。标准的走姿为:上身基本保持站立的标准姿势,挺胸收腹,腰背笔直,两臂以身体为中心,前后自然摆动。前摆约35°,后摆约15°,手掌朝向体内。起步时身子稍向前倾,重心落前脚掌,膝盖伸直,脚尖向正前方伸出,行走时双脚踩在一条线的两侧。正确的行走,上体的稳定与下肢的频繁规律运动形成对比和谐,干净利落、鲜明均匀的脚步,形成节奏感,前后、左右行走动作的平衡对称,都会呈现行走时的形式美。男子走路两步之间的距离要大于自己的一个脚长,女子穿裙装走路时要小于自己的一个脚长。正常的情况下步速要自然舒缓,显得成熟自信,男子行走的速度标准为每分钟步速108~110步,女子每分钟步速118~120步为宜。

(2)不同场合的走姿。参加喜庆活动,步态应轻盈、欢快、有跳跃感,以反映喜悦的心情;参加吊丧活动,步态要缓慢、沉重、有忧伤感,以反映悲哀的情绪;参观展览、探望病人,环境安谧,不宜出声响,脚步应轻柔;进入办公场所,登门拜访,在室内这种特殊场所,脚步应轻而稳;走入会场、走向话筒、迎向宾客,步伐要稳健、大方、充满热情;举行婚礼、迎接外宾等重大正式场合,脚步要稳健,节奏稍缓;办事联络,往来于各部门之间,步伐要快捷又稳重,以体现办事者的效率、干练;陪同来宾参观,要照顾来宾行走速度,并善于引路。

【小贴士】
不同走姿所反映的心理特征

心理学家史诺嘉丝发现,走路大步,步子有弹性及摆动手臂,显示一个人自信、快乐、友善及富有雄心;走路时拖着步子,步伐小或速度时快时慢则相反。喜欢支配别人的人,走路时倾向于脚向后踢高;性格冲动的人,就像鸭子一样低头急走;而拖着脚走路的人,通常是不快乐的或内心苦闷;女性走路时手臂摆得高,则显示出她精力充沛和快乐。

4. 蹲姿

俗话说:"蹲要雅。"蹲姿是人的身体在低处取物、拾物、整理物品、整理鞋袜时所呈现的姿势,它是人体静态美与动态美的综合。蹲姿要动作美观,姿势优雅。

(1)标准的蹲姿。其有如下要求:首先要讲究方位,当需要捡拾低处或地面物品的时候,可走到其物品的左侧;当面对他人下蹲时,要侧身相向;当需要整理鞋袜或于低处整理物品时可面朝前方,两脚一前一后,一般情况是左脚在前,右脚在后,目视物品,直腰下蹲。直腰下蹲后,方可弯腰捡低处或地面的物品,及整理鞋袜或低处工作。取物或工作完毕后,先直起腰部,使头部、上身、腰部在一条直线上,再稳稳站起。行蹲姿时,男士两腿间可留有适当的缝隙,女士则要两腿并紧,穿旗袍或短裙时需更加留意,以免尴尬。标准的蹲姿如图5-14所示。

图5-14 标准蹲姿

(2)蹲姿的种类。

① 高低式。这是常用的一种蹲姿,基本特征是双膝一高一低。此蹲姿男士、女士均可

使用。要领是：下蹲后，左脚在前，右脚在后；左脚完全着地，小腿基本垂直于地面；右脚要脚掌着地，脚跟提起；右膝要低于左膝，右膝内侧可靠于左小腿的内侧，形成左膝高右膝低的姿态；臀部向下，基本上以右腿支撑身体。女士应注意紧靠双腿，男士两腿之间可有适当的距离，如图5-15所示。

② 单膝点地式。这种蹲姿适用于男士，其特征是双腿一蹲一跪。它是一种非正式的蹲姿，多用于下蹲时间较长或为了用力方便时采用。要领是：下蹲后，右膝点地，臀部坐在脚跟之上，以脚尖着地；另一条腿全脚掌着地，小腿垂直于地面；双膝同时向外，双腿尽力靠拢，如图5-16所示。

③ 交叉式。这种蹲姿优美典雅，其基本特征是双腿交叉在一起，此蹲姿适用于女士。要领是：下蹲后，左脚在前，右脚在后，左小腿垂直于地面，全脚着地；左腿在上，右腿在下，两者交叉重叠，右膝从后下方伸向左前侧，右脚跟抬起，脚掌着地，两腿前后靠近，全力支撑身体；上身略向前倾，臀部朝下，如图5-17所示。

图 5-15　高低式蹲姿

图 5-16　单膝点地式蹲姿

图 5-17　交叉式蹲姿

二、表情

面部是最有效的表情器官，人的面部表情主要表现为眼、眉、嘴、鼻、面部肌肉的变化。这里主要介绍一下眼神和微笑。

1. 眼神

俗话说："眼睛是心灵的窗户。"眼睛是人体传递信息最有效的器官，而且能表达最细微、最精妙的差异，显示出人类最明显、最准确的交际信号。据研究，在人的视觉、听觉、味觉、嗅觉和触觉感受中，唯独视觉感受最为敏感，人由视觉感受的信息占总信息的83％。人的七情六欲都能通过眼睛这个神秘的器官显现出来。有一则这样的报道：一所重点中学举行百年校庆时，恰逢德高望重的老教师八十寿辰。这位老教师极富传奇色彩，他所教过的学生中，许多已成为蜚声海内外的教授、学者及活跃在时代前沿的IT精英。是什么原因使这位老教师桃李满天下呢？学校决定在百年校庆之际揭开这个谜底。于是，记者便对从该校毕业的各位成功人士，即这位老教师的学生做了一个调查，请他们谈一谈老教师的哪方面对他们的人生影响最大。结果，答案令记者等人很吃惊，他们出奇一致地认为，是老师的眼神给了他们前进的动力。因为这位老教师的眼神中时刻都流动着鼓励、肯定与信任，这是一笔不可估量的财富，也给了他们无穷的动力。

眼神礼仪的构成，一般涉及时间、角度、部位、方式等几个方面，如表5-4所示。

表 5-4　眼神礼仪

项目	眼 神 礼 仪
时间	友好：注视对方的时间应占全部相处时间的约 1/3
	关注：比如听报告、请教问题时，注视对方的时间应占全部相处时间的约 2/3
	轻视：注视对方的时间不到全部相处时间的 1/3，意味着对其瞧不起或没有兴趣
	敌意：注视对方的时间超过了全部相处时间的 2/3，往往表示可能对对方抱有敌意，或是为了寻衅滋事
	兴趣：注视对方的时间长于全部相处时间的 2/3 以上，还有另一种情况，即对对方本人产生了兴趣
角度	平视也叫正视。一般用在普通场合与身份、地位平等之人进行交往
	侧视是一种平视的特殊情况，即位于交往对象一侧，面向对方，平视着对方
	仰视即主动居于低处，抬眼向上注视他人，适用于面对敬重之人
	俯视即抬眼向下注视他人，一般用于身居高处之时。它可对晚辈表示宽容、怜爱，也可对他人表示轻慢、歧视
部位	注视对方双眼，表示重视对方，但时间不宜过久
	注视对方额头，表示严肃、认真、公事公办，适用于极为正规的公务活动
	注视眼部至唇部，是交际场合面对交往对象时所用的常规方法
	注视眼部至胸部，多用于关系密切的男女间
	注视眼部至腿部，它适用于注视相距较远的熟人，也表示亲近、友善，但不适用于关系普通的异性
	对他人身上的某一部位随意一瞥，可表示注意，也可表示敌意。多用于在公共场合注视陌生人，但最好慎用
方式	直视即直接地注视交往对象，它表示认真、尊重，适用于各种情况。若直视他人双眼，即称为对视。对视表示自己大方、坦诚，或是关注对方
	凝视是直视的一种特殊情况，即全神贯注地进行注视。它多用以表示专注、恭敬
	盯视即目不转睛，长时间地凝视其人的某一部位。它表示出神或挑衅，故不宜多用
	扫视，即视线移来移去，注视时上下左右反复打量。它表示好奇、吃惊，但不可多用，对异性尤其应禁用
	睨视，又叫睥视，即斜着眼睛注视。它多表示怀疑、轻视，一般应当忌用。与初识之人交谈时，尤其应当忌用
	眯视，即眯着眼睛注视。它表示惊奇、看不清楚，模样不大好看，故也不宜采用
	环视即有节奏地注视着不同的人员或事物。它表示认真、重视，适用于同时与多人打交道，表示自己"一视同仁"
	他视，即与某人交谈时不注视对方，反而望着别处。表示胆怯、害羞、心虚、反感、心不在焉，是不宜采用的一种眼神

【小贴士】

丰富的眉语

眉语十分丰富，仅眉毛的表情动作就有 20 余种，可以表达出不同的语义，如表 5-5 所示。在人际交往中，为了体现良好的教养，保持优美的形象，双眉应在自然平直的状态，不要皱眉、挑眉、改变眉的位置。

表 5-5　眉毛动作语义

动作	语义	动作	语义	动作	语义	动作	语义
扬眉	喜悦	横眉	轻蔑	喜眉	欢愉	挤眉	戏谑
展眉	宽慰	皱眉	为难	竖眉	愤怒	低眉	顺从
飞眉	兴奋	锁眉	忧愁				

2. 微笑

微笑是人际交往中最美丽的语言，是公共关系和商务礼仪中的亮点。保持一个微笑的表情、谦和的面孔，是表示自己真诚、守礼的重要途径。微笑是有自信心的表现，是对自己的魅力和能力抱积极的态度。微笑可以表现出温馨、亲切的表情，能有效地缩短双方的距离，给对方留下美好的心理感受，从而形成融洽的交往氛围。面对不同的场合、不同的情况，如果能用微笑来接纳对方，可以反映出你良好的修养和诚挚的胸怀。礼仪微笑如图 5-18 所示。

图 5-18　礼仪微笑

图片来源：http://www.sd.xinhuanet.com/news/2016-12/25/c_1120182442_3.htm

【小故事】

今天你对客人微笑了吗

美国的希尔顿酒店享誉世界，回头客众多，秘诀就在于微笑服务。其创始人康纳·希尔顿在 50 多年里不断到世界各地的希尔顿酒店视察，他经常问员工的一句话就是："今天你对客人微笑了吗？"并要求他们记住一个信条：无论酒店遇到何种困难，希尔顿酒店员工脸上的微笑永远是属于顾客的阳光。

资料来源：佚名.今天你对客人微笑了吗[EB/OL].[2011-05-12].https://www.docin.com/p-201628862.html.

正确地微笑，具体要做到以下几点。

（1）把握微笑的时机。在与对方交谈中，最好的微笑时机是在与对方目光接触的瞬间展现微笑，这样能够促进心灵的友好互动。

（2）把握微笑的层次变化。微笑有很多层次，有浅浅一笑、眼中含笑，也有哈哈大笑。在整个交谈过程中，微笑要有收有放，在不同时候使用不同的笑。如果一直保持同一层次的笑，表情就会显得僵硬、呆板，被对方认为是傻笑。

（3）注意微笑维持的时间长度。微笑的最佳时间长度以不超过 3 秒钟为宜，时间过长会给人假笑或不礼貌的感觉，过短则会给人皮笑肉不笑的感觉。

（4）根据场合而定。微笑的表情很有讲究，不同的场合适合不同深度的微笑。不同的笑，也可以显示不同的思想态度和感情色彩，产生不同的影响。在与别人交谈中，放声大笑或傻笑，都是非常失礼的，工作中把握好微笑的尺度，更能体现内在修养。

【小贴士】

正式场合笑的禁忌

在正式场合笑的时候，应力戒以下几种"笑"。

(1) 假笑,即笑得虚假,皮笑肉不笑。

(2) 冷笑,是含有怒意、讽刺、不满、无可奈何、不屑、不以为然等意味的笑。这种笑,非常容易使人产生敌意。

(3) 怪笑,即笑得怪里怪气,令人心里发麻。它多含有恐吓、嘲讽之意,令人十分反感。

(4) 媚笑,即有意讨好别人的笑。它亦非发自内心,而来自一定的功利性目的。

(5) 怯笑,即害羞或怯场的笑。例如,笑的时候,以手掌遮掩口部,不敢与他人进行目光交流。

(6) 窃笑,即偷偷地笑。多表示洋洋自得、幸灾乐祸或看他人的笑话。

(7) 狞笑,即笑时面容凶恶。多表示愤怒、惊恐、吓唬他人。此种笑容无丝毫的美感可言。

(5) 微笑要自然。有人指出,中国的礼仪习惯是笑不露齿;也有很多礼仪培训教材提出,微笑要露出6~8颗牙。其实微笑是一种个性化的表情,不应该以技术化、标准化的形式加以规定,对微笑要求表现得整齐划一是不符合礼仪之美的。职业人士进行微笑训练,不是尝试露出几颗牙,嘴角上提到几度位置,眼睛变化成哪种形状,而是要发现自己最美的每一个瞬间,展现出独特的气质,自信、勇敢、自然、真诚地去微笑。微笑的美在于文雅、适度、亲切自然。微笑要诚恳和发自内心,做到"诚于中而形于外",只有调整好自己的心态才能够表现出表里如一的微笑,切不可故作笑颜,假意奉承。在生活中用善良、包容的心对待他人,用敬业奉献的热情对待工作,微笑就是自然甜美的。

(6) 微笑要协调。微笑时要调动多部位器官协调动作,形成微笑的表情。微笑一般要注意以下四个结合。

① 口眼结合。要口到、眼到、神色到,笑眼传神,微笑才能扣人心弦。

② 笑与神、情、气质相结合。这里讲的"神",就是要笑得有情入神,笑出自己的神情、神色、神态,做到情绪饱满、神采奕奕;"情",就是要笑出感情,笑得亲切、甜美,反映美好的心灵;"气质"就是要笑出谦逊、稳重、大方、得体的良好气质。

③ 笑与语言相结合。语言和微笑都是传播信息的重要符号,只有注意微笑与美好语言相结合,声情并茂,相得益彰,微笑才能发挥它应有的特殊功能。

④ 笑与仪表、举止相结合。以笑助姿、以笑促姿,形成完整、统一、和谐的美。尽管微笑有其独特的魅力和作用,但若不是发自内心的真诚微笑,那将是对微笑的亵渎。有礼貌的微笑应是自然的坦诚的、内心真实情感的表露,否则强颜欢笑、假意奉承的"微笑"则可能演变为"皮笑肉不笑""苦笑"。如拉起嘴角一端微笑、使人感到虚伪;吸着鼻子冷笑,使人感到阴沉;捂着嘴笑,给人以不自然之感,这些都是失礼之举。

三、手势

手是人体上最富灵性的器官,如果说"眼睛是心灵的窗户",那么手就是心灵的触角,是人的第二双眼睛。手势在传递信息、表达意图和情感方面发挥着重要作用,生动形象的有声语言再配合准确的手势动作,必然能使交往更富有感染力、说服力和影响力。

1. 常见的手势

(1) 引领的手势。在各种交往场合都离不开引领动作,如请客人进门、请客人坐下、为客人开门等,都需要运用手与臂的协调动作。同时,由于这是一种礼仪,还必须注入真情实感,调动全身活力,使心与形体形成高度统一,才能做出色彩和美感。引领动作主要有以下几个表现形式。

① 横摆式。以右手为例:将五指伸直并拢,手心不要凹陷,手与地面呈45°角,手心向斜上方。腕关节微屈,腕关节要低于肘关节。动作时,手从腹前抬起,至横膈膜处,然后,以肘关节为轴向右摆动,到身体右侧稍前的地方停住。同时,双脚形成右丁字步,左手下垂,目视来宾,面带微笑,如图5-19所示。这是在门的入口处常用的谦让礼的姿势。

② 曲臂式。当一只手拿着东西、扶着电梯门或房门,同时要做出"请"的手势时,可采用曲臂手势。以右手为例:五指伸直并拢,从身体的侧前方向上抬起,至上臂离开身体的高度,然后以肘关节为轴,手臂由体侧向体前摆动,摆到手与身体相距20厘米处停止,面向右侧,目视来宾,如图5-20所示。

图5-19 横摆式引领手势

图5-20 曲臂式引领手势

③ 斜下式。请来宾入座时,手势要斜向下方。首先用双手将椅子向后拉开,然后一只手曲臂由前抬起,再以肘关节为轴,前臂由上向下摆动,使手臂向下成一斜线,并微笑点头示意来宾,如图5-21所示。

(2) 招呼他人。左手放于体侧,手臂伸直或成一条直线,右手向前向上抬起,手掌向下,屈伸手指作搔痒状或晃动手腕,如图5-22所示。这种手势在中国、欧洲的大部分地区以及拉丁美洲的许多国家都比较适用,但在美国、日本等国却与此相反,他们用掌心向上,

图5-21 斜下式引领手势

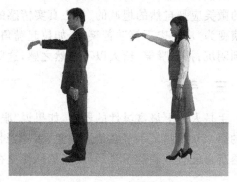

图5-22 招呼他人手势

向内屈伸手指作搔痒状或晃动手腕招呼别人,而在中国、塞尔维亚和马来西亚等国,这种手势却是用来召唤动物的。

(3) 挥手道别。要领:身体要站直,不晃动,目视对方。左手放于体侧,手臂伸直成一条直线,右手向前向上抬至与肩同高或略高于肩,手臂不可弯曲,掌心朝向对方,指尖朝向上方,五指并拢,手腕晃动,如图 5-23 所示。

(4) 指引方向。要领:当有人询问去处时,要先行站直,不可尚未站稳或在行走中指引方向。左手放于体侧,手臂伸直成一条直线,右手五指并拢,手掌翻转到掌心朝上,与肩平齐,直指准确方向。目光要随着手势走,指到哪里看到哪里,否则易使对方迷惑。指引方向后,右手手臂不可马上放下,要保持手势顺势送出几步,以体现对他人的关怀和尊敬,如图 5-24 所示。

图 5-23　挥手道别手势

图 5-24　指引方向手势

(5) 递接物品。要领:双手递送、接取物品,不方便双手时,也可用右手,但绝不可单用左手。双方距离比较远时,应起身站立,主动走近对方递送或接取物品。递送时最好直接递至对方手中并且要方便对方接取。递送有文字、图案、正反面的物品时,要正面向上且朝向对方;接取物品时,要缓而且稳,不要急欲抢取。如图 5-25 所示,为递物品示意图。递送带尖、带刃或其他易于伤人的物品时,应使其尖、刃等朝向自己或朝向他处,切不可朝向对方,如图 5-26 所示。

图 5-25　递物品

图 5-26　递笔、刀、剪子

(6) 展示物品。要领:应使物品在身体的一侧展示,不要挡住本人头部。展示的位置不同表明物品的意义不同：当手持物品高于双眼时，适用于被人围观时采用；当手持物品位于眼睛下方，胸部上方，双臂横伸时在肩至肘部以内时，给人以放心、稳定感；当手持物品位于眼睛下方，胸部上方，双臂伸直时在肘部以外时，给人以清楚感，通常在这个位置展示想让对方看清楚的物品；当手持物品位于胸部以下，给人以漠视感，通常展示不太重要或不太明显的物品时采用。如图5-27所示，为展示物品示意图。

（7）鼓掌。鼓掌是在观看文体表演、参加会议、迎候嘉宾时，表示赞赏、鼓励、祝贺、欢迎等情感的一种手势。要领是：以右手掌心向下有节奏地拍击左掌，不可左掌向上拍击右掌；不可右掌向左，左掌向右，两掌互相拍击。鼓掌时间要长短相宜，5~8秒为宜。

2. 常见手势语

（1）OK的手势。拇指和食指合成一个圆圈，其余三指自然伸张，如图5-28所示。这种手势在西方某些国家比较常见，但应注意在不同国家其语义有所不同。如在美国表示"赞扬""允许""了不起""顺利""好"；在法国表示"零"或"无"；在印度表示"正确"；在中国表示"零"或"三"两个数字；在日本、缅甸、韩国则表示"金钱"；在巴西则是"引诱女人"或"侮辱男人"之意；在地中海的一些国家则是"孔"或"洞"的意思，常用此来暗示、影射同性恋。

图5-27 展示物品

图5-28 OK的手势

【小故事】

OK手势闹出笑话

礼仪专家李荣建曾因为OK手势闹出笑话。他在上中学的时候，由于学校修路把侧门关闭了，就要绕很远去上课。有一次眼看就要迟到了，于是他决定翻墙进去，但学校明令禁止跳墙，经常派保安埋伏在墙下。他正犹豫不决的时候，看见一个同学刚好经过。隔着栅栏门，他小声问："墙底下有没有保安？"同学四下看看，也不说话，只是冲他比画了个OK的手势。他一见很高兴，如武林高手一般，攀住墙头，"噌"地一下翻了过去。就在他双脚落地之时，3个保安过来将他团团围住，二话不说，把他带到了保卫处。回到教室，李荣建十分生气地问那个同学："明明墙底下有3个保安，你怎么做OK的手势来骗我？"那位同学也十分气愤地说："你是真傻还是装傻呀？我这是中国手势，意思是墙下有3个保安！"可见，同一种手势在不同的地方就会有不同的含义，甚至不同的手势却是表示相同的含义。

资料来源：李荣建.社交礼仪[M].北京：清华大学出版社，2018.

(2) 伸大拇指手势。大拇指向上,在说英语的国家多表示OK之意或是打车之意;若用力挺直,则含有骂人之意;若大拇指向下,多表示坏、下等之意。在我国,伸出大拇指这一动作基本上是向上伸表示赞同、一流、好等,向下伸表示蔑视、不好等之意。伸大拇指手势如图 5-29 所示。

图 5-29　伸大拇指手势

(3) V 形手势。伸出食指和中指,掌心向外,其语义主要表示胜利(英文 Victory 的第一个字母);掌心向内,在西欧表示侮辱、下贱之意。这种手势还时常表示"二"这个数字。

【小故事】

小明的手势

小明刚上三年级,这天他考数学,考得挺好。放学回到家,他 90 多岁的太奶奶就问他:"今天考得咋样啊?"他说考得挺好,冲太奶奶做了个 V 字形手势,他太奶奶哪懂得洋手势的意思呀,说道:"哦,这孩子学习不行,考了个'鸭巴子'"。"鸭巴子"是方言,就是指得了 2 分,鸭子的形状比较像阿拉伯数字 2。第二天放学,太奶奶又问小明:"孩子,你今天考得咋样啊?"小明今天考的是语文,他考得也很好,就冲太奶奶做了一个 OK 的手势,他太奶奶还是不懂这个洋手势的意思,叹了口气,说道:"唉,这孩子学习不行,还不如昨天呢,考了个大零蛋!"

资料来源:张岩松.知书达礼——现代交际礼仪畅讲[M].北京:清华大学出版社,2016.

(4) 伸出食指手势。伸出食指在我国以及亚洲一些国家表示"一""一个""一次"等;在法国、缅甸等国家则表示"请求""拜托"之意。使用这一手势时,一定要注意不要用手指指人,更不能在面对面时用手指指着对方的面部和鼻子,这是一种不礼貌的动作,且容易激怒对方。

(5) 捻指作响手势。就是用手的拇指和中指弹出声响,其语义或表示高兴,或表示赞同,或是无聊之举,有轻浮之感。应尽量少用或不用这一手势,因为其声响有时会令他人反感或觉得没有教养,尤其是不能对异性运用此手势,这是带有挑衅、轻浮之举。

3. 克服不良的手势

手势是人的第二面孔,具有抽象、形象、情意、指示等多种表达功能,在使用手势和手势语时,以下不良的手势和手势语应注意克服;否则,将会给对方传达出不良的信息。

(1) 指指点点。工作中绝不可随意用手指对交际对象指指点点,与人交谈时更不可这样做。指点着别人说话,往往引起他人较大的反感。

【小案例】

错误的数数法

某日,小郑奔赴机场,准备接待当天到达的香港客户。小郑笑容可掬地站在机场出口,迎候客户到来。接着小郑按惯例开始清点人数:"1,2,3,4,…"小郑轻轻地念着,同时用手指点数客户。在接下来的接待中,小郑服务十分周到,但是他发现客户们还是有点不对劲。小郑百思不得其解。

资料来源:佚名.商务人员仪态礼仪[EB/OL].[2016-12-27].http://www.doc88.com/p-1866345139791.html.

(2) 随意摆手。在接待服务对象时,不可将一只手臂伸在胸前,指尖向上,掌心向外,左右摆动。这种动作的一般含义是拒绝别人;有时,还有极不耐烦之意。

(3) 端起双臂。双臂抱起,然后端在胸前这一姿势,往往暗含孤芳自赏、自我放松或置之度外、袖手旁观、看他人笑话之意。

(4) 双手抱头。这一体态的本意是自我放松,但在服务时这么做,则会给人以目中无人之感。

(5) 摆弄手指。工作中无聊时反复摆弄自己的手指,活动关节或将其捻响,打响指,要么莫名其妙地攥紧拳,或是手指动来动去,在桌面或柜台不断敲扣,这些往往会给人不严肃、很散漫之感,令人望而生厌。

(6) 手插口袋。这种表现会使客人觉得服务人员忙里偷闲,在工作方面并未尽心尽力。

(7) 搔首弄姿。这种手势,会给人以矫揉造作、当众表演之感。

(8) 不雅动作。在工作时,有人习惯性地做一些不雅动作,如摸脸、擦眼、搔头、挖鼻、剔牙、抓痒、搓泥,这会给别人缺乏公德意识、不讲究卫生、个人素质极其低下的印象。

(9) 勾指手势。请他人向自己这边过来时,用食指或中指竖起并向自己怀里勾,其他四指弯曲,示意他人过来,这种手势有唤狗之嫌,对人极不礼貌。

四、举止

一个人的举止端庄、行为文明、动作规范,是良好素养的表现,它能帮助个人树立美好形象,也能为组织赢得美誉;反之,则会损害组织形象。

【小故事】
一口痰毁了一项合同

中国长江医疗机械厂经过艰难的谈判,即将与美国客商约瑟(Jose)先生签订"输液管"生产线的合同。然而,在参观车间时,厂长陋习难改,在地上吐了一口痰。约瑟看后一言不发,掉头就走,只留给厂长一封信:"我十分钦佩您的才智和精明,但您吐痰的一幕使我彻夜难眠。一个厂长的卫生习惯可以反映一个工厂的管理素质,况且我们合作的产品是用来治病的,人命关天。请原谅我的不辞而别,否则上帝都会惩罚我的。"

资料来源:杨友苏,石达平.品礼:中外礼仪故事选评[M].上海:学林出版社,2008.

一口痰毁了一项合同,可见,日常举止是优美仪态的一个重要组成部分。端庄的举止、文明的行为体现在日常生活的方方面面,但交际中更要求人们的举止应有一定的约束。在交际中不拘小节、行为莽撞、举止失措的"冒失鬼"是不受欢迎的。因此,在交际中我们要努力克服以下不良举止。

1. 打呵欠

当你在与人谈话的时候,尤其是当对方在滔滔不绝地发表意见时,那时你也许感到疲倦了,但要按捺住性子让自己不打呵欠,因为这会引起交际对象的不快。打呵欠在社交场合中给人的印象是:你不耐烦了,而不是你疲倦了。

2. 掏耳和挖鼻

大家正在喝茶、吃东西的时候,掏耳的小动作往往令旁观者感到恶心。即使你想"洗耳恭听",此时此地也不是时候。同样,用手指挖鼻也是非常失礼的动作。

3. 剔牙

宴会上,谁也免不了有剔牙的小动作。既然这小动作不能避免,就得注意剔牙时不要露出牙齿,而且不要把碎屑乱吐一番。最好用左手掩嘴,头略向侧偏,吐出碎屑时用纸巾接住。

4. 搔头皮

有些头皮屑多的人,在社交场合也忍耐不住头皮屑刺激的瘙痒,而搔起头皮来。搔头皮必然使头皮屑随风纷飞,这不仅难看,而且令旁人大感不快。搔头皮这种现象在社交场合是非常失礼的。特别是在宴会上,或者较为严肃、庄重的场合,这种小动作是很难让人谅解的。

5. 双腿抖动

双腿抖动的小动作多发生在坐着的时候,站立时较为少见。这种小动作虽无伤大雅,但双腿颤动不停,会令对方觉得不舒服,而且给人情绪不安定感觉,这也是失礼的。同样,让跷起的腿钟摆似地打秋千也是相当难看的姿态。

【小故事】

我的财都被他抖掉了

有一位华侨,到国内洽谈合资业务,洽谈了好几次,最后一次来之前,他曾对朋友说:"这是我最后一次洽谈了,我要跟他们的最高领导谈,谈得好,就可以拍板。"过了两个星期,他和朋友相遇,朋友问:"谈成了吗?"他说:"没谈成。"朋友问其原因,他回答:"对方很有诚意,进行得也很好,就是跟我谈判的这个领导坐在我的对面,当他跟我谈判时,不时地抖着他的双腿,我觉得还没有跟他合作,我的财都被他抖掉了。"

资料来源:佚名.被抖掉的合同[EB/OL].[2018-11-14].http://www.cfszfgjj.com/lygs/982.html.

6. 频频看表

在与人交谈时,如果无其他重要约会,最好少看自己的手表。这样的小动作会使对方认为你还有什么重要的事情,会使谈话进行不下去;同时,你的这种小动作可能引起对方的误会,认为你没有耐心再谈下去。如果你确实有事在身,不妨婉转地告诉对方改日再谈,并表示歉意。

【小贴士】

根据身体语言理解对方的谈判意图

眼睛睁大,眉毛扬起,表示惊愕;眯着眼睛,皱着眉头,表示正在深思熟虑;不敢用眼睛正视对方,表示他有负疚感或隐瞒了什么;相互凝视,可能是含情脉脉,也可能是愤怒无比;

眼睛长时间停留在一个物体上,表示他心不在焉;用眼睛偷窥,说明他在看与不看之间纠结;双眼紧闭,则反映了他的孤傲。

脸红多数情况下表明人的害羞;面部放松,是对方信心在握的表示;面部抽搐,则是愤怒的表示;面部紧张,则说明存在对立情绪或心中的忐忑不安。

不露出牙齿的抿嘴微笑,常见于一个没有实际参与谈判的人,这是一种旁观者会心的笑;轻笑时露出牙齿,表明对方在征求意见或希望得到我方认可,也可能表示一种活跃气氛的愿望;张嘴大笑,则是一种发自内心的喜悦。

两手摊开表示坦诚、顺从或无可奈何;两手交叉放在胸前,暗示防御或敌意;掌心向上伸开手表示谦虚、诚实;掌心向下伸开手则表示压抑、控制;用食指点指对方,表示教训和侵略;不断玩弄手指表示拘谨和缺少信心。

身体各部分肌肉如果绷得紧紧的,可能是由于内心紧张、拘谨;身体向后倾斜15°以上表明极其放松;身体略微倾向于对方,表示热情和感兴趣;微微起身,表示谦恭有礼;身体后仰,显得若无其事和轻慢;侧转身子,表示嫌恶和轻蔑;背朝人家,表示不屑理睬;拂袖离去,则是拒绝交往的表示。

如果倾听者头侧向讲话者一边,表示他对你的讲话很感兴趣;如果低头看资料,表示对所讲的事情不太关心;十指交叉抱住后脑,是想显示权威和信心;双腿不停地交换姿势说明对讲话失去了兴趣;突然转身则表示拒绝和回避;如果你和人家见面时耷拉着脑袋、无精打采,对方就会猜想也许自己不受欢迎;如果你不正视对方、左顾右盼,对方就可能怀疑你是否有诚意。

随手扔名片或纸笔,说明缺乏应有的教养;在手中玩笔,表示对所谈的问题毫无兴趣或漫不经心;快速打开笔记本说明发现了重大问题;慢慢打开笔记本是为了表示对对方的关注;将眼镜摘下,反映身体疲劳或对讨论的厌倦;整理服饰或收拾东西,表明本次谈判可能要结束。

课后练习

1. 作为女士,每天出门前应对照以下的"女士仪容仪表自我检测"仔细审视自己,看看自己哪些方面需要改进,以养成良好的习惯。

女士仪容仪表自我检测

(1) 头发保持干净整洁,有自然光泽,不要过多使用发胶;发型大方、高雅、得体、干练,前发以不要遮眼、遮脸为好。

(2) 化淡妆:眼亮、粉薄、眉轻、唇浅红。

(3) 服饰端庄:不太薄、不太透、不太露。

(4) 领口干净,脖子修长,衬衣领口不过于复杂和花哨。

(5) 饰品不过于夸张和突出,款式精致、材质优良,耳环小巧、项链精细,走动时安静无声。

(6) 公司标志佩戴在要求的位置上,私人饰品不与之争夺别人的注意力。
(7) 衣袋中只放小而薄的物品,衣装轮廓不走样。
(8) 指甲精心修理过,不太长、不太怪、不太艳。
(9) 裙子长短、松紧适宜;拉链拉好,裙缝位正。
(10) 衣裤或裙子以及上衣的表面无明显的内衣轮廓痕迹。
(11) 鞋洁净,款式大方简洁,没有过多装饰与色彩,鞋跟不太高、不太尖。
(12) 衣服上没有脱落的头发和头皮屑。
(13) 丝袜无钩丝、无破洞、无修补痕迹,包里有一双备用丝袜。

2. 作为男士,每天出门前应对照以下的"男士仪容仪表自我检测"仔细审视自己,看看自己哪些方面需要改进,以养成良好的习惯。

男士仪容仪表自我检测

(1) 发型款式大方,不怪异,头发干净整洁,长短适宜,无浓重气味,无头屑,无过多的发胶、发乳。
(2) 鬓角及胡须已剃净,鼻毛不外露。
(3) 脸部清洁滋润。
(4) 衬衣领口整洁,纽扣已扣好。
(5) 耳部清洁干净,耳毛不外露。
(6) 领带平整、端正。
(7) 衣、裤袋口平整伏贴;衬衣袖口清洁,长短适宜。
(8) 手部清洁,指甲干净整洁。
(9) 衣服上没有脱落的头发和头皮屑。
(10) 裤子熨烫平整,裤缝折痕清晰;裤腿长及鞋面;拉链已拉好。
(11) 鞋底与鞋面都很干净,鞋跟无破损,鞋面已擦亮。

3. 根据自己的脸形、五官特征和皮肤状态,找到自己化妆时必须掩盖和修饰的部分及相应的解决方法。

4. 根据自己的脸形、头型、身材及性格等设计一款适合自己的发型。

5. 请根据你同学(同事)的脸形、形体和个性特点,给他(她)在服饰上提些合理化建议。

6. 服装美的最高境界是外在美和内在美的统一,你对这个问题是怎样理解的?请结合下面这个案例谈谈。

列夫·托尔斯泰的《安娜·卡列尼娜》一书中有这样一段情节:在安娜和渥伦斯基相识的舞会上,安娜穿着全黑的天鹅长裙,长裙上镶威尼斯花边,闪亮的边饰把黑色点缀得既美丽安详,又神秘幽深,这同安娜那张富有个性的脸庞十分相称。当安娜出现在舞会的门口时,吸引了在场所有人的视线,吉蒂看到安娜的装束后,也强烈地感受到安娜比自己美。安娜的黑色长裙在轻淡柔曼的裙海中显得高贵典雅、与众不同,也与安娜藐视世俗的个性融为一体。

7. 你对自己的仪态满意吗?请观察一下你周围人士的站姿、坐姿、走姿等方面存在什么问题,提醒自己避免出现这些问题。

8. 你的眼神是否充满自信和活力?怎样才能使你的眼神充满自信和活力?

9. 观察一下日常生活中各个微笑的脸,说说"微笑的脸"有哪些特征。

10. 今天你微笑了吗?试着每天清晨起床后,对着镜子整理仪容的同时,把甜美愉快的笑容留在脸上。

11. 人际交往中,有哪些手势语显得失礼且是我们要避免使用的?

12. 案例分析。

肯尼迪因何当选总统

1960年9月,尼克松和肯尼迪在全美的电视观众面前举行他们竞选总统的第一次辩论。当时,这两个人的名望和才能大体相当,可以说是棋逢对手。但大多数评论员预料,尼克松素以经验丰富的"电视演员"著称,可以击败比他缺乏电视演讲经验的肯尼迪。但事实并非如此。肯尼迪事先进行了练习和彩排,还专门跑到海滩晒太阳来养精蓄锐,结果,他在屏幕上出现时精神焕发、满面红光、挥洒自如。而尼克松没听从电视导演的规劝,加之他那一阵十分劳累,更失策的是面部化妆用了深色的粉,因而在屏幕上显得精神疲惫、表情痛苦、声嘶力竭。正如一位历史学家所形容:"让全世界看来,他好像是一个不爱刮胡子和出汗过多的人,在带着忧郁感等待着电视广告告诉他怎么不要失礼。"

资料来源:佚名.美国候选人梦碎电视辩论:尼克松因形象输给肯尼迪[EB/OL].[2012-07-19]. http://history.people.com.cn/n/2012/0719/c198306-18554560.html.

思考题:

(1) 肯尼迪因何战胜尼克松而当选总统?

(2) 仪容在社交中有何作用?

事 与 愿 违

郑伟是一家大型国有企业的总经理。有一次,他获悉一家著名的德国企业的董事长正在本市进行访问,并有寻求合作伙伴的意向。于是他想尽办法,请有关部门为双方牵线搭桥。

让郑总欣喜若狂的是,对方也有兴趣同他的企业进行合作,而且希望尽快与他见面。到了双方会面的那一天,郑总对自己的形象刻意进行了一番修饰。他根据自己对时尚的理解,上穿夹克衫,下穿牛仔裤,头戴棒球帽,足蹬旅游鞋。无疑,他希望自己能给对方留下精明强干、时尚新潮的印象。然而事与愿违,郑总自我感觉良好的这一身时髦的"行头",却偏偏坏了他的大事。

资料来源:佚名.职业礼仪与沟通[EB/OL].[2016-11-18]. http://www.doc88.com/p-9925261372576.html.

思考题:

(1) 郑总的错误在哪里?

(2) 郑总的德国同行对此会有何评价?

刘女士"充电"

近几年来，很多一线城市白领"充电"的概念，已经不再局限于参加一些职业培训、专业证书考试等，个人仪态的训练、审美情趣的培养，也被他们提上了学习日程。

外贸公司的销售员刘女士说，刚进公司的时候，她体型偏胖，仪态不佳，因此影响了工作状态。在形体培训中心，她了解到形体训练不仅是身材方面的训练，还包括了生活、工作中的仪态举止训练。经过培训，刘女士感觉收获很大，工作状态得到了有效的改善，工作业绩也因此有所提高。她说："以前只认为技术能力是事业发展的关键，现在才知道，个人仪态和气质也不容忽视。"

资料来源：佚名.仪态训练[EB/OL].[2004-10-26].https://society.dbw.cn/system/2004/10/26/017600488.shtml.

思考题：
(1) 请谈谈你对刘女士这一番话的感触。
(2) 在职场中应如何体现出良好的仪态？

第六章 交际礼仪

礼貌是人类共处的金钥匙。

——(西班牙)松内苏吉

有礼走遍天下,无礼寸步难行。必须学礼、知礼、守礼、讲礼,时时处处彬彬有礼。

——金正昆

学习目标

- 能够礼貌地使用电话进行沟通。
- 能够礼貌地使用手机进行沟通。
- 明确网络礼仪的基本规范。
- 能够礼貌地使用电子邮件进行网络沟通。
- 旅行符合礼仪规范。
- 迎送符合礼仪规范。
- 会见符合礼仪规范。
- 能够与交际对象得体地进行交谈。
- 签约符合礼仪规范。
- 参观活动符合礼仪规范。

案例导入

如此见面

小李今年刚大学毕业,在大华公司总经理办公室做秘书工作。一天,公司王总经理派他到机场去接广州明光公司销售部的吴丽晶经理。小李准时来到机场,在出口处吴经理见到小李手中的字牌,走到小李面前说:"你好!你是小李吧,我是吴丽晶!"小李连忙用不太标准的普通话说:"是的是的,我是小李,您好!您就是广州过来的狐狸精(吴丽晶)吧?我是王总派来接您的。我是东方大学行政管理专业毕业的研究生,现在是王总的秘书。"一边说一边伸手准备与吴经理握手。面对小李这样的称呼、这样的自我介绍、这样的握手方式,吴经理会是什么感觉呢?

资料来源:吴蕴慧,徐静.现代礼仪实务[M].上海:上海交通大学出版社,2011.

问题:小李在与吴经理见面中存在哪些礼仪问题?见面时应注意哪些礼仪?

第一节 通联礼仪

一、电话礼仪

【小贴士】

电话的语言要求

(1) 态度礼貌友善。当我们使用电话交谈时,我们不能简单地将对方视作一个"声音",而应看作面对一个正在交谈的人。如果你作为一名商务人员与交际对象是初次交往,那么,这样一次电话接触便是你给对方的第一次"亮相",应十分慎重。因此,在使用电话时,多用肯定语,少用否定语,酌情使用模糊用语;多用些致歉语和请托语,少用些傲慢语、生硬语。礼貌的语言、柔和的声音,往往会给对方留下亲切之感。正如日本一位研究传播的权威所说:"不管是在公司还是在家庭里,凭着个人在电话里的讲话方式,就可以基本判断出其'教养'的水准。"

(2) 传递信息简洁。电话用语要言简意赅,将自己所要讲的事用最简洁、明了的语言表达出来。因为通话的一方尽管有诸如紧张、失望而表情异常的体态语言,但通话的另一方不知道,他所判断的只是他听到的声音。在通话时最忌讳发话人吞吞吐吐、含混不清、东拉西扯。正确的做法是:问候完毕对方,立即开宗明义,直言主题,少讲空话,不说废话。

(3) 控制语速语调。通话时语调温和,语气、语速适中,这种有魅力的声音容易使对方产生愉悦感。如果说话过程语速太快,则对方会听不清楚,显得应付了事;太慢,则对方会不耐烦,显得懒散拖沓;语调太高,则对方听得刺耳,感到刚而不柔;太低,则对方会听不清楚,感到有气无力。一般说话的语速、语调和平常的一样就行了,即使是长途电话,也无须大喊大叫,把话筒放在离嘴2~3厘米的地方,正对着它讲就行了。另外通电话时,周围有种种异样的声音,会使对方觉得自己未受到尊重而变得恼怒,这时应向对方解释,以保证双方心情舒畅地传递信息。

(4) 使用礼貌用语。在电话交际中应使用礼貌用语,尤其是"你好""请""谢谢""对不起""再见"等十个字礼貌用语应该常用不懈。

1. 接听电话礼仪

(1) 及时接听。电话铃声一响,应该立即去接,最好不要让铃声响过三遍,即所谓的"铃响不过三"。若电话铃声响过数遍后才做出反应,会给人以不愉快的感觉。如果因为其他原因在电话铃声响三声之后才接起电话,在接起电话后首先要说声:"对不起,让您久等了!"在工作岗位上遇到距离自己较近的电话铃响的情况下,即便不是自己的专用电话,也应主动接听,帮助传达消息。

(2) 自报家门。接听电话时,首先要问好和自报家门,如:"您好,这里是×××公司,请问您找谁?"严禁以"喂"字开头,因为"喂"字表示是希望先知道对方是谁,在等着对方告诉你。而且，如果"喂"时语气不好，就极易让人反感。所以，接听电话时的问候应该是热情而亲切的"您好"。如果对方首先问好，则要立即问候对方，不要一声不吭，故弄玄虚。

（3）热情友好。接听电话要使用文明用语，要对对方礼貌、热情，态度要谦和、诚恳，语调要平和，音量要适中。可用"请问您找谁？""我能为您做什么？"等礼貌用语。对方说明要找的人，可回答"请稍等"，然后去找。如遇人不在，可婉转告诉对方："×××人不在办公室，请问您有什么事情需要转告吗？"假如要找的人正在开会，则应礼貌地告诉对方并让对方迟些时候再打过来。不要用生硬的口气说话，如"他不在""打错了""没这人""不知道"等。

（4）认真记录。代接他人电话时，若对方有重要事情转告或需要记录时，应认真予以记录，如时间、地点、联系事宜、需要解决的问题等。记录完毕后，应将重点内容复述一遍，以证实是否有误。电话记录还应包括对方的姓名、单位、联系方式、致电时间、是否需要回电等内容。之后还应注意向相关人员及时转达电话内容，不可延误。

（5）礼貌结束。要结束电话交谈时，一般应当由打电话的一方提出，然后彼此客气地道别，说一声"再见"，再挂电话，不可只管自己讲完就挂断电话。如果确实需要自己先行结束谈话，要向对方做出解释，并真诚致歉。通话完毕后，应等对方放下话筒后再轻轻放下电话，以示尊重。

【小案例】

接到不懂礼仪的人打来电话时……

总是有一些不懂得礼仪的人，在打电话时不考虑对方的感受，遇到这种情况时应如何应对呢？

（1）反复陈述型。接到"反复陈述型"的电话，应适时说："×先生，容我对您刚才所讲的做个总结，如果有遗漏或错误的地方，请随时更正或补充。"

（2）一心二用型。有的人在和你通电话时又和别人讲话。应付这样的人，可以建议他在不忙时和你见面再谈，或要求他重复刚刚说的话："×小姐，我这里听得并不是很清楚，请您再说一遍好吗？听起来您好像也在和其他人说话。"

（3）避重就轻型。当对方避重就轻时，你可以直接切入主题："×先生，您到底需要什么？我要如何才能帮您的忙？"

（4）喋喋不休型。接到"喋喋不休型"而又与己无关的电话，应立刻打断他的话："对不起，×太太，我不认为这件事我能帮什么忙，但听起来应该和我们的业务部有关，请您稍等，我帮您转业务部李小姐。"

【小案例】

问询员的委屈

北京某饭店的一位问询员，每天都要接到若干问询电话。一次，他接到驻外地的一位外商打来的长途电话，询问他夫人所住的房间号。问询员几经翻阅登记簿，未有其人，便如实相告。不料这位外商竟然用不怎么熟练的中国话骂了起来。问询员感到十分委屈，但考虑到对方可能是有急事，为急宾客之所急，便强忍委屈，继续查找。后来终于知道，原来这位外商的夫人是用另一个名字登记入住的。当外商谈完事后,又专门打电话向问询员道歉。

资料来源:佚名.旅游从业人员职业道德[EB/OL].[2018-10-06].https://wenku.baidu.com/view/df8d05309a6648d7c1c708a1284ac850ad0204e0.html.

2. 拨打电话礼仪

(1) 选好时间。打电话给别人,首先要注意选择好恰当的时间。通常情况下,公务电话最好避开临近下班以及用餐时间,因为这些时间段打电话,对方往往急于下班或用餐,极有可能得不到满意的答复。

公务电话应尽量打到对方单位,如果确实需要往家里打电话,则需避开吃饭以及睡觉的时间。通常,最佳打电话的时间是9:00—12:00;14:00—17:00;20:00—22:00。

如果知道对方的上下班时间,则应避免对方刚上班半小时或下班前半小时通话。

如果不是十万火急的情况,一般不要在节假日、用餐时间和休息时间给对方打工作电话。

若是拨打国外电话,则还应该注意时差。

(2) 事先通报。电话接通后,要先通报自己的姓名、身份,如:"您好,我是×××公司销售部小陈。"必要时,还要询问对方现在是否方便接听电话。若对方现在不方便接听电话,则应等对方方便时再打电话。

(3) 控制长度。打公务电话时,必须对电话的长度进行控制,基本要求是"以短为佳,宁短勿长",即所谓的电话礼仪的"三分钟原则"。

作为商务场合的电话,刚开始的寒暄是必不可少的,但是要点到为止,不能没完没了,本末倒置。

然后开门见山,直奔主题。特别是打重要电话或国际长途电话时,最好事先做好充分准备,把需要的谈话内容要点先罗列在纸上,打电话时就不会出现丢三落四的现象。

通话时要干脆利落,不要东拉西扯,既浪费时间,又给对方留下不良印象。

交谈完毕后,再简单复述通话内容,然后结束通话。

(4) 文明礼貌。通话过程中态度要热忱,吐字要清晰,语气要亲切。通话时要集中精力,不可边吃边说,更不可一边打电话一边同旁人聊天,或兼做其他工作,给人心不在焉的感觉。

打错电话时,要主动向对方道歉,不可一言不发,挂断了事。

无论哪方原因掉线,都应主动再打一遍,并说明原因,而不要等对方打来。

通话完毕时要说"再见""打扰您了"等礼貌性用语。

(5) 举止得体。通话时,要站好或坐端正,举止得体。不可以坐在桌角上或椅背上,也不要趴着、仰着、斜靠着或双腿高架着。

使用电话要轻拿、轻放。

不要在通话的时候把话筒夹在脖子下,抱着话机随意走动。

通话的时候,不要发声过高,免得让受话人承受不起,以正常、适中的音量就可以。

【小贴士】

拨打电话的空间环境考虑

拨打电话时,也应考虑自己所处的空间环境。

(1) 一般而言,工作电话在办公室内打,私人电话在家中打。

(2) 在电影院、音乐厅、剧院等公众场合时,无紧急情况不要拨打电话。

(3) 拨打电话时,要同时考虑及留意对方接听电话所处的空间环境。

(4) 谈论机密或敏感的商业问题时,应在保密性强、安静的环境中拨打电话,且在接通后询问对方是否方便。

【小案例】

一时口误遭冷遇

王先生在兴发公司购买的产品出了一点小问题,于是他打电话找该公司的业务员寻求解决办法。

王先生拨通了兴发公司的电话后,一时口误将兴发公司说成了倾鑫公司。兴发公司的业务员小李一听对方要找的是自己的竞争对手,于是冷冷地说了句"你打错了",还没等王先生回过神来,便"啪"地一下挂断了电话。对此,王先生觉得心里很不舒服。他之前购买产品时就是与业务员小李联系的,当时小李表现得温文尔雅,而这次就因为一时的口误,小李便表现出这副德行,实在令人寒心。此事之后,王先生再也不想购买兴发公司的产品了。

资料来源:佚名.商务通信礼仪[EB/OL].[2016-09-05].http://www.doc88.com/p-9824558780438.html.

3. 使用手机礼仪

手机是一种移动电话,它已成为现代商务人员使用最频繁的电子通信工具。商务人员在使用手机时,应当注意以下几个方面的礼仪。

(1) 遵守秩序。使用手机时不允许有意、无意之间破坏公共秩序,具体来说,此项要求主要是指以下几点。

在会议中或者和别人洽谈的时候,最好把手机关机,起码也要调到震动或静音状态。这样既显示出对别人的尊重,又不会打断发言者的思路。而那种在会场上铃声不断,像是业务很忙,使大家的目光都转向他的,实际给人的印象只能是缺少教养。

注重手机使用礼仪的人,不会在开车中、飞机上、剧场里、图书馆和医院里接打手机,即使在公交车上大声地接打电话也是有失礼仪的。

公共场合特别是楼梯、电梯、路口、人行道等地方,不可以旁若无人地使用手机,应该把自己的声音尽可能地压低一些,而绝不能大声说话,同时不要妨碍他人通行。

在一些场合,比如在看电影时或在剧院打手机是极其不合适的,如果一定要回话,采用静音的方式发送手机短信是比较适合的。

在餐桌上,手机关机或是把手机调到震动或静音状态是必要的。避免正吃到兴头上的时候被一阵铃声打断。

在体育比赛场馆观看射击等比赛项目,运动员需要安静的环境,这时也应注意使手机关机或处于静音状态。

(2) 考虑对方。给对方打手机时，尤其当知道对方是身居要职的忙人时，首先想到的是，这个时间他（她）方便接听吗？并且要有对方不方便接听的准备。在给对方打手机时，注意从听筒里听到的回音来鉴别对方所处的环境。如果很静，应想到对方在会议上，有时大的会场能感到一种空阔的回声，当听到噪音时对方就很可能在室外，开车时的隆隆声也是可以听出来的。有了初步的鉴别，对能否顺利通话就有了准备。但不论在什么情况下，是否通话还是由对方来定为好，所以"现在通话方便吗？"通常是拨打手机的第一句问话。其实，在没有事先约定和不熟悉对方的前提下，我们很难知道对方什么时候方便接听电话。所以，在有其他联络方式时，还是尽量不打对方手机好些。

不要在别人能注视到你的时候查看短信。一边和别人说话，一边查看手机短信，是对别人不尊重的表现。

当与朋友面对面聊天时，不要正对着朋友拨打手机，让对方心中不愉快。

(3) 注意安全。使用手机时必须牢记"安全至上"，否则不但害人，还会害己。要注意以下几点：不要在驾驶汽车时使用手机电话，或是查看短信内容，以防止发生车祸；不要在病房、油库等地方使用手机，免得手机发出的信号有碍治疗，或引发火灾、爆炸；不要在飞机飞行期间使用手机，否则极可能使飞机"迷失方向"，造成严重后果。

(4) 放置到位。在一切公共场合，手机在没有使用时，都要放在合乎礼仪的常规位置。不要在没有使用的时候放在手里或是挂在上衣口袋外。放手机的常规位置有：一是随身携带的公文包里，这种位置最正规；二是上衣的内袋里。有时候，可以将手机暂挂在腰带上，也可以放在不起眼的地方，如手边、背后、手袋里，但不要放在桌子上，特别是不要对着对面正在聊天的客户。

【小贴士】

网络电话的接打礼仪

网络电话就是运用软件通过无线网或是手机数据流量传输到开发者服务器，通过回拨方式连接打电话者和接电话者双方。无论是在公司的局域网内，还是在学校或网吧的防火墙背后，均可使用网络电话，实现计算机到计算机或者手机到手机等的自如交流，无论身处何地，双方通话时完全免费。网络电话应注意以下问题。

(1) 下载及安装的软件要正规。网络电话软件的品种很多，在很多平台都可以下载，而且只要是智能机就可以使用这些软件，总的来说使用还是非常方便的。但是我们也要注意到一点，就是下载软件时要尽可能地选择官网下载。如果是在非正规的网站下载，很有可能会出现中病毒的情况。为了我们的手机安全，一定要选择正规的下载渠道。

(2) 注册时按要求填写。注册的时候一定要填写自己的手机号码，如果没有填写正确的信息，那么使用的时候会出现问题。这样不仅影响正常使用，以后更换也会非常麻烦，所以建议在注册时就按要求认真填写。

(3) 多使用Wi-Fi网络。因为网络电话更多的是要依靠网络，在有Wi-Fi的情况下也非常经济，很多公用场所也有免费的Wi-Fi可以使用，从而能够轻松拨打电话。

(4) 接通时自报家门。使用网络电话拨号后，对方收到的电话显示的是网络号码，因此要先自报家门。杜绝使用网络电话拨打一些违反社会道德、法律的电话,如包括恐吓、诈骗、恶意骚扰、扰乱公共秩序、赌博、色情活动等内容的电话,如发现,应立即举报给公安部门。

(5) 不散播不良信息。利用网络电话时,不能出现侮辱、骚扰他人,涉及赌博、毒品、六合彩、色情类、宗教、政治及其他涉嫌违规的内容,不能有一些虚假广告,涉及个人隐私以及危害国家、社会、他人的短信等。一旦计算机检测出有不良的短信内容,账号可能会被锁定,余额也会被冻结,情节严重的,会被举报给公安部门。

二、网络礼仪

1. 网络礼仪的基本规范

(1) 充分尊重他人。当今,在互联网上交流已成为一种重要的交际方式。在互联网上人与人之间的交流,由于各种因素,双方往往难以完全正确理解对方所要表达的意思,这样就很容易使人际关系陷入"言者无心、听者有意"的困境。所以,在网络交往中更要充分尊重他人。

① 记住别人的存在。互联网为来自五湖四海的人们提供了一个交流的空间,这是高科技的优点。但往往也使得我们在面对计算机屏幕时忘了自己是在跟其他人打交道,忽略了其他人的存在,自己的行为也因此容易变得更粗劣和无礼。因此,有些话如果你当面不会说,那么在网络上也不要轻易说出口。现实生活中,有法律法规来约束我们的行为;在虚拟的网络世界里,尽管法律法规没有那么完善,同样有相应的条款来约束我们的行为。

② 尊重他人的隐私。别人与你的电子邮件或私聊的记录应该是隐私的一部分。如果你认识某个人用笔名上网,未经本人同意就不得将其真名公开。如果不小心看到别人打开的计算机上的电子邮件或秘密,不应该到处传播。

③ 尊重别人的时间。在提问题前,自己先花些时间去搜索和研究。可能同样的问题以前已经被问过多次,现成的答案随手可及,这样可免去别人为你寻找答案而消耗时间和资源。

(2) 注意言行举止。

① 网络留言文明。因为网络的匿名性质无法根据人的外观对其作出判断,网络语言就成为了解一个人的唯一途径。所以,在网络上留言要格外注意文明、礼貌、规范。如果你对某个领域不是很熟悉,就不要贸然开口。发帖前要仔细检查自己的用词和语法,不要说脏话和故意挑衅的话。网络交流不得使用攻击性、侮辱性的语言。对于常用的语言符号,应当熟练掌握,以便理解对方的意思;同时也要谨慎使用语言符号,以免对方不理解而导致交流障碍。

② 注意交流的语气。在谈话中听来有趣和合理的东西,变成书面语就可能会显得咄咄逼人、唐突甚至粗鲁。大多数人写网络信息时,都不像写普通书面文章时那么认真和注意修饰。实际上,在把信息发表到网上之前应该好好地检查一下。与此同时,你也应当认真阅读别人所写的内容,他们真正要表达的也许并不一定是你所理解的那种意思。

(3) 宽容他人错误。任何人上网都有一个从生疏到熟练的过程,作为新手都会有犯错误的时候。所以,当看到别人写错字、用错词,问一个低级问题或者写一篇没必要的长篇大论时,请不要太在意。如果真的想给别人建议,最好用留言私下提出。

(4) 网络上的争论可以说是一场"没有硝烟的战争"。其实这些争论都属于正常现象。注意的是争论时要以理服人,不要人身攻击和使用侮辱性的语言。

【小贴士】

文明上网自律公约

(中国互联网协会 2006 年 4 月 19 日)

自觉遵纪守法,倡导社会公德,促进绿色网络建设;
提倡先进文化,摒弃消极颓废,促进网络文明健康;
提倡自主创新,摒弃盗版剽窃,促进网络应用繁荣;
提倡互相尊重,摒弃造谣诽谤,促进网络和谐共处;
提倡诚实守信,摒弃弄虚作假,促进网络安全可信;
提倡社会关爱,摒弃低俗沉迷,促进少年健康成长;
提倡公平竞争,摒弃尔虞我诈,促进网络百花齐放;
提倡人人受益,消除数字鸿沟,促进信息资源共享。

2. 电子邮件礼仪

电子邮件又称 E-mail,是通过互联网进行信息交换的一种联络工具。它能够帮助人们以非常低廉的价格快速地传递信息,逐渐成为交际中不可或缺的联络手段。电子邮件礼仪即指在书写和收发邮件时应当遵守的礼仪规范。

(1) 电子邮件的书写礼仪。电子邮件的书写通常应按照纸质信函的格式进行。书写电子邮件时,还应当注意以下礼仪。

① 主题明确。添加邮件主题是电子邮件与纸质信函的主要不同之处。商务人员在撰写电子邮件时,一定要在主题栏设定一个邮件主题。该主题应明确、具体、提纲挈领,但不宜过长(如"关于洽谈会的准备事宜"等),以便收件人通过主题快速判断邮件内容的轻重缓急,减轻查找或阅读邮件的负担。

② 内容规范。与纸质商务信函一样,电子邮件也应当用语规范、内容完整。与此同时,电子邮件的书写还应注意以下两个方面:一是尽量避免使用晦涩难懂的缩略语,且不要使用网络用语和符号表情,以免影响商务信函的专业性和严肃性。二是在英文电子邮件中,切勿使用大写字母书写正文,以免被误解为态度恶劣或强硬。

③ 签名恰当。商务人员可在电子邮件的签名档中列入写信人的姓名、公司、电话、传真、地址等信息,还可列入个人的座右铭或公司的宣传口号等信息,但信息行数不宜过多,一般不超过 4 行。

④ 附件合理。商务人员可以通过电子邮件的附件发送整理成文档形式的文件,还可以发送照片、音频、视频等文件。在使用邮件的附件功能时,应在邮件的正文中对附件进行简要说明,并提示收件人查看附件。

若附件为特殊格式的文件,则应在正文中说明其打开方式,以免影响收件人查看。

应为附件设定有意义的文件名。当附件的数目较多(多于 2 个)时,应将其打包成一个压缩文件。

若附件容量较大(超过 25MB),则应事先确认收件人所使用的邮件服务系统有足够的容量收取,否则,应将附件分割成多个小文件分别发送。

(2)电子邮件的收发礼仪。在发送和接收电子邮件时,应当注意以下礼仪。

① 及时确认发送状态。发送电子邮件后,一定要及时确认邮件是否已经发送成功。确认邮件发送状态的方法通常有如下两种:一是检查被发送的邮件是否已显示在"已发送"列表中,若该列表中有显示,则表明发送成功;二是邮件发送几分钟后,检查邮箱中有无系统退信,若无系统退信则表明发送成功。

② 通知收件人。在发完电子邮件后,一定要打电话通知收件人查收并阅读邮件,以免耽误重要事宜。

③ 及时回复。收到重要或紧急的电子邮件后,通常应当在 2 小时内回复对方,以示尊重。对于一些不紧急的电子邮件,则可暂缓处理,但一般不可超过 24 小时。

回复邮件时,最好只将原件中相关的问题抄到回件上,然后附上结构完整的答复内容。若只回复"已知道""对""谢谢""是的"等,则是非常不礼貌的。

【小贴士】

令人反感的行为

曾有调查结果显示,以下几种行为最受电子邮件接收者反感:①转发伤风败俗的玩笑;②使用大写字母写邮件;③讨论敏感的个人问题;④对工作或老板抱怨不休;⑤就某问题争论不休;⑥不厌其烦地描述自己的不幸;⑦传播不负责任的流言蜚语;⑧随意批评他人;⑨详细谈论自己或者其他人的健康问题。

3. 微博礼仪

微博是近几年兴起的一种网络传播和交流的方式,其实就是一种通过关注机制分享简短信息的广播式的社交网络平台。微博可以相互关注,可以共享信息,可以交朋结友,而且使用起来极为方便和快捷,因而一经问世,立即风靡全网,现在依然是很受欢迎的私媒体和社交平台。

对话,是微博的基本形式。虽然大家在微博上彼此互动却不见其人,但微博绝非是一个纯虚拟空间。微博上的一言一行,都能体现出每个用户的不同学识、气质形象与品行素养。而企业的官方微博则更是一个直接的窗口,展现一家企业、一个品牌的内涵。因而,不论是个人的微博,还是企业组织的微博,都应特别注重方法技巧与礼仪规范。

(1)文明高雅,客观评论。对于个人微博,发布的信息语言一定要文明高雅,内容要清新可读,不可语言粗俗,更不可攻击他人,甚至公开骂人;生气时尽量不发微博,别让自己的心情影响到大家;发送前一定要检查是否有错别字,转发时必须确保自己了解这件事情,评论别人的微博时要了解原文,客观地发表自己的意见,不能信口雌黄,更不能随意骂人,语言粗俗,这些都是基本的发微博的礼仪。

(2)礼尚往来,互相关注。微博也是一个网络社交的平台,在微博上同样讲究礼尚往来,互相关注也是一种礼貌。一般来说我们会优先关注那些已经关注自己的人,那些回复自己消息的人,主要是获得心理的认知,感觉到互联网上有人关注你,体会到受人尊重的体验。如果你想和一个人交往,你不妨天天围着他的微博转,等到有一天混得脸熟,他会理会你,关注你。如果大家天天来关注你,你一直没有回复,时间久了,没有人再会理会你。也就是说,如果别人粉你(关注你),你也应当适时回访,也加上关注,"互粉"才是礼貌的。

(3)官方微博,注重形象。如果你将来在某企业就职,专门管理企业的微博,那就更需要讲究礼仪,这样才能树立企业的良好形象。因为从某种程度上来说,企业的官方微博就是企业形象的一个展示,甚至就是企业的形象。所以,维护好企业的官微,也就是维护好了企业的形象。虽然微博操作的权限属于具体的某一位员工,但操作者必须清楚,他的所言所行都是代表一个官方企业账号在公共的平台上互动交流。与公众的关系不再是"我"与"你",而是直接以企业的形象及相关权限身份与众人在线的会面。因此,在具体操作上应尽量减少和避免微博编辑和客服人员的个人行为,而遵循亲和、干练的职业化水准来进行。企业的官微要对大事件高度敏感,对一些公众最为关心或是当前的热点,不妨多加转发;对于一些公益活动,不妨积极参与并转发;对于企业客户,要全心全意服务,并从服务中提升企业的形象。

(4)语言文明,灵活互动。微博上的礼仪,大多数都是通过微博的发布、回复、评论及私信得以体现。发布微博的语言应当文明礼貌、生动、风趣。微博的文明用语,不仅仅有助于培养积极健康的心态,而且是一种热情、亲和、开放合作精神的体现。在微博互动时穿插趣味、生动性的回复,偶尔与大家开开玩笑,也会起到很好的效果。微博文字中的"小表情",也可很好地辅助传递情绪,体现人性化的感性内涵。如果一些敏感性问题不适合公开交流,那么不妨私信对方,同时要注意,如果没有必要进行私密沟通的事宜,应尽可能不以发私信的形式来处理,以免让对方产生反感,甚至是拉黑。

【小贴士】

微信商务礼仪十条

(1)昵称:建议使用真实姓名,最好带上你的公司名称或者产品名称,否则不能保证别人都对你过目不忘。

(2)头像:尽可能接近本人,这样见到你本人的时候容易对上号。

(3)签名:提供一些有用信息,免得别人还得问你。

(4)打招呼:不要说"你好",不要问"在不在啊",请直接说明来意。

(5)拉人进群:拉人进群之前一定要征求被拉对象的意见。

(6)群昵称:建议针对群的主题修改一下自己的群昵称,降低一下沟通成本。

(7)群名称:一个清晰明了的群名称容易让大家记住。

(8)朋友圈:建议多发一些积极、向上、有趣的内容。

(9)发数字:有时候发身份证号、电话号码、银行卡号等,尽量单独发一条信息,便于对方录入。

(10)邮件:对于比较重要的事情,尽量发邮件,发微信很容易被人遗忘。

资料来源:佚名.微信商务礼仪10条[EB/OL].[2018-06-30]. https://wenku.baidu.com/view/c92749f4c77da26924c5b02e.html.

第二节 旅行礼仪

一、旅行的准备

商务旅行的准备工作至关重要,具体包括如下两个方面的工作。

1. 制订商务旅行计划

(1) 确定旅行的任务。一次商务旅行需要完成多少任务,这些任务应有主次之分,主要任务是争取完成或必须完成的,次要任务是要兼顾的。

如主要任务可能是去参加一个洽谈会议,与对方达成某个贸易协议,为此可能还需宴请对方、举行谈判会议等。再有时间,可能顺便参观当地名胜古迹。

(2) 日程安排。要计划日程,为自己的行程列一个清单,列出出发时间、旅程路线、到达时间、所到目的地、顺访地和停留时间,以及各项活动的日程安排。有时要考虑季节变化,有时甚至要考虑调整生物钟以适应时差变化。如果是长途旅行,则应提前一两天到达目的地以让自己适应。当到美国或欧洲国家旅行时,应在日程里留出整天时间来调整时差和由于高速飞行而造成的生理节奏紊乱。

(3) 选择交通工具。交通工具分为火车、飞机、轿车、轮船、汽车等,在旅行前,一定要确定好将要选择的交通工具,然后预订票。

(4) 选择下榻的酒店。酒店需要提前预订,旅游旺季更需要提早预订,临行前对预订酒店还需要确认。如果因故旅行计划发生改变,就应该及时取消预订,以免产生不必要的费用。

2. 资料和用品的准备

【小贴士】

旅行装备的原则

(1) 精简原则。合理选择旅行服装是旅行轻松愉快的前提。外出旅行不需要太多的衣物,否则,携带起来比较辛苦。

(2) 美观原则。注重组合系列化、多样化及时装化,体现前所未有的服饰审美要求和消费观念,注重美观及情趣是旅行服饰的新特色。有了这种全新观念,就可以在衣橱中找出相对漂亮方便的服饰作为旅行装束。

(3) 舒适方便原则。旅行服饰要注意面料的舒适性。一般说,丝、棉、麻这些天然纤维透气滑爽,适于在夏天及长途旅行中贴身穿着。外衣面料则应以混纺人造纤维及合成布等不易皱、弹性佳、牢度强且洗涤方便的面料为主。

(1) 业务资料的准备。业务资料是商务人员展现自我的有效装备,也是商务人员完成旅行任务的必备品。因此,商务人员出发前要做好充分的准备,一定要带齐旅行所需的全部业务资料。常用的业务资料一般有以下几种。

① 样品。包括给客户展示、试用的商品实物,以吸引客户。

② 商品说明书。包括商品的文字、图片等说明资料,让客户对商品有详尽的了解。

③ 商品品牌目录。将其他厂商生产经营的同类商品目录尽可能搜集齐全,并印制成册,在客户了解其他品牌商品品质的基础上,便于介绍自己商品的优点。

④ 统计资料和图表。专门制作有关产量、销量、出口量、市场占有率等内容的统计资料和图表,使客户对商品和企业有更进一步的了解。

⑤ 企业介绍及公众舆论对本企业及企业产品的评价材料。权威机构的评价、报纸上的宣传、买主提货时兴高采烈的照片等。

⑥ 合同。随时准备同客户成交签约。

(2) 办公用品的准备。办公用品是商务人员在处理公务的时候,经常需要使用的一些备用品。它们不仅能为旅行带来方便,也是商务人员基本素质的体现。

① 公文包。公文包可用来放置需随身携带的贵重物品和重要的文件资料,但应注意公文包内的物品,应放置有序。应避免在外人面前拿包取物时,包内杂乱的物品一齐翻出仍找不着所需物品的混乱场面。

② 名片。需携带的名片应放在专门的名片盒内,名片盒可放在公文包内,使用时可随时从公文包内取出。对方赠送的名片,根据自己的工作需要分类后,放入专门的名片夹或名片册妥善保存。

③ 钢笔。随身携带一支好用的钢笔是十分必要的,因为在许多正规场合,只允许使用钢笔,圆珠笔、铅笔是不能代劳的。钢笔墨水的颜色宜选择纯黑或蓝黑。钢笔可放在公文包内或插在西装左侧的内袋里。

④ 手机及计算机。手机是在旅行中必不可少的通信工具,一般应放在公文包或西装上衣左边内侧的口袋里,便于在使用时取出。在旅行中还应带上充电器和备用电池,以确保与他人保持正常的沟通和联系。计算机现已成为个人的资料库,各种文件资料应做好备份,以便在商务旅行中查找。

二、旅途礼仪

1. 步行礼仪

无论外出到什么地方,借助何种交通工具,都离不开步行。在公共场所无处不在的步行,更能体现一个人的礼貌修养程度。

(1) 注意安全。遵守交通规则是步行安全的重要保障。城市的交通法规对行人和各种车辆的行驶均有严格的规定,人人都应自觉遵守。穿越马路时,一定要从人行横线处走过去,并注意红灯停、绿灯行,不可随意穿越,不可低头猛跑,更不可翻越栏杆,要注意避让来往车辆,确保安全。在有信号指示或交通警察指挥的地方,一定要遵守信号和听从指挥。

(2) 行路文明。在行走之时,走路的姿势要端庄,不要弓腰、低头,不要东张西望,不要摇头晃膀,也不要哼着小调或吹着口哨。两人走路时不要勾肩搭背。多人走路时不要依仗人多而无所顾忌,高声说笑或横占半个马路而影响他人行走,应自觉排成单队或双队。男女同行时,通常男子应走在女子的左侧,需要调换位置时,男子应从女士背后绕过,不要胳膊相挽而行,更不要亲热得拥在一起行走。在街上遇到熟人不可话说个没完,交谈时不要站在马路中央,影响他人通行。如果遇到的是异性,更不要长时间交谈,确需长谈,应另约地点。在拥挤狭窄的路上行走,应自觉礼让,特别对年长者、妇女、患病体弱者一定要主动让路。

行走时以中速为宜,正常情况下不要猛跑。如果不小心碰到别人或踩了别人的脚,要主动向对方道声"对不起",即使对方态度不好,也不要与对方发生口角。别人撞了自己或踩了自己的脚,应大度宽容,对主动道歉者说声"没关系",不可以口出怨言,斥责对方。如果遇到残疾人不仅要主动让路,必要时还要主动上前搀扶一把,绝不可与其抢道,更不能以强欺弱,无视公德。行路时要维护马路卫生,不要边走边吃东西,更不要把瓜果皮核往马路上扔,应自觉地扔到马路边上的果皮箱里。

(3)问路礼貌。需要问路时,首先,应选择合适的对象,最好不要去问正在急于行走的人或正在与人交谈的人以及正忙碌的人。如果民警正在指挥车辆,也应尽量不去打扰。可以另找那些不是很忙,或比较悠闲的人打听。其次,问路时要礼貌地称呼对方,可根据对方年龄、性别和当地的习惯来称呼,绝不能用"喂""哎"等一些不礼貌的语气呼叫对方。最后当别人给予回答后,要诚恳地表示感谢,若对方一时答不上我们的提问,也应礼貌地说声"再见"。

【小贴士】

用伞的小规则

应在户外打开伞而不是室内。四周无人时才能将伞撑开,以免妨碍他人或碰到他人。

经过比自己矮的行人时将雨伞略微举起;经过比自己高的行人时应将雨伞拿低一些。

到达建筑物的前厅等干燥地方后,轻轻地前后晃动雨伞,甩掉伞上的水珠,要注意不要甩到周围人的身上。然后合上伞并扎紧。

拿着伞行走时,应让伞竖直垂放在身边,不要水平地将其夹在腋下,或将伞尖朝后一边走一边抢伞。打伞和别人擦肩而过时要将伞侧倾避让一下。

在拥挤的公共汽车或地铁车厢里,不要将湿淋淋的伞高高举起造成雨滴落到别人的身上或脸上,更不要用伞把勾住车厢内的吊环来维持自身的平衡。

乘坐电梯时不要用伞尖摁电梯按钮。

【小幽默】

遵守交通规则的人

一个人在马路上飞快地跑着。别人问他为什么跑这么快,他指着路牌气喘吁吁地说:"你看,上面写着限制时速20公里,我不能违反交通规则呀!"

资料来源:佚名.每日欢笑集锦[EB/OL].[2018-09-07].http://dy.163.com/v2/article/detail/DR3490050529W3LA.html.

2.乘车礼仪

(1)自驾车礼仪。开自驾车时,应自觉遵守交通规则,文明开车,表现出良好的驾车风度。要注意礼让、考虑别人,要了解各路段的时速限制,注意路上的交通标志,集中精力、谨慎驾驶。

要遵守交通信号,不抢行,不乱按喇叭。道路拥挤或车辆堵塞时,应自觉循序而进或耐心等待,不可随意超车堵道。

在快、慢车道分明的公路上行车,应根据自己的情况合理选择,既不要在快车道上开"蜗牛车",也不要在慢车道上开"飞车",不要来回频繁变换车道,影响后面车辆行驶。

夜晚开车时要适时变换远近灯光,绝不可一直用远光直射对方。

需要停车,应到允许停放的地方停放,停车不挡车道及出入口,不能违法占用应急车道,随意停车。车内的废弃物等,不能往车外扔,要放在一起,到达目的地时集中处理。

要专心致志地开车,不要因流连于观赏周围的景色、交谈、打手势、左顾右盼,而分散了注意力。

当别人的车从身边驶过时,应放慢速度,不要加速。更不要朝别的司机大喊大叫。如果因违反交通法规而被交警拦下,态度要礼貌、友善。即便你认为没有违反交通法规,也要平心静气地说明自己的理由。如果你确实是违反了交通法规,适时的道歉常会为你带来意想不到的结果。

当驾车到某人家中接人时,应下车按主人家的门铃,而不是按汽车喇叭,除非是事先约定或是有紧急事情。

下雨天开车,要尽量慢行,尽量避开水坑,以免使污水溅到行人身上。孩子们是不可预测的,当你在学校附近,或者操场附近驾车时,必须特别机警,注意那些正在步行或在骑单车的孩子。

当你加油时,如果前面的位置能加,就到前面去,不要一进去就停在最后一个加油位,导致前面的油枪空着,后面的车辆却要等待。

当你驾车去超市买东西时,如果把手推车推到了车前卸东西,请记得把手推车推回去或放到不碍事的地方。

亲切地帮助别人上下车,尤其是对那些动作不便的老年人。出于礼貌,男士应为女士开车门。

在车子离开时,要把车窗开着,说了再见离去后再关上窗。

【小贴士】

停车场与加油站礼仪

在停车场应谨慎慢行,留意各种标志和车辆行进方向。不要违反车辆通行标志的要求逆向行驶。穿过两行车中间的通道到停车场另一侧时,要多加小心,因为与之交叉的通道上的司机很难看到你在行驶。把车停在车位的正中间。切忌不切实际地试图把运动型多功能休闲车,或其他大型车辆硬塞进小型车的专用车位。

进入多岛加油站后,应减缓车速并谨慎驾驶,避免将站在加油泵前面的人挤在角落,或者阻碍在商场和加油泵间来来往往的人员。尽可能将车靠近自己正在使用的机油泵,以免妨碍其他司机使用别的加油泵。请特别留意加油泵上"只收现金"或"只收信用卡"的标志,这样就不会麻烦工作人员到其他加油泵上帮你交费,以便节省他人的时间。

将车停在停车场后,再去商店买东西,或者在车内处理一些事情(你只有在车内付款才可以把车停在加油泵旁)。切记加油站是一个存在潜在危险的地方。加油未结束前不要发动引擎,而且未离开加油站不要吸烟。

😄 【小幽默】

红灯与警察

有一个人晚上开着车,经过一个十字路口,这时黄灯已转成红灯,他心想反正没车,于是加速冲了过去,结果不巧被警察拦了下来,警察问他:"你没看到红灯吗?"

"看到了啊!"他答道。

"那你怎么还闯红灯?"警察又问。

他说:"因为我没有看到你呀!"

资料来源:佚名.闯红灯的故事[EB/OL].[2017-04-11]. https://max.book118.com/html/2016/0804/50297464.shtm.

(2) 乘出租车礼仪。乘坐出租车时,应注意以下几个方面的问题。

① 路边招停不影响公共交通。乘坐出租车时,一般应在出租车停靠站点或既不影响交通又安全的地方叫车。不要在路口,尤其是有红绿灯的路口和有黄色分道线的区域叫车,也不要在公共汽车站或快车道旁叫车。

② 礼貌上车与下车。一般情况下,乘客应当坐在后排,座次依据上下车是否方便、坐者是否舒适来排;多人乘车时,应由付费或带路的一方坐前面。同女士、长者、上司或嘉宾打车时,应当照顾其先上车,并请其坐在后排座位上。等对方入座后,自己再从车后绕到另一侧上车或于前排就座。出租车到达目的地后,要主动付费,和女士同行的男士更应如此。上下车及开关门时,要前后观察,以防伤及他人。

③ 保持车内卫生。不在车内吸烟,不往车外吐痰、扔杂物,不在车上脱鞋、脱袜或换衣服,不将湿雨伞和雨衣放在乘客座椅上,不要用脚蹬踩座位,更不要将手、腿及脚伸出车窗外。不要将垃圾、废弃物留在车上。

④ 注意交谈的礼貌。在出租车行驶过程中,乘车人之间可适当交谈,但不宜过多与司机交谈,以免司机分神。一般不要谈及车祸、劫车、凶杀或死亡等晦气的事。

⑤ 应按计价器付钱,不提无理要求。对出租车司机要谦和、有礼,下车时,应对司机说声:"谢谢,再见。"让司机感到温暖和愉快。

😄 【小幽默】

打 的

甲:"用软件打个车吧。"

乙:"用哪个软件?"

甲:"用滴滴打的。"

乙:"嘿,好好说话,咋还唱起来了……"

资料来源:周继红. http://k.sina.com.cn/article_6431720172_17f5c42ec00100anpt.html.

(3) 乘地铁礼仪。随着我国轨道交通的快速发展,地铁作为一种快捷的现代交通工具也成为大家生活中非常重要的交通工具之一,商务人员在享受地铁带来方便的同时也应遵守乘坐地铁的礼仪及规定。

① 乘地铁应注意公共安全,遵守相关规定,严禁携带易燃、易爆、有毒、腐蚀性、放射性和杀伤性等危险品(如雷管、炸药、鞭炮、汽油等)上车。

② 进入地铁车站搭乘电动扶梯时,应面向正确行进方向靠右站立,以免挡到后面赶路的人。同时,紧握扶手,双脚踏稳立于黄色框线内。若有旅客在电动扶梯上跌倒,旁人要立刻协助按下紧急按钮。

③ 乘坐地铁应凭票乘车,进入月台候车时禁止越过黄色安全线或倚靠屏蔽门,应按标线排队候车,遵守"先下后上"的原则,杜绝拥挤、抢占座位等不良行为。上车后尽量往车厢内行走,以方便上下车。保持车厢安静,手机最好调为静音。

④ 注意仪表仪态。女士乘坐地铁时,应注意基本仪态标准。如女士不应叉腿坐,男士也不应叉开双腿向后仰或歪向一侧,这都是很失礼的表现。

⑤ 注意保持环境卫生。在地铁车厢内不可吃东西或喝饮料,禁止随地吐痰、乱扔果皮纸屑。

⑥ 到站之后,不要争先恐后,要有秩序地先下后上。

(4) 乘坐高铁礼仪。高铁已成为重要的出行交通工具,良好的乘车环境需要大家共同努力,因此在乘高铁列车过程中,要讲文明、懂礼貌,多一分宽容,多一分礼让。这样,不仅能减少许多不必要的麻烦,还能保持良好的心情,减轻旅途疲劳。

① 讲究候车规则。乘客在候车时,要爱护候车室的公共设施,不大声喧哗,携带的物品要放在座位下方或前部,不抢占座位或多占座位,更不要躺在座位上使别人无法休息。

要保持候车室的卫生,瓜果皮核等废弃物要主动扔到果皮箱里,不要随手乱扔,不随地吐痰。检票时自觉排队,不乱拥乱挤,有秩序地上下车。

② 维护车厢秩序。要有秩序地进入车厢,按号就座。要按要求放好行李,大件行李应放在车厢两头行李处,小件行李可放在座位上方的行李架上,行李要摆放整齐,尽量不要压在别人的行李上。

高铁整个车厢全程是禁烟的,因此千万不要吸烟,不随地吐痰,不乱扔废物。

不在车厢内大声说话。到达目的地后,拿好自己的物品有礼貌地与邻座旅客道别,有序下车,不要抢道拥挤。

【小幽默】

不是德行,是惯性

公共汽车上非常拥挤。突然,汽车一个急刹车,一位男子踩到了一位女士的脚,女士随口来了一句:"德行!"男士风趣地回了一句:"对不起,这不是德行,是惯性。"其他乘客会意地笑了,这位女士也很不好意思。

资料来源:佚名.拥挤的公交车上[EB/OL].[2017-05-17]. https://www.zybang.com/question/2a7cbdd1bb676bb67cf0f682327b8481.html.

3. 乘飞机礼仪

现代社会生活中,飞机已经成为非常普遍、快捷的交通工具之一,人们需要经常乘飞机出差、开会、旅行。在乘坐飞机的过程中,机场和飞机舱内是我们与其他乘客接触最多的地方。因此,大家必须要知道乘飞机时的礼仪。

(1) 机场候机礼仪。

① 提前到达机场。由于乘坐飞机前要进行行李托运、机票检查、确认身份、安全检查等,因此国家民航局规定,乘坐国内航班提前至少一个半小时到达机场,乘坐国际航班应提前至少两个小时到达,以便办理登机手续。

② 携带的行李应符合民航规定。随身携带的行李以轻便为原则,其他行李应进行托运。按民航规定,每位旅客的免费行李额(包括托运和随身携带的行李),持成人或儿童客票的头等舱旅客为40千克,公务舱旅客为30千克,经济舱旅客为20千克;持婴儿票的旅客,无免费行李额。

③ 过安检礼仪。领取登机卡后,应查看具体的登机时间,如航班因故延误,应听从工作人员的指挥,不能乱喊乱叫,造成秩序混乱;积极配合安检人员进行安全检查,不应拒绝合作,或无端进行指责;将有效证件(身份证、护照等)、机票、登机卡交安检人员查验;上机时不得携带有碍飞行安全的物品,如易燃、易爆、剧毒、放射性物质等危险物品,若有违禁物品,应积极配合妥善处理,不应妄加争辩,扰乱秩序。

④ 候机厅内的礼仪。在候机厅内,不要用行李占坐,不要大声喧哗,不随地吐痰,不乱扔垃圾,严禁在候机厅内吸烟,吸烟应去专门的吸烟区;在前往登机口的途中,可乘坐扶梯,但要单排靠右站立,将左侧留给需要急行的人。

【小幽默】

头等舱的优待

机场服务员在登机服务台忙着迎接乘客。一位先生不顾前面排队的人,急匆匆上前问道:"我是搭八点半班机飞多伦多的,飞机起飞了没有?"

机场服务员答:"对不起,先生,飞机早已起飞了。"

他不死心又问:"可我是坐头等舱的,没有优待吗?"

机场服务员又答:"没有,先生,头等舱和经济舱同时起飞。"

资料来源:佚名.笑一笑[J].光彩,2006(11).

(2) 乘坐飞机时机舱内的礼仪。

① 上下飞机时,应主动回应空乘服务人员的热情问候。

② 登机后,旅客需要根据飞机上座位的标号按秩序对号入座,随身携带的物品放在座位头顶的行李箱内,贵重物品自己保管好,不要在过道上停留时间过长,以免影响其他乘客。

③ 飞机起飞前,认真观看空乘人员对救生器具、氧气面具的示范表演,以防意外;在飞机起飞和降落以及飞行期间出现颠簸情况,乘客都要系好安全带;在飞行的过程中,禁止使用手机,以免干扰飞机的飞行,影响飞行安全。

【小幽默】

安 全 带

空姐向乘客广播:"女士们,先生们,请扣好安全带。飞机马上就要起飞了。"飞机起飞后,喇叭里又传来空姐的声音:"请将安全带扣紧一些。很抱歉,今天的早餐,我们忘记装上飞机了。"

资料来源：佚名.安全带[EB/OL].[2014-06-23]. http://www.feel-bar.com/ html/xymdzh/2014/062267.html.

④ 飞机起飞后，需要放低座椅靠背休息时，应礼貌询问后面的乘客是否方便；每个座椅后背有供乘客使用的小桌，除用餐时间外，不宜长时间放下；要饮料的时候，只能先要一种，喝完了再要，以免饮料洒落；飞机上要遵守"禁止吸烟"的规定，禁止使用电子设备；飞机上的盥洗室和卫生间，应排队依次使用，并注意保持清洁；避免儿童在机舱内嬉戏喧闹。

【小幽默】

我要"鸭汁"

空姐：请问，您需要喝点什么？

乘客：我要鸭汁（椰汁）。

空姐：我们有可乐、雪碧、矿泉水……

乘客：我要鸭汁。

空姐：对不起，我们没有鸭汁……

后来空姐才恍然大悟原来那位乘客是要椰汁。

资料来源：佚名.飞机上的笑话[EB/OL].[2005-12-11]. http://blog.sina.com.cn/s/blog_4af7c003010005oo.html.

（3）下飞机出机场的礼仪。飞机未停稳前，不可起立走动或拿取行李，以免摔落伤人；下飞机不要拥挤，应等飞机完全停稳后，带好随身物品，按次序下飞机领取行李时应按次序排队等候。

【小贴士】

中国公民国内旅游文明行为公约

营造文明、和谐的旅游环境，关系到每位游客的切身利益。做文明游客是我们的义务，请遵守以下公约。

维护环境卫生。不随地吐痰和口香糖，不乱扔废弃物，不在禁烟场所吸烟。

遵守公共秩序。不喧哗吵闹，排队遵守秩序，不并行挡道，不在公众场所高声交谈。

保护生态环境。不践踏绿地，不摘折花木和果实，不追捉、投打、乱喂动物。

保护文物古迹。不在文物古迹上涂刻，不攀爬触摸文物，拍照摄像遵守规定。

爱惜公共设施。不污损客房用品，不损坏公用设施，不贪占小便宜，节约用水用电，用餐不浪费。

尊重别人权利。不强行和外宾合影，不对着别人打喷嚏，不长期占用公共设施，尊重服务人员的劳动，尊重各民族宗教习俗。

讲究以礼待人。衣着整洁得体，不在公共场所袒胸赤膊；礼让老幼病残，礼让女士；不讲粗话。

提倡健康娱乐。抵制封建迷信活动，拒绝黄、赌、毒。

【课堂训练】

以小组为单位,设置商务交际情景,模拟练习步行、乘车、乘飞机的礼仪。

三、入住酒店礼仪

酒店是为商务人士提供住宿和餐饮服务的场所,常被称为"家外之家"。身居酒店,要自觉遵守酒店的规章制度,做一个有礼貌的客人。

1. 预约礼仪

商务活动中外出旅行要提前预订酒店,这样既能方便自己,又利于酒店的管理。尤其是在旅游旺季出门,这项工作更是必不可少。在信息高度发达的今天,预订酒店的方式有很多,如电话、电传、上网都是可以的,但最常用的是网上预订,操作时要准确输入入住和停留的时间、入住的人数、房间的类型、申请住房人的姓名等信息,万一比预订时间晚到,应尽快打电话通知对方,否则预订就会被取消。

此外,随着服务业的发展,各酒店会越来越注重个性化服务,尽量满足客人的需求,所以如果对房间有什么特殊的要求,也可以在预约时提出,这样可使入住酒店后更加称心舒适。

【小幽默】

总统的房间

一位绅士到旅游胜地的一家宾馆要开个房间,侍者因为他没有预订而拒绝说:"房间全满,无法安排。"

"听着!"绅士说,"假如我告诉你,如果总统到这里来,你一定会马上向他提供一套客房吧?"

"当然啦,他是总……"

"好了,我荣幸地通知你:总统今晚不来了,你把他的房间给我吧!"

资料来源:佚名. 总统的房间 [EB/OL]. [2009-04-01]. http://blog.sina.com.cn/s/blog_5dd436c90100d11f.html.

2. 登记入住礼仪

到达预约的酒店后,首先应该到前台登记,如果行李过多,门童会帮助客人搬运行李,礼貌地表达谢意后便可登记入住。如果前面有正在登记的其他客人,应该静静地按顺序等候。注意应与其他客人保持一定的距离等待,不要贴得太近,虽然不必排成一队,也不能毫无秩序或采取任性无理的态度。入住酒店要出示身份证或其他证件,例如结婚证或护照等。办理完入住登记,领取房门钥匙后,便可到客房休息。

【小幽默】

旅馆太低

一天,杜邦先生到一家小旅馆,他问老板:"一个单间多少钱一天?"

老板回答："不同的楼层价格不同,二楼的房间是 15 马克一天,三楼的房间是 12 马克,四楼的房间是 10 马克,五楼的房间是 7 马克。"

杜邦听后转身走了,老板问:"您觉得价格太高了吗?"

杜邦说:"是您的旅馆价格太低了。"

资料来源:佚名.总统的房间[EB/OL].[2014-01-22].http://www.doc88.com/ p-3117117070067.html.

3. 客房礼仪

客房,是客人付费享用的,主要用作休息的房间。客人在客房内休息,虽然拥有极大的个人自由,但是依然不能忘乎所以、随心所欲。在客房内应当遵守的礼仪主要有以下几个方面。

(1) 爱护客房内设施。酒店客房内备有供旅客生活使用的各种常用物品,如桌、椅、灯具、电视、空调以及盥洗用具等设施,使用时应予以爱护,如不慎损坏应主动赔偿,故意破坏房内物品或把房内不属于自己的东西带走等行为都是违背社会公德的不道德行为。

(2) 注意内外有别。室内着装,可相对随便。走出客房后则应衣着整齐,不可穿着背心、短裤、睡衣、拖鞋等在走廊或酒店内外的公共场合游逛。不可窥视他人居住的房间。如同室还有其他客人,出入房间应随手关门,不要将房门大开让别人一览无遗。休息的时候,可在门外悬挂特制的"请勿打扰"的牌子。

【小案例】

这样合适吗

南方某城市某酒店的餐厅和游泳池相隔较近,有些客人早上起床后就直接前往游泳池游泳。大部分客人游完泳后会回房间换好衣服再吃早餐,但也有个别客人为图方便,会直接穿着泳衣到餐厅吃早餐。

问题:这些客人的做法是否得体?

(3) 保持客房内卫生。在客房内衣物和鞋袜不要乱扔乱放。废弃物应放入垃圾桶内,也可放到茶几上让服务员来收拾,千万不要扔进马桶里,以免堵塞影响使用。吸烟者不要乱弹烟灰、乱抛烟头,以免烧坏地毯或家具,甚至引起火灾。出门擦鞋应用擦鞋器,用枕巾、床单擦鞋是不道德的行为。

【小贴士】

入住用餐礼仪

(1) 问清用餐情况。通常情况下,客人住宿的酒店一般会为住宿客人提供免费的早餐,部分酒店会为客人提供全日餐券,客人凭早餐券或全日餐券到指定餐厅就餐。作为住宿客人在领取早餐券或全日餐券时,应向酒店服务员认真询问酒店提供早餐或全日餐的起止时间和地点,这样利于安排作息时间和方便住宿就餐。

(2) 用餐礼节。除了遵守一般的用餐礼节外,还需要注意的是:

① 如果是免费早餐,就餐时要带好就餐凭证。如果是中晚餐也需要在宾馆里解决,就

②参加商务会议等活动时,会议餐一般不是分餐制,而是8人或10人一桌用餐,与不太熟识的人坐在一起用餐,是锻炼交际能力、拓展业务联系的好机会。应该尽量多与周围的人交谈,但是声音不能太大。可在就餐前或就餐后交换名片。在餐桌旁互相介绍时不需握手和站起来,只要欠身、微笑、问候即可。

(4) 不要影响他人休息。到别的房间找人,应轻摇门铃或轻敲房门,不可重击房门或高声喊叫。开、关门时,动作要轻,声音要小。不要在房间内大声喧哗或举行吵闹声较大的聚会。晚间看电视也应尽可能放小音量,以免影响其他客人。在走廊里说话、走路也应注意不要发出太大的声音,尤其夜深时更应如此。

(5) 尊重服务人员的劳动。酒店内的服务一般都是比较周到的,服务员会每天按时打扫房间,整理床铺,洗刷脸盆、浴缸等,当服务人员来房间送水或打扫卫生时,要起身相让,不可无动于衷。服务人员离去时,应表示感谢。当遇到一些特殊情况,譬如有客人来访而服务人员恰好来打扫房间,如果觉得不方便,可以有礼貌地请服务人员过一会儿再来打扫。

【小案例】

凌乱的房间

入住酒店的王先生认为:"我住宿交钱了就应该享受服务,否则还要服务员干嘛!"

王先生离开酒店了,服务员走进了王先生刚退的房间,只见房间内拖鞋乱扔被子乱成了一团,还有一个枕头被扔在窗台上,茶几和书桌上堆着不少垃圾,没有丢进垃圾桶,而且床上还放着一些垃圾纸片。在茶壶旁边凌乱地放着一些食品包装盒,没有收拾。

问题:你如何看待王先生的这种说法和做法?

(6) 注意安全。入住酒店,进入客房后应先阅读房间门后消防逃生路线图,熟悉所在房间的位置和逃生楼梯的方位。之后,要查看一下窗户和门是否能锁好。如果门不能锁好,可以要求换一个房间。不要把钱或贵重物品留在房间里,要把护照、重要文件等都锁在酒店的保险箱里。在房间时,把门关好并上好锁。除非在等人,否则不要开门;开门前要先问一声,或从窥孔查看一下来人是谁。如果对方宣称自己是酒店员工,但你有其他考虑,可以给前台打电话进行核实。房门钥匙要随身携带。

(7) 娱乐适度。设施完善的大宾馆、饭店内经常会设有歌厅、舞厅、球厅、游泳池、桑拿浴等娱乐场所。在这些场所娱乐时,要注意着装打扮适宜得体,不能过于怪异,如女性不能化浓妆,不可穿黑皮裙等。娱乐、健身时,如果与他人合作,如跳舞、打球,不可强加于人或粗暴拒绝。特别要注意与异性保持一定的距离,男士有风度,女士要矜持。

(8) 购物规范。在大的宾馆、饭店里大都设有商品柜台甚至是超市、专卖店等,供客人选购地方特产等物品。在购物过程中,同样要做到规范个人言行,遵守购物礼仪,如尊重并善待营业员,礼貌称呼,和气交流;对想购买的商品可以多看看,对易碎易破商品要轻拿轻放,对不欲购买的商品要放回原处,对所购之物不可过分挑剔,甚至给人出难题。

▶【小贴士】

涉外住宿礼仪禁忌

（1）不允许两名已经成年的男性共居一室，唯有一家人才可例外。

（2）不允许住客在自己住宿的客房内随意留宿其他外来人。

（3）不提倡住客在自己住宿的客房内会晤来访的人士，特别是不提倡住客在自己的客房内会晤异性来访者。在一般情况下，饭店的前厅或咖啡厅被视为住店客人会客的理想去处。

（4）不提倡互不相识的住店客人相互登门拜访。

（5）不允许住店客人身着内衣、睡裙、背心或裤衩之类的"卧室装"在饭店内的公共场所活动。

（6）不允许将客房或饭店内其他场所的公用物品随意带走。

4. 离店礼仪

结账离店是客人和酒店的最后一次接触，要给人留下一个完美的印象。在准备走之前，可以先给前台打个电话通告一声，如果行李很多，可以请前台安排一个人来帮忙提行李。不要从酒店拿走毛巾、睡衣或其他物品，酒店对物品的管理非常严格，这会导致你陷入尴尬的局面。如果不小心弄坏了酒店的物品，不要隐瞒抵赖，要勇于承担责任加以赔付。结完账，礼貌地致谢、道别。

第三节 迎送礼仪

在交往中，尤其是国际交往中，对来访的客人迎来送往，是不可缺少的礼仪活动。要安排好迎送接待工作，首先要摸清底数，弄清来宾人数、姓名、性别、职务、职称、年龄、民族，带队人及目的、方式、要求、来访起止日期，来访路线，交通工具及来宾的生活习惯、饮食爱好和禁忌等情况。在此基础上，主要从确定迎送规格、制订迎送计划、掌握抵达和离开的时间、陪车、安排食宿等几方面着手，做好迎送工作。

一、确定迎送规格

确定迎送规格，制订迎送计划主要依据三个方面的情况来确定，即前来谈判的人员的身份和目的，我方与被迎送者之间的关系以及国际惯例。在礼仪安排上，应既尊重国际惯例，又有我国独特的做法。

确定迎送规格，主要是确定哪一级人员出面迎送。根据国际惯例，主要迎送人通常都要同来宾的身份相当，以便综合平衡。但到特殊情况，如当事人不在当地、身体不适不能出面，不能完全与来宾身份相当时，则可以由职位相当的人员或副职出面迎接，但要注意不能与对方身份相差太大，同时应以同客人对口、对等为宜，以示对客人的尊重。当事人不能出面时，无论作何种处理，应从礼貌出发，向对方做出解释。

另外，可以结合前来谈判的人员的目的，我方与被迎送者之间的关系提高迎送规格，以表示我方对本次谈判活动的重视。例如,在双方准备建立长期业务关系或进行重要交易的谈判时,可以使我方主要迎送人的级别略高于对方,但应该注意一方面要正确表明己方的态度,不要因此而使对方轻视我们;另一方面,不要给其他同类人员造成厚此薄彼的印象。

二、制订迎送计划

在确定迎送规格后,需制订迎送计划。迎送计划应包括确定迎送人员名单、安排交通工具、迎送场地布置、照相、摄像、陪车、安排住宿等内容。

1. 确定迎送人员名单

在挑选接待人员时,尤其是那些直接面对外国来访者的迎送人员、翻译人员、陪同人员、安全保卫人员以及司机时,要优中选优,切勿滥竽充数。除了仪表堂堂、身体健康、政治可靠、业务上乘之外,还应将反应敏捷、善于交际、责任心强列入用人的基本条件。外宾抵达后,需派人协助办理出入境手续、乘机(车、船)手续和行李提取或托运等手续。如代表团人数众多,行李也多,应将主要客人的行李先取出(最好请对方派人配合,及时送往住地,以便更衣)。应当注意,迎接人员一般不要主动要求帮助男宾拿公文包或帮助女宾拿手提包。

2. 预订房间

制订迎送计划时应该根据来宾的人数预先订好客房。如有条件,在客人到达之前将住房和乘车号码通知客人。如果做不到,可印好住房、乘车表,或打好卡片,在客人刚到达时,及时发到每个人手中,或通过对方的联络秘书转达。这既可避免混乱,又可以使客人心中有数,主动配合。迎接人员用专用车辆将外宾直接送抵下榻之处。抵达住处后,一般不马上安排活动,应稍事休息,给外宾留下更衣时间。迎接人员大体告知来宾有关活动计划、第一次活动的时间以及有关接待部门的办公电话后即可离去。

3. 确定迎送时间

因故提前或推迟迎送时间,要预先做好相应准备,及时调整活动安排。

4. 做好送行的礼仪工作

组织并派专人协助来宾办理出境或机票(车、船票)手续,以及帮助客人提拎行李、办理托运手续。分别时,可按来宾国度的行礼习惯与之告别,并用热情的话语为客人送行,如欢迎客人再次访问、祝客人一路平安等。最后应目送客人登机(车、船)离去后方可离开。

此外,迎送的专用车辆事先也要准备好。

【小案例】

小李的接待观

小李是公司新入职不到两个月的员工。在这不到两个月的时间里,小李就数次接到顾客的投诉。

原来,小李自以为是大学生,在业务接待中对顾客爱理不理,态度非常冷淡。他认为:我是大学生,搞业务如果还赔着笑脸"低三下四"地接待,那岂不成了侍候他们了!再说了,每天的工作都不清闲,哪还有那么多精力去赔笑脸?

甚至有一次一位白发苍苍的老人为了解业务，在小李面前一直就站着说话、半蹲着身子写材料前后近半小时，而小李则抖着腿，有一搭没一搭地应付着，更不用说起身请老人坐下说话、给老人端杯水了。

正好经理巡视路过，在月末的大会上点名严厉地批评了小李。经理说这样的接待行为无疑严重影响了企业形象，绝不允许这样的行为再发生……

资料来源：未来之舟.职场礼仪［M］.北京：中国经济出版社，2008.

三、掌握抵离时间

为顺利迎送客人，迎送人员必须准确掌握来宾乘坐的飞机（火车、船舶）的抵离时间。如有变化，应及时告知。由于天气变化等意外原因，飞机、火车、船舶可能不准时，迎送人员应在客人抵达之前到机场、车站或码头，不能出现让客人等候的现象。

接待重要外宾应组织迎宾人员提前20分钟到达机场或车站预定地点。待客人下飞机或火车时，及时组织迎宾人员前往迎宾，握手问候并介绍认识，尽快引导宾主按预先安排乘车，同时帮助客人领取行李。

送行人员应在客人启程之前到达，如有欢送仪式，应在欢送仪式之前到达，直到客人乘坐的交通工具看不见时再离去。

四、陪车与食宿

1. 陪车礼仪

在迎送工作中，还应注意陪车的礼仪。迎送车辆都应事先安排好，不可临阵调遣，给人以仓促之感。迎接客人抵达、欢送客人以及一些外事访问活动时，一般应当安排人员陪车，起到接待和引路的作用。在陪车中，商务人员应注意的主要是上下车的顺序和坐车时的位置安排。

在顺序上，掌握"后上先下"的原则。"后上先下"的礼节体现了主客有序的礼仪，客人为重，客人为尊。"男士应最后一个上车，第一个下车"这条规则适用于不同文化背景下的许多国家。男士应为女士开车门和关车门，如果有必要，还可以帮助她们上车和下车。不过如果女士愿意让男士先上车，这条规则可以打破。

在乘车的位置上，应掌握"以右为尊"的原则。按西方的礼俗，右为大，左为小。两人同行，右者为尊，三人并行中者为尊。在陪车时，应请客人从右侧门上车，坐于右座，主人或公关人员从左侧门上车，坐于左侧，但是如果客人上车后，坐到了左侧座位上，则应主随客便，不必再请客人挪动位置。如果车中的后排乘坐三人，则顺序是中间为大，右边为次，左边为再次，前排为最小。如果是三排座的轿车，译员坐在主人前面的加座上；如果是二排座，译员坐在司机旁边。要专心致志地开车，不要因流连于观赏周围的景色、交谈、打手势、左顾右盼而分散了注意力。

另外，迎送外宾时，主要迎送人不可兼做驾驶员，而应当雇用一名素质较高的专门司机。司机应注意文明开车，遵守交通法规。不要酒后驾车。

2. 食宿安排

根据事先掌握的来访者的生活习惯、饮食爱好和禁忌提前安排好客人的食宿。如果事先了解得不太详细,可以结合外宾所在国的流行饮食和东道主所在国的特色饮食进行准备,在安排食宿的过程中,东道主应注意以下事项。

(1) 根据外宾的级别安排相应的食宿。根据外宾的级别安排相应的食宿条件,既不可以太过奢华,也不可以太过简朴。招待费用的高低、食宿条件的好坏与交易的成败并不是成正比的。过高的招待费用有时会适得其反,当然,如果招待太过简单或安排不当,也会让对方感到不受重视、心情不愉快而导致交易的失败。因此,食宿条件的安排应以适度为宜,既让对方感到舒服、满意,又不显得奢侈。

(2) 注意食谱,不可以以我们的喜好来代替客人的喜好。以自己的喜好代替客人的喜好的做法是错误的。正确的做法应该是既结合我国的特色,又兼顾客人的习惯,在准备中国特色菜的同时,也应该准备一些外商来源国的特色食品。

【小案例】

接　　待

我方某公司招待一位外宾,准备了丰盛的中国菜,并且一再劝外宾多多品尝,外宾也是赞不绝口,似乎一切都很顺利。然而在会餐后外宾却马上找了一个西餐厅吃了起来。这说明我方的安排其实并不适应外宾的需要,外宾的赞不绝口是出于礼貌。

在外宾住宿的若干天内,接待方应随时关注对方的喜好,并随时对我们的食谱进行调整,保证客人吃得开心。

(3) 选择离公司较近地点的旅馆。要注意住宿地点的周边环境和交通条件,尽量选择环境优美、交通便利的旅馆。旅馆应该选择离公司较近的地点,保证双方频繁接触的便利。

在重视旅馆设施硬件的同时,更应保证旅馆的服务及卫生条件等软件的质量。旅馆通常都应装备有商务活动和日常活动常用的设备,如电话、电视、空调、洗浴等设备及其他日常所需的物品。在网络经济发达的今天,最好能有上网条件,使外商与外界沟通顺畅。另外,应该保证旅馆的服务水平与卫生条件。良好的服务和卫生状况能使人心情愉快,而糟糕的服务和卫生状况则使人难以忍受,甚至导致谈判的破裂。

总之,从外宾角度出发,多为外宾着想,以外宾为尊是我们进行招待的核心思想。在这一思想的指导下进行工作,我们一定可以使外宾满意,达到最优效果。

【小案例】

事 与 愿 违

我国一家企业与外商谈判合资建厂的投资项目,当外方来人谈判时,我方企业花费了大量人力、物力、财力来组织招待工作,结果这种招待不仅没让对方感到高兴,反而让外商感觉到我们的铺张浪费,担心将来合资企业的命运而撤销了原来的合资计划。

五、礼貌地送别

送别,是留给客人良好印象的最后一项重要工作。不管前面的接待工作做得多么周到,如果最后的送别让客人备受冷落,整个接待工作就会功亏一篑。做好送别工作,关键在于一个"情"字。具体而言,送别时应注意以下礼仪。

1. 提出道别

在日常接待活动中,宾主双方由谁提出道别是有讲究的。按照常规,道别应当由客人先提出来,假如主人首先与来客道别,难免会给人以厌客、逐客的感觉。

2. 热情挽留

无论宾主双方对会面的时间长度有无具体约定,当客人提出告辞时,主人一定要热情挽留,切勿在客人一提出告辞之意时,就积极地提出送客、抢先起身送客,或者以某种动作、表情暗示送客之意,否则就有逐客之嫌,是极其不礼貌的。在热情挽留客人之后,若客人执意要走,则应等客人起身后,再起身相送。

3. 礼貌送别

送客时,客人首先伸出手来与主人相握,主人才能伸手相握。握手的同时,主人应请客人多多包涵接待工作的不妥之处,并发自内心地向客人道惜别之语,如"欢迎再来""慢走""您走好""常联系""多多保重"等。握别后,主人还应礼貌地送客人一程,而不要在客人离别时不闻不问,或者在客人说"请留步"时就转身返回。

如果对方是常客,通常应将其送至门口、电梯门口或楼梯旁、大楼底下、大院门外;如果是初次来访的贵客,则要陪伴对方走得更远些。如果只将客人送至会议室或办公室门口、服务台边,则要说声"对不起,失陪",目送客人走远;如果将客人送至电梯门口,则宜点头致意,目送客人至电梯门关上为止;若将客人送至大门口或汽车旁,则应帮客人携带行李或稍重物品,并帮客人拉开车门,开车门时右手置于车门顶端,按先主宾后随员、先女宾后男宾的顺序或客人的习惯引导客人上车,同时向客人挥手道别,祝福旅途愉快,目送客人离去,直到客人的身影或者车走远完全消失后,才能返回。

对于远道而来的客人,一般应将其送至机场、码头、车站等处,待对方走后,才能返回;在送别的过程中,切忌流露出不耐烦、急于脱身的神态,以免给客人匆忙打发他走的感觉,这样有可能会葬送先前与客人培养起来的所有感情。

【小故事】

李嘉诚送客

很多知名企业家也很注意送人的礼节。一位内地企业家在接受电视采访时谈到了他去李嘉诚办公室拜访的经历。

那天,李嘉诚和儿子一起接见了他。会谈结束之后,李嘉诚起身从办公室陪他出来,送他到电梯口。更让人惊叹的是,李嘉诚不是送到即走,而是一直等到电梯上来,他进去了,再举手告别,等到门合上。

身为亚洲首富的李嘉诚肯定是日理万机,可他依旧注重礼节,亲自送人,没有丝毫的怠慢。这位内地企业家面对着电视机前的亿万观众动情地说:"李嘉诚这么大年纪了,对我们晚辈如此尊重,他不成功都难。"

资料来源:陈国龙.出迎三步,身送七步[J].莫愁,2009(8).

第四节 会见礼仪

会见是谈判过程中的一项重要活动。在商务谈判活动中,东道主应根据来宾的目的,安排相应的部门负责人与之进行礼节性会见。

一、会见的准备工作

会见前要做的准备工作包括对时间、地点的选择,对会见的主题、内容、议程的准备,要制订好会见计划和目标。

1. 会见的时间

会见的时间距离客人抵达的时间不宜过短和过长。远道而来的客人经过长途旅行一般都比较疲劳,如果抵达后不久就参加会见,精力不足会影响会见的效果;相反,如果抵达后很长时间都未安排与主方主要人物会见,外宾会感觉到不被重视。同时,由于现代社会经济活动的快节奏,迟迟不安排会见,无谓地浪费时间,会使客方认为主方办事效率太低,对主方产生不信任感,继而阻碍谈判的进行,影响谈判的结果;另外,会见的时间应注意不要与外宾的休息和用餐时间相冲突。

2. 会见的地点

会见的地点应选择距外宾下榻的旅馆比较近,最好在本公司内部,但一定要是一个正式场地,不可以用办公室代替,最好选择一个没有外界干扰的地方。房间面积适中,桌椅摆放紧凑但不拥挤。环境布置要温馨,灯光要明亮,室内颜色要明快宜人,以营造一种比较热烈的气氛。

需要注意,会见的时间确定后应提前通知客人,使客人有充足的时间去做相应的准备。在正式会见时,应提前20~30分钟派人到外宾住所迎接并陪同前往会见地点。主方会见人员应提前到达会见地点以迎候客人。迎候时,可以站在会见的大楼正门,也可以在会客厅门口等候。当客人到达时,应主动上前行礼表示欢迎,并引导客人入座。会见结束时,主人应将客人送到车前或门口握别,然后目送客人离去。

3. 会见的主题和内容

会见的目的并不在于达成某项交易,而是作为双方正式接触、相互认识、加强沟通和了解的一个途径,因此,会见的主题和内容主要是回顾过去,展望未来。双方如果以前有过良好的合作,可以进行回顾,并以此为契机对双方的友好关系进行总结、展望;如果双方以前有过不愉快的回忆,不妨一笔勾销,绕过不谈或仅简单提及后说"相信在双方的努力下,本次会谈会取得圆满成功""相信这将是一个新的起点"之类的语言,将话题引向新的议题,切记不可揪住过去不放,影响双方的情绪。如果双方此前互不相识,会见内容则可以从双方对对方的了解和认识开始,逐步引向双方建立关系、加强合作的话题。总之,会见的主题和内容应以营造友好气氛、推进双方合作、建立稳定联系、加强沟通了解为核心和目标。

4. 会见的议程

会见前,还应制订详细的计划并对会见的议程进行准备。一般来讲,会见的议程应包括双方相互介绍、认识、就座,主方负责人发言致辞欢迎,客方发言答谢,双方就本次谈判的原则性事项交换意见,对未来表示信心和展望,送外宾回旅馆休息等事项。在整个过程中,一些需要注意的问题必须事先制订详细的计划以保证会见的成功。

二、会见时的礼仪

1. 打招呼

打招呼是人们见面时的第一礼仪,在商务往来中,见面时不打招呼或不回答对方向你打的招呼都是非常失礼的行为。

商务活动中最常见的问候语有"早上(下午、晚上)好""您早""您好"。

与日本人打招呼还可以有"拜托您了""请多关照"等。

与来自巴基斯坦及中东地区信奉伊斯兰教的人打招呼可以说"真主保佑"。

与泰国、缅甸等信奉佛教的人打招呼可以说"菩萨保佑""佛祖保佑"。

与西方人打招呼多说"见到你很高兴"。

应避免用中国式的招呼方式,如"您到哪里去了?""您吃饭了吗?""您在哪儿发财?"等,以免引起不必要的麻烦,被对方误认为你在打听他的私事或准备请他吃饭,甚至如果对方是位女士还可能认为你心怀不轨。

【小幽默】

打 招 呼

小文刚考出驾照,就迫不及待地开车去上班。路上遇到一个骑电动车的同事,小文开着车逼近同事,差点把同事挤到绿化带里。

小文停车后,同事生气地问她:"你想干什么?"

小文尴尬地说:"我只是想和你打个招呼,结果忘了是开车出来的。"

资料来源:卧龙.打招呼[EB/OL].[2018-12-02].http://tieba.baidu.com/p/5966584231.

2. 称呼

在交际中,双方见面时,如何称呼对方,这直接关系到双方之间的亲疏、了解程度、尊重与否及个人修养等。一个得体的称呼,会令彼此如沐春风,为以后的交往打下良好的基础;否则,不恰当或错误的称呼,可能会令对方心里不悦,影响到彼此的关系乃至交际的成功。

【小故事】

叶永烈采访陈伯达

著名传记作家叶永烈在着手写陈伯达传记时,必须采访陈伯达,采访时究竟怎样称呼陈伯达,叶永烈颇费了一番心思。采访的前一天晚上,叶永烈辗转反侧,明天见到了陈伯达到底该怎么称呼他呢?叫他陈伯达同志,不合适,因为陈伯达是在监狱服刑的犯人;叫他老陈,也不行,因为陈伯达已经是84岁的老人了,而自己才48岁,究竟应怎样称呼他呢?突然叶永烈灵机一动,称呼他陈老,这是再恰当不过的称呼了。果然,第二天采访时,叶永烈一声"陈老"亲切得体的称呼,令陈伯达听了感动万分,眼里充满了泪花。由此可见,一个得体的称呼真可谓交际的"敲门砖"啊!

资料来源:佚名.社交礼仪[EB/OL].[2017-10-27].https://www.docin.com/p-2039415330.html.

(1) 常用的称呼。

① 职务性称呼。对交往对象按职务相称,以示身份有别、敬意有加。这是一种最常见的称呼,一般在较为正式的职业场合,如官方活动、公司活动中使用。这种称呼具体可以分为三种情况:一是只称职务,如董事长、市长等;二是职务前加上姓氏,如王总经理、张市长等;三是职务前加上姓名,如张宏处长、陈锋书记等。

② 职称性称呼。对于有专业技术职称,尤其是具有中高级职称者,可以直接以其职称相称。这种称呼具体也可以分为三种情况:一是只称职称,如教授、工程师等;二是职称前加上姓氏,如李教授、刘工程师等;三是职称前加上姓名,如刘亚珍教授、吴俊明工程师等。

③ 行业性称呼。在职场中按所从事的行业进行称呼,一般可以直接以职业作为称呼,如老师、医生、会计、律师等。此类称呼前均可以加上姓氏或姓名,如汪老师、张医生、李敏律师等。

④ 学衔性称呼。在职场中按对方的学衔称呼,一般可以增加被称者的权威性,也有助于增强现场的学术气氛。这种称呼具体可以分为四种情况:一是只称学衔,如博士;二是学衔前加上姓氏,如王博士;三是学衔前加上姓名,如王晓明博士;四是将学衔具体化,说明其所属学科,并在后面加上姓名,如生物工程学博士王晓明。这种称呼最正式。

⑤ 姓名性称呼。在职场中直接称呼姓名,一般只适用于同事、同学和熟人之间。这种称呼具体也可以分为三种情况:一是直呼姓名,如刘晓燕、张岩松等;二是只呼其姓,不称其名,一般要在姓氏前面加上"老""小""大"等前缀,如老刘、小王、大赵等;三是只称其名,不称其姓,一般在亲友、同学、邻里间使用,尤其适用于上级称呼下级、长辈称呼晚辈,如岩松、艳洁等。

⑥ 亲属性称呼。亲属,即与本人直接或间接拥有血缘关系者。在日常生活中,对亲属的称呼业已约定俗成,人所共知。面对外人,对亲属可根据不同情况采取谦称或敬称。

首先,对本人的亲属应采用谦称。称辈分或年龄高于自己的亲属,可以在其称呼前加"家"字,如"家父""家叔"。称辈分或年龄低于自己的亲属,可在其称呼前加"舍"字,如"舍弟""舍侄"。称自己的子女,则可在其称呼前加"小",如"小儿""小女""小婿"。

其次,对他人的亲属,应采用敬称。对其长辈,宜在称呼前加"尊"字,如"尊母""尊兄"。对其平辈或晚辈,宜在称呼之前加"贤"字,如"贤妹""贤侄"。若在其亲属的称呼前加"令"字,一般可不分辈分与长幼,如"令堂""令爱""令郎"。

⑦ 性别性称呼。对于从事商界、服务性行业的人,一般约定俗成地按性别的不同分别称呼"小姐""女士""夫人""先生","小姐"是对未婚女性的称呼,"夫人"是对已婚女性的称呼,"女士"是对已婚或婚姻状况不明确者的称呼,"先生"主要是对男士的称呼。

【小故事】

小姐还是太太

一位先生为外国朋友订做生日蛋糕。他来到一家酒店的餐厅,对服务小姐说:"小姐,您好,我要为我的一位外国朋友订一份生日蛋糕,同时打一份贺卡,你看可以吗?"小姐接过订单一看,忙说:"对不起,请问先生,您的朋友是小姐还是太太?"这位先生也不清楚这位外国朋友结婚没有,从来没有打听过,他为难地抓了抓后脑勺想想说:"小姐? 太太? 一大把岁数了,太太。"生日蛋糕做好后,服务员小姐按地址到酒店客房送生日蛋糕,敲门,一女子开门,服务员小姐有礼貌地说:"请问,您是怀特太太吗?"女子愣了愣,不高兴地说:"错了!"服务员小姐丈二和尚摸不着头脑,抬头看看门牌号,再回去打电话问那位先生,房间号码没错。服务员小姐再次敲门,开门,"没错,怀特太太,这是您的蛋糕。"那女子大声说:"告诉你错了,这里只有怀特小姐,没有怀特太太。"啪一声,门被大力关上,蛋糕掉在了地上。

资料来源:佚名.酒店服务礼仪案例[EB/OL].[2010-06-26]. http://www.canyin168.com/glyy/yg/ygpx/fwal/201006/22520_14.html.

(2)称呼的禁忌。

① 忌使用错误的称呼。如因字多音而叫错对方的姓氏,误称未婚女性为夫人等,容易使人产生不悦或误会。

② 忌使用过时的称呼。如对官员使用"老爷""大人"等已过时的称呼,不符合现代社会的标准,显得不伦不类。

③ 忌使用不通行的称呼。如南京人爱称人"师傅"、山东人爱称人"伙计",这样的称呼具有一定的地域性,在全国不通行,有时还会引起误会,如广东等地的南方人把"师傅"当成"出家人"、把"伙计"当成"打工仔"。

④ 忌使用不当的行业称呼。行业称呼具有行业特点,如工人可以称为"师傅",称呼政府职能部门的公务人员为"师傅"则不合适;同样,现在一些美容院和理发店将美容师和理发师称呼为老师也是不合适的。

⑤ 忌使用庸俗低级的称呼。在交际中,尤其是职场中使用"老大""哥们儿""姐们儿"等称呼会显得庸俗低级,甚至还带有黑社会的味道,不合适。

⑥ 忌使用绰号为称呼。在交际中,特别是职场中不能随意用别人的绰号来称呼对方,如"四眼""张瘸子"等,还有一些人的小名也不能叫,如"小狗子""狗剩"等过去家人起的所谓贱名。

⑦ 忌使用替代性的称呼。在交际中不应该使用一些替代性的称呼来代替正规的称呼,如医院的护士叫病人的床号"八床""五床"等代替病人的姓名,服务行业称呼客人为"几号"或"下一个"等。

⑧ 忌使用不适当的简称。有时为了显示亲热,有人会使用简称来称呼领导,如"李局(长)""张处(长)",但并不是所有的称呼都可以用简称的,如范局长不能简称"范局",戴校长不能简称为"戴校"。

⑨ 忌不使用称呼。不使用称呼,即和别人沟通时用"喂""哎"等词语开头,这是很不礼貌的,也会令人十分不满,引起误会。

⑩ 忌使用昵称。在正式交际场合中坚决不能使用"宝贝""亲爱的""哥""姐"等昵称,一来反映自身的素质问题,二来会令人十分尴尬。

【小案例】

"小"字别乱喊

孙西是某咨询公司的高级培训师,上个月,他与公司另一名同事去杭州出差做一个项目。在企业做了一天的内部访谈后,第二天安排到市场一线做实地调研,由各地的区域经理负责安排接待陪同。

市场调研到了嘉兴,当地的区域经理白天陪同孙西一起走访市场,晚上安排一起吃饭。区域经理几杯啤酒下肚,便开始称兄道弟。当他得知孙西比自己小几岁后,敬酒时便对孙西的同事喊着"张经理,我们干一杯",然后冲孙西说:"小孙,咱们也喝一杯。"

孙西一听,感觉有点儿不对味,故意推辞:"不好意思,我吃完饭回去还得整理一下调研材料,就免了吧。"那个区域经理觉得被扫了面子,又冲着孙西的同事说:"张经理,你看小孙可真不够意思!"

孙西闻言,更加不舒服了,他端起酒杯很绅士地对那个区域经理说:"请问您贵姓?"区域经理很纳闷,答道:"我姓彭。""哦,小彭,咱们第一次见面,也不是很熟悉,但我要很负责地跟你说句话,你听好了,即使是你们老板跟我一起吃饭,敬酒时也会很尊敬地称我一声'孙老师'或'孙经理'!好了,这杯酒我敬您。喝完我就先告辞了。"孙西一饮而尽,留下那个屁股刚抬起一半准备喝酒的区域经理,站也不是,坐也不是,呆立当场。

资料来源:晓蒂.你会打"职场招呼"吗?[J].秘书之友,2011(4).

(3) 使用称呼的技巧。

① 初次见面更要慎重称呼。初次与人见面或谈业务时,要称呼姓+职务,要一字一字地说得特别清楚,比如:"王总经理,你说得真对……"如果对方是个副总经理,可删去那个"副"字;但若对方是总经理,不要为了方便把"总"字去掉而变为经理。

② 称呼对方时不要一带而过。在交谈过程中,称呼对方时,要加重语气,称呼完了停顿一会儿,然后再谈要说的事,这样能引起对方的注意,他会认真地听下去。相比之下,如果你称呼得很轻又很快,有种一带而过的感觉,对方听着会不太顺耳,有时也听不清楚,就引不起听话的兴趣。而且如果不太注意对方的姓名,而过分强调了要谈的事情,就会适得其反,对方就不会对你所谈的事情感兴趣。所以一定要把对方完整的称呼很认真、很清楚、很缓慢地讲出来,以显示对对方的尊重。

③ 关系越熟越要注意称呼。与对方十分熟悉之后,千万不要因此而忽略了对对方的称呼,一定要坚持称呼对方的姓+职务(职称),尤其是有其他人在场的情况下。人人都需要被人尊重,越是朋友,越是要彼此尊重。如果熟了就变得随随便便,"老王""老李"甚至用一声"唉""喂"来称呼,就极不礼貌,也是令对方难以接受的。

④ 要记住对方的姓名。美国著名人际关系专家戴尔·卡耐基说:"一个人的姓名是他自己最熟悉、最甜美、最妙不可言的声音。""在交际中,最明显、最简单、最重要、最能得到好感的方法,就是记住人家的名字。"任何交际场合,记住并准确地称呼对方的姓名,会让对方感到亲切自然,一见如故,易缩短双方的心理距离。否则,即使对有过交往的熟人,如果张冠李戴,双方也会因此生疏起来。

【小故事】
善于记住他人名字的拿破仑三世

据说拿破仑三世除了军事才能出众以外,还以其记忆力好而闻名于世,据说他能够记得每一个见过面的人的名字。他的方法其实非常简单:如果没有听清楚对方的名字,他就会直言不讳地再问一遍;如果碰到比较难记的名字,他就会问对方名字的具体拼写方法。在与人交谈的过程中,他会把对方的名字重复说几遍,并暗自寻找对方独特的外部特征,然后把这些特征与这个人的名字联系在一起。如果对方是重要人物,他还会悄悄把他的名字写在纸上,以便牢牢记住。通过这些方法,拿破仑三世记住了每一个与他见过面的人的名字。

资料来源:佚名.记住对方的名字[EB/OL].[2018-03-23]. http://mip.book1234.com/q/20180323/20180323A19ZLR00.html.

⑤ 称呼要入乡随俗。称呼应随不同的交际环境而变化,入乡随俗,根据所处的环境、习惯来称呼。在多数大城市,对女性往往以"女士""小姐""夫人"相称,对男性以"先生"相称,但在我国大多数农村和中心城市,这样的称呼未必合适。在工厂,"师傅"是较常用的尊称。在艺术界、学术界,为表示尊重往往称"老师"。

【小贴士】
国际商务交往中的称呼

在国际交往中,一般对男子称先生,对女子称夫人、女士、小姐。已婚女子称夫人,未婚女子统称小姐。对戴结婚戒指的年纪稍大的可称夫人。这些称呼可冠以姓名、职称、衔称等,如布莱克先生、玛丽小姐、秘书小姐、护士小姐、怀特夫人等。

对地位高的官方人士,一般为部长以上的高级官员,按国家情况称阁下、职衔或先生。如部长阁下、总统阁下、主席先生阁下、总理阁下、总理先生阁下、大使先生阁下等。但美国、墨西哥、德国等国没有称阁下的习惯,因此在这些国家可称先生。对有地位的女士可称夫人,对有高级官衔的妇女,也可称阁下。

君主制国家,按习惯称国王、皇后为陛下,称王子、公主、亲王等为殿下。对有公、侯、伯、子、男等爵位的人士既可称爵位,也可称阁下,一般也称先生。

对医生、教授、法官、律师以及有博士等学位的人士,均可单独称医生、教授、法官、律师、博士等。同时可以加上姓氏,也可加先生。如卡特教授、法官先生、律师先生、博士先生、马丁博士先生等。

对军人一般称军衔,或军衔加先生,知道姓名的可冠以姓与名。如上校先生、莫利少校、维尔斯中尉先生等。有的国家对将军、元帅等高级军官称阁下。

对服务人员一般可称为服务员,如知道姓名的可单独称名字。但现在很多国家越来越多地称服务员为先生、夫人或小姐。

3. 介绍

谈判双方主要是靠介绍来达到彼此的相识。一般来说,无论是在正式场合还是非正式场合,谈判者都可以采取自我介绍的方法来介绍自己,介绍通常以"请允许我向您介绍""请

"允许我自我介绍一下"等礼貌用语开始,然后将自己的姓名、职务、简历、在谈判中的地位等基本内容简单介绍给对方。对双方人员的相互介绍主要由双方的主谈人或主要负责人进行,如果双方的主谈人或主要负责人相互不认识,也可以由中间人或礼宾进行介绍。介绍时应注意介绍的顺序,一般的介绍顺序如下:

(1) 先把年轻的介绍给年长的。
(2) 先把职务、身份较低的介绍给职务、身份较高的。
(3) 先把男性介绍给女性,如果女性职务、身份较低时,则先将女性介绍给职务、身份较高的男性。
(4) 先把未婚的介绍给已婚的。
(5) 先把公司同事介绍给客户。
(6) 先把非官方人士介绍给官方人士。
(7) 先把本国同事介绍给外国同事。
(8) 先把客人引见给主人。

在人多的场合,主人应对所有的客人一一认识,这一点在商务谈判中很重要。谈判双方无论谁是主方,都应拜见客方所有人员。另外对首次见面的客人,介绍人应准确无误地将客人介绍给主人。如果作为客人又未被介绍人介绍,最好能礼貌并巧妙地找别人来向主人引见,必要时也可以自我介绍。

介绍他人时,通常也用"请允许我介绍我方成员""请允许我介绍×××"等礼貌用语开始。介绍时,首先说明被介绍人是谁,并注意加上头衔及一些必要的个人资料,如职位、公司名称、在本次谈判中的身份等。当介绍一方时,目光应热情注视对方,并用自己的视线将另一方的注意力吸引过来。同时,应有礼貌地举起手掌示意,手的姿势是四指并拢,拇指张开,掌心向上,胳膊略向外伸,手指指向被介绍人,切记不要用手指点人。

被介绍的一方应该有所表示,或微笑,或点头,或握手。如果坐着,应该起立,在宴会桌或谈判桌上可以不必起立,只需点头或稍稍欠身即可。被介绍方的目光应正视对方,不可左顾右盼。被介绍后可以和对方简短寒暄或问候,常用"见到你很高兴"等打招呼的方式,但不宜交谈过多,以免影响主谈人介绍他人。

【小案例】

不注重细节的小李

小李从某职业技术学院营销专业毕业两年多了,目前在一家中型私营企业从事销售工作。工作中,小李很勤奋很努力,业务做得还算顺利,但是他有个缺点就是不注重细节,和客户打交道时常出小差错,为此不知道被部门领导说过多少次。这次小李陪同自己的部门经理去拜见甲方负责人,由于先前小李和甲方负责人有过几次接触,所以双方一见面,小李就指着甲方负责人对自己的经理说:"张经理,他就是徐总经理……"说者无心听者有意,徐总经理的眉头微微皱了一下,接下来和张经理谈话不是很热情,交流很快就结束了。小李感到很迷茫,心想徐总经理平时感觉挺好的,今天怎么会这样呢?返回的路上,张经理指出了小李的问题所在。

资料来源:佚名.职场礼仪[EB/OL].[2014-03-22].http://www.doc88.com/p-0991980938187.html.

4. 握手

当今,握手已成为世界上最为普遍的一种礼节,其应用的范围远远超过了鞠躬、拥抱、接吻等。在商务交往中,我们必须注意握手的基本礼节。

【小贴士】

握手的由来

史前时期,人类的祖先以打猎为生,世界对他们来说是充满着危险的。因此,当陌生人相遇时,如果双方都怀着善意,便伸出一只手来,手心向前,向对方表示自己手中没有石头或武器,走近之后,两人互相摸摸右手,以示友好。这样沿袭下来,便成为今天人们表示友好的握手。

关于握手礼来源的另一种说法是:中世纪时,骑士们都穿着盔甲,全身披挂后,除两只眼睛外,其余都包裹在盔甲里,随时准备冲向敌人。如果表示友好,互相走近时就应脱去右手的甲胄,伸出右手,表示没有武器,互相握手,这是和平的象征。

(1)握手的要求。握手的标准方式是行礼时行至距握手对象约1米处,双腿立正,上身略向前倾,伸出右手,四指并拢,拇指张开与对方相握。握手时的手势如图6-1所示。握手时应用力适度,上下稍许晃动3~4次,随后松开手来,恢复原状,如图6-2所示。具体应注意如下几点。

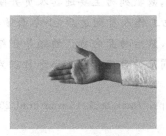

图6-1 握手时的手势

图6-2 握手

① 讲究次序。根据礼仪规范,握手时双方伸手的先后次序,一般应当遵守"尊者先伸手"的原则,应由尊者首先伸出手来,位卑者只能在此后予以响应,而绝不可贸然抢先伸手,不然就是违反礼仪的举动。其基本规则如表6-1所示。

表6-1 握手的次序规则

男女握手	男女之间握手,男士要等女士先伸出手后才握手。如果女士不伸手或无握手之意,男士向对方点头致意或微微鞠躬致意。男女初次见面,女方可以不和男士握手,只是点头致意即可
	男女握手时,男士要脱帽和脱右手手套,如果偶遇匆匆忙忙来不及脱,要道歉。女士除非对长辈,一般可不必脱手套
主宾握手	主人有向客人先伸出手来的义务。在宴会、宾馆或机场接待宾客,当客人抵达时,不论对方是男士还是女士,女主人都应该主动先伸出手,以表示对客人的欢迎
	客人告辞时,则应由客人首先伸出手来与主人相握,在此表示的是"再见"之意

长幼握手	长幼之间握手,年幼的一般要等年长的先伸手。和长辈及年长的人握手,不论男女,都要起立趋前握手,并要脱下手套,以示尊敬
上下级握手	下级要等上级先伸出手。但涉及主宾关系时,可不考虑上下级关系,做主人的应先伸手
一个人与多人握手	应讲究先后次序,由尊而卑,即先年长者后年幼者,先长辈后晚辈,先老师后学生,先女士后男士,先已婚者后未婚者,先上级后下级,先职位、身份高者后职位、身份低者

值得注意的是:在公务场合,握手时伸手的先后次序主要取决于职位、身份;而在社交、休闲场合,则主要取决于年龄、性别、婚否。

【小案例】

不懂握手规矩的小李

小李大学毕业后被恒达商业集团公司录用,并被安排在办公室工作。一次,单位接到一个通知,说某省考察团要来拜访,单位领导非常重视,让办公室认真负责。办公室主任把这次接待任务交给了小李,特意叮嘱他不能出现任何差错。经过多方请教和努力,小李很快拟订了一个极其详尽而且合理的接待方案,递交上去后,得到了办公室主任的认可和赞赏。

巧合的是小李与这次来访的考察团团长非常熟识,故被列为主要迎宾人员并陪同有关部门领导前往机场迎接贵宾。当考察团团长率领其他工作人员到达后,小李面带微笑,热情地走上前去,先于部门领导与考察团团长握手致意,然后转身向自己的领导介绍这位考察团团长,接着又热情地向考察团团长介绍了随自己同来的部门领导。小李自以为此次接待相当顺利,但他的某些举动却令其领导十分不满。

资料来源:佚名.商务礼仪[EB/OL].[2017-11-09]. https://max.book118.com/html/2017/1109/139491185.shtm.

问题:小李的举动为什么会令其领导不满?小李的问题何在?

② 神态专注。与人握手时神态应专注、热情、友好、自然。在通常情况下,与人握手时,应面带微笑,目视对方双眼,并且口道问候。在握手时切勿显得三心二意,敷衍了事,漫不经心,傲慢冷淡。如果在此时迟迟不握他人早已伸出的手,或是一边握手,一边东张西望,目中无人,甚至忙于跟其他人打招呼,都是极不礼貌的。

③ 注意力度与时间。握手时用力应适度,不轻不重,恰到好处。如果手指轻轻一碰,刚刚触及就离开,或是懒懒地、慢慢地相握,缺少应有的力度,会给人勉强应付、不得已而为之之感。一般来说,手握得紧是表示热情。男人之间可以握得较紧,甚至另一只手也加上,包括对对方的手大幅度上下摆动,或者在手相握时,左手又握住对方胳膊肘、小臂甚至肩膀,以表示热烈。但是注意既不能握得太使劲,使人感到疼痛,也不能握得过于柔弱,不像个男子汉。对女性或陌生人,轻握是很不礼貌的,尤其是男性与女性握手应热情、大方、用力适度,通常是握紧后打过招呼即松开。但如亲密朋友意外相遇、敬慕已久而初次见面、至爱亲朋依依惜别、衷心感谢难以表达等场合,握手时间可长一点,甚至紧握不放,话语不休。

在公共场合,如列队迎接外宾,握手的时间一般较短。握手的时间应根据与对方的亲密程度而定。

【小贴士】

握手方式与性格

(1) 控制式。用掌心向下或向左下的姿势握住对方的手。这种人想表达自己的优势、主动、傲慢或支配地位。一般具有说话干净利落、办事果断、高度自信的特点。凡事一经自己决定,就很难改变观点,作风不大民主。

(2) 谦恭式。即用掌心向上或向左上的手势与对方握手。这种人往往性格软弱,处于被动、劣势地位,处事比较谦和、平易近人,不固执,对对方比较尊重、敬仰,甚至有几分畏惧。

(3) 对等式。即握手时两人伸出的手心都不约而同地向着左方握在一起。这种人比较友好,也可能是很遵守游戏规则的、平等的竞争对手。

(4) 双握式。即在右手相握的同时,再用左手加握对方的手背、前臂、上臂或肩部。加握部位越高,其热情友好的程度也显得越高。这种人热情真挚、诚实可靠、信赖别人。

(5) 捏手指式。即只捏住对方的几个手指或手指尖部。女性与男性握手时,为了表示自己的矜持与稳重,常采取这种方式。如果是同性别的人之间这样握手,就显得有几分冷淡和生疏。若换成显贵人物,则其意在显示自己的"尊贵"。

(6) 拉臂式。即将对方的手拉到自己的身边相握。这种人往往过分谦恭,在他人面前唯唯诺诺、轻视自我、缺乏主见与敢作敢为的精神。

(7) 死鱼式。即握手时伸出一只无任何力度、质感,不显示任何积极信息的手。这种人的性格不是生性懦弱,就是对人冷漠无情,待人接物消极傲慢。

(2) 握手的禁忌。在人际交往中,握手虽然司空见惯,看似寻常,但是由于它可被用来传递多种信息,因此在行握手礼时应努力做到合乎规范,注意以下禁忌。

① 不要用左手与他人握手,尤其是在与阿拉伯人、印度人打交道时要牢记此点,因为在他们看来左手是不洁的。

【小案例】

郑某吃哑巴亏

郑某是一个推销员,常驻西安。一次,一家建筑公司老板进门谈生意,握手时,郑某因只顾和熟人说话,竟用了左手。建筑公司老板嫌郑某没礼貌,起身就走,并撂下话说:"八台搅拌机不从你们这儿买了。"郑某懊悔地说:"那种搅拌机一台1万多元,不懂礼仪让我吃了个哑巴亏。"

问题:你如何理解"不懂礼仪让我吃了个哑巴亏"这句话?

② 不要在握手时争先恐后,而应当遵守秩序,依次而行。

③ 特别要记住,如与基督教信徒交往时,要避免两人握手时相握的手形成交叉状。

④ 不要戴着手套握手,在社交场合女士的晚礼服手套除外。

⑤ 不要在握手时戴着墨镜,只有患有眼疾或眼部有缺陷者才能例外。
⑥ 不要在握手时将另外一只手插在衣袋里。
⑦ 不要在握手时另外一只手依旧拿着香烟、报刊、公文包、行李等东西而不肯放下。
⑧ 不要在握手时面无表情、不置一词,好似根本无视对方的存在,而纯粹是为了应付。
⑨ 不要在握手时长篇大论、点头哈腰、滥用热情,显得过分客套,让对方不自在、不舒服。
⑩ 不要在握手时把对方的手拉过来、推过去,或者上下左右抖个没完。

此外,不要在与人握手之后,立即揩拭自己的手掌,好像与对方握一下手就会使自己受到感染似的。

5. 名片

名片是商务谈判中使用频率较高的一种自我介绍手段。

(1) 名片的起源与功能。名片在我国至少已有2000年的历史。在秦汉时称为谒,是用竹片或木片做的。到了汉末,谒改称为刺。汉以后用纸,仍相沿称为刺。六朝时期称为名,唐朝称为膀子、门状,宋朝也称门状,明朝称名帖,清朝时称名刺、名片。直至清末,名片都是手写的,因此,唐宋时又称名片为手状。

从名片的起源和历史演变过程中可以看到其名称在不断演变,但名称无论怎样变化,其用途都是相近或相通的。在现代交际中,名片可用于自我介绍、结交朋友、维持联系、业务介绍、通知变更、拜会他人、简短留言、用作礼单、替人介绍等。

【小故事】

孙中山用名片见一品大员

传说光绪年间,孙中山留学归来,途经武汉,想面见湖广总督张之洞,请门官递进自己的名片,上书:"学者孙中山求见之洞兄。"张之洞看后不悦,便在名片背后写了一行字由门官转递孙中山:"持三字帖,见一品官,儒生安敢称兄弟?"孙中山见了微微一笑,心想这分明是副对联的上句,便从容答出:"行千里路,读万卷书,布衣亦可傲王侯。"张之洞看过,不觉暗自吃惊,知道这是一位博学之士,急令门官打开大门,热情相见,一时传为美谈。

资料来源:佚名.孙中山与张之洞[EB/OL].[2016-07-24]. http://www.360doc.com/content/16/0724/11/4958641_577983632.shtml.

于右任借名片化险为夷

1905年,于右任写了一本《半哭半笑楼诗草》,抨击时政。陕甘总督升允见后,认为"逆竖昌言大逆不道"而密奏清政府,慈禧阅后批复就地处决。此时于右任在开封,他的同学李合甫的父亲李丙田探知消息后,雇人日夜兼程送信。于右任获信后,当即转移,临行时,他随手揭下了旅馆墙上的20多张名片,沿途每遇人盘查,便拿出一张,以名片中的姓名应付,蒙混过重重关卡。结果名片用完时,他也逃出了虎口。

资料来源:佚名.社交礼仪[EB/OL].[2014-12-22].https://www.docin.com/p-998530586.html.

(2) 名片的设计。名片设计的具体内容如表6-2所示。名片范例如图6-3所示。

表 6-2　名片设计的具体内容

序号	项目	内　　容
1	规格	首选规格：9厘米×5.5厘米，10厘米×6厘米（多为境外人士使用），8厘米×4.5厘米（为女士专用）
2	材质	通常应以耐折、耐磨、美观、大方、便宜的纸张作为首选材料，如白卡纸、再生纸等
3	色彩	宜选用单一色彩的纸张，并且以米白、米黄、浅蓝、浅灰等庄重、朴素的色彩为佳
4	图案	一般而言，名片上除了文字符号外，不宜添加任何没有实际效用的图案。如果本单位有象征性的标志图案，则可将其印于本人归属一项的最前面，但不可过大或过于突兀
5	文字	在正常情况下应采用标准的汉字简化字，如无特殊原因，不得使用繁体字。在少数民族聚居区、外资企业以及境外使用的名片，可酌情使用少数民族文字或外文
6	字体	以汉字印制名片时，一般采用楷体或仿宋体，尽量不要采用行书、草书、篆书等不易辨认的字体；以外文（主要采用英文）印制名片时，一般采用黑体字，在涉外交往中使用的名片亦可采用罗马体，但很少用草体
7	板式	横式：行序自上而下，字序由左而右。竖式：行序由右而左，字序自上而下
8	内容	名片上一般印有姓名、工作单位、身份、社会兼职、通讯地址、邮政编码、电话号码、传真、E-mail、网址等。名片的背面，一般都印上相应的英文，作为对外交往时使用。但也有些名片在背面印上企业或公司的简介、经营范围、产品及服务范围，以起到宣传和方便客户了解的作用。很多企业有标准的员工名片格式，有的要加印公司的标识，甚至企业经营理念，并且规定名片统一规格、格式等，以给客户一种统一的视觉形象

图 6-3　名片范例

【小贴士】

有趣的名人名片

"棋圣"聂卫平的名片：上部是漫画肖像，中部用钢笔签字，下部是围棋局部。图文并茂，看名片如见其人。

舞蹈家杨丽萍的名片：印着"孔雀头"手型剪影的特有标志，让人一看就想到她那优美独特的孔雀舞姿。

画家刘旦宅的名片：名字自己手写，独特、潇洒，名下嵌有一方红红的印章，很有中国传统文化的风韵。

剧作家沙叶新的名片：左下方是自己的漫画肖像——一副略微变形的眼镜，写着"我，沙叶新,上海人民艺术剧院院长——暂时的;剧作家——永久的。某某委员、某某理事、某某教授、某某顾问都是挂名的。"透出名片主的幽默个性和艺术追求,也反映出一种淡然的学者心态。

(3) 名片的使用。

① 准备名片。人们在交往时,尤其是商务人员应有意识地准备一定数量的名片(必须干净、平整、有序),并将其放在专用的名片夹内,装入上衣口袋或随身携带的公文包中,以便拿取。不要将名片与其他杂物混放在一起,以免拿取名片时手忙脚乱,给别人留下不好的印象(如做事无条理、不精干等);也不要将名片放置在钱包、工作证或裤袋内,否则是一种非常失礼的行为。

② 递送名片。在交际中,若想主动结识他人,且对方也有结识的意愿,则可以向对方递送名片。在递送名片时应当注意以下礼仪。

一是要把握时机。递送名片要把握适宜的时机,不宜过早或过迟,否则可能徒劳无功。通常,在与他人刚见面时、相谈甚欢时或交谈结束时递送名片最为合适。切忌在他人用餐时递送名片,否则极易引起对方的反感。

二是要讲究顺序。递送名片时应讲究一定的顺序。通常,两人交换名片时,应当按照以下顺序进行:男士先向女士递送;辈分较低者先向辈分较高者递送;职位较低者先向职位较高者递送;拜访者先向接待者递送。

需向多人递送名片时,则应先向职位较高者递送,后向职位较低者递送,或者按照座次顺序由近及远依次递送,切勿"跳跃式"进行。

三是要态度恭敬。递送名片时,应主动起身并走近对方,面带微笑,注视对方,将名片正面朝上、字迹正对着对方,用双手的拇指和食指握持名片上端的两角举至体前,上身略微前倾,递送给对方,如图6-4所示,并略道谦恭之语,如"张总,这是我的名片,请多多关照"或者"小王,这是我的名片,希望以后保持联络"等。

此外,递送名片应当有选择地进行,不要把名片视同传单散发,否则,名片不会受到他人的重视。

③ 接受名片。为了表示尊重和友好,我们在接受他人的名片时应当遵守以下礼仪规范。

一是要态度恭谦。接受他人的名片时,应放下手

图6-4 递交名片

中的一切事务,起身相迎,面带微笑,点头致意,用双手的拇指和食指接住名片下端的两角并略道恭谦之语,如"很高兴认识您"或者"能得到您的名片,我深感荣幸"等。

二是要认真阅读。接过名片后,应将名片上的内容从头到尾默读一遍,并记住对方的姓名。遇有显示对方荣耀的职务或头衔时,可轻声读出,以表示对对方的尊重或敬佩,如图6-5所示。若对名片上的内容有所不明,则可当场请教对方,如图6-6所示。切忌在接过他人的名片后,随手将名片放入口袋中,之后又拿出来观看或者询问对方姓甚名谁。

三是要妥善存放。阅读了他人的名片之后,应将名片谨慎地放入名片夹、上衣口袋或公文包内,以示尊重和珍视。切忌将他人的名片拿在手中把玩、涂改、乱揉、乱折,或者随意

放在桌上、裤子口袋内等,否则,就是不尊重对方的表现,会引起对方的反感。

图 6-5　看名片内容

图 6-6　当场请教

【小案例】

细节体现教养

两位商界的老总,经中间人介绍,相聚谈一笔生意。这是一笔双赢的生意,如果合作得好,双方都能获得很高的利润。看到美好的合作前景,双方的积极性都很高。A 老总首先拿出友好的姿态,恭恭敬敬地递上了自己的名片;B 老总单手把名片接过来,一眼没看就放在了茶几上。接着他拿起了茶杯喝了几口水,随手又把茶杯压在名片上。A 老总看在了眼里,随口说了几句话,便起身告辞。

事后,他郑重地告诉中间人,这笔生意他不做了。当中间人将这个消息告诉 B 老总时,他简直不敢相信自己的耳朵,一拍桌子说:"不可能!哪儿有见钱不赚的人?"打通 A 总的电话,一定要他讲出个所以然来。A 总道出了实情:"接我名片的动作中,我看到了我们之间的差距,并且预见到了未来的合作还会有许多不愉快,因此,还是早放弃的好。"闻听此言,B 总放下电话,痛惜失掉的生意,为自己的失礼感到羞愧。

递送名片时要注意礼节,接受名片的一方同样要遵守应有的礼仪规范,细节体现教养,细节决定成败。

资料来源:佚名.接待实务[EB/OL].[2017-08-24].http://www.doc88.com/p-2475618921412.html.

④ 回递名片。俗话说,来而不往非礼也。商务人员在接受了他人的名片后,应当立即向对方回递一张自己的名片,否则会让对方误认为无意与其交往。若尚无名片、忘带名片或名片用完了,则应向对方做出解释,并致以歉意或告知改日补上。此外,还应注意,未经名片主人的许可,不可当面将对方的名片给他人传看。

【小案例】

没名片的小吴

小吴是今年刚毕业的大学生,毕业后他非常顺利地进了一家公司。第一次跟随领导外出参加商务活动时,他发现大家都在交换名片。当有人走过来要同他交换名片时,他非常尴尬地说:"不好意思,我是新人,单位没给我印名片。"

问题:如果你是小吴,你会怎样应对?

⑤ 索取名片。在交际场合，如果他人没有向自己递送名片，而自己又特别想得到对方的名片时，则可以委婉地向对方索取名片。索取名片可以采取以下方法进行。

向尊长者索取名片时，应态度恭谦，如："张董事长，以后我该如何向您请教呢？"向平辈或晚辈索取名片时，可暗示性地进行，如："陈小姐，以后如何与你联系呢？"或者直接发问，如："陈小姐，这是我的名片，能否有幸与您交换一下名片，以便日后联系？"

⑥ 整理名片。参加交际活动后，应立即对所收到的他人名片加以整理收藏，以便今后取用方便。存放名片的方法大体有按姓名的外文字母或汉语拼音字母顺序分类、按姓名的汉字笔画的多少分类、按专业或部门分类、按国别或地区分类四种，这些分类方法还可以交叉使用。

【小案例】

修改名片带来的麻烦

小王刚刚升任为公司的销售经理，为了回报领导对他的器重，小王准备在即将到来的外贸谈判中好好表现一下，这可是小王第一次作为谈判代表与外商接触。为了这次意义重大的交易磋商，他在各方面都做了充分的准备：住宿、就餐、娱乐等。外商来到后对主人的热情感到十分满意，也透露了想与我方做这笔生意的诚意。激动的谈判时刻终于到来了，谈判之前，在小王与外商代表见面后，互递名片。小王把自己的名片递给外商后，突然想起他最近新换了手机号码，而名片上印的是原来的号码，于是他很有礼貌地把已经递出的名片要了回来，掏出笔，划掉名片上已经打印好的旧号码，写上了自己的新号码。没承想外商在看了小王第二次递上来的名片之后，马上拒绝了与小王谈判的要求，看着外商离去的身影，小王一行人当即傻了眼……

资料来源：佚名.公关礼仪[EB/OL].[2017-06-05].https://www.docin.com/p-1942805129.html.

第五节 交谈礼仪

一般来说，交谈礼仪集中体现在礼貌语言的使用、声音、谈话时的神情等方面上。

一、使用礼貌用语

与任何人进行面对面的交谈，都是一种对等关系。以礼待人，不仅能显示出自身的人格尊严，还可以满足对方的自尊需要。洽谈时言语要"和气、文雅、谦逊"，不讲粗话、脏话，不强词夺理，不恶语伤人。文明礼貌用语要时时挂在嘴边，并且语气要亲切柔和，语句要委婉含蓄，伴以发自内心的微笑，显示出表里如一的热情。这样才能缩短双方的心理距离，使对方感到温暖与鼓舞，促成洽谈成功。

交谈中，随时随地有意识地使用礼貌用语，这是商务谈判人员应当具备的基本素养。如见面时要互致问候，如："你好！""早安！""好久不见，近来好吗？""能够认识你真是太高兴了！"尽管这些问候用语的本身并不表示特定的含义，但它能传递出尊重、亲切、友情的信息，从而形成一种和谐、友善的良好"人际气候"；有事相托时，不要忘记说"请"字；接受别人任何服务、感谢他人时,不要忘记说声"谢谢";万不得已需暂时离去或打断对方,或自觉不周到时,应说"对不起"等。

【小案例】

三 种 表 述

上海某大酒店的一位门厅服务人员在第一次见到王先生时,便面带微笑向他致意:"您好!欢迎您光临我们酒店。"当王先生第二次来到酒店时,这位服务员认出了他,边行礼边说"王先生,欢迎您的再次到来,我们经理有安排,请上楼",并随即陪王先生上了楼。时隔数日,当王先生第三次踏入酒店时,那位服务员脱口而出:"欢迎您又一次光临!"一个表示欢迎的敬辞,在他的口里却有了三种表述,王先生连连夸赞,"不呆板,不机械,有水平。"

资料来源:管青青,叶润平.浅析秘书人员应遵循的交谈礼仪[J].秘书之友,2010(8).

二、讲究声音之美

交谈过程中,说话者的语速、音质和声调,也是传递信息的符号。同一句话,说时和缓或急促,柔声细语或高门大嗓,商量语气或颐指气使,面带笑容或板着面孔,其效果大相径庭,要根据对象、场合进行调整。

交谈中,说话的速度不宜太快,也不宜太慢,陈述意见要尽量做到平稳、中速。说话太快会令人应接不暇,反应跟不上,自己也容易疲倦。有些人以为自己说话快些,可以节省时间,其实说话的目的,在于使对方领悟你的意思。此外,不管是讲话的人,或者是听话的人,都必须运用思想。说话太慢,也会使人着急,既浪费时间,也会使听的人不耐烦,甚至失去谈下去的兴趣。因此,谈话中,只有使自己谈话的速度适中(大约每分钟讲120个字)才最适宜。在特定的场合下,可以通过改变语速来引起对方的注意,加强表达的效果。一般问题的阐述应使用正常的语速。

交谈中还要注意语调。人们说话时常常要流露真情,语调就是流露这种真情的一个窗口。愉快、失望、坚定、犹豫、轻松、压抑、狂喜、悲哀等复杂的感情都会在语调的抑扬顿挫、轻重缓急中表现出来。语调同时还流露一个人的社交态度,那种心不在焉、和尚念经式的语调绝不会引起别人感情上的共鸣。在社交场合,为使自己的谈话引人注目、谈吐得体,一定要在声音的大小、轻重、高低、快慢上有所用心,这样才能收到好的效果。比如:放低声调总比提高嗓门说话显得悦耳得多;委婉柔和的声调总比粗糙僵硬的声调显得动人;发音稍缓总比连珠炮式易于使人接受;抑扬顿挫总比单调平板易于使人产生兴趣……但这一切都要追求自然,如果装腔作势,过分追求所谓的抑扬顿挫,也会给人华而不实,好像在演戏的感觉。因此,自然的音调是最美好动听的。

三、做到神情专注

1. 谈话时目光注视对方

目光注视对方表示对谈话的兴趣和对对方的尊重,同时也可以为愉快和谐的谈话气氛创造条件。假如你是个有心人,一定会发现,交谈一方有时偶尔把目光随意转向一旁,会引起另一方的加倍注意,可能会因此认为一方对谈话不感兴趣而关闭谈话的大门。当然,注视并不等于凝视,直勾勾地盯着对方,或目光在对方身上上下左右乱扫,甚至还跑到对方身边去,这只会使对方透不过气来或惶惑不安,有话也说不出来。

同样,在他人讲话时,应尽可能地以柔和的目光注视着对方,以便与对方进行心灵上的交流与沟通。这样做,会使对方感受到无声的鼓励或赞许,可以赢得其好感。

2. 交谈时要聚精会神,专心致志

不要东张西望、左顾右盼,更不应看书看报,或者面带倦意、哈欠连天。也不要做一些不必要的小动作,如玩指甲、弄衣角、搔脑勺、压指甲等,这些动作显得猥琐,不礼貌,也会使人感到你心不在焉、傲慢无理。

3. 不随意打断对方的谈话

为表示对交谈一方的尊重,交谈时要尽量让对方把话说完,不要轻易打断对方的谈话,要有耐心,这是一种基本修养。尤其是对方谈兴正浓时,突然打断对方,可能使对方思路中断,也可能使对方被突如其来的"拒绝"弄得不知所措,下不了台。当对方对某话题兴趣不减之时,你却感到不耐烦,立即将话题转移到自己感兴趣的方面也是一种不礼貌的做法。如果有紧急事件发生,或确实有必要打断对方,要在对方说话的间歇,以婉转的口气,很自然得体地将自己的话简短说出,如"你的看法的确有道理,不过请允许我打断一下",或"请让我提个问题好吗?"……这样就不会让人感到你轻视他或不耐烦了。恰当的插话,会引起对方的注意,停止自己的言谈,让你先说。但插话如果违背对方原意,未听明白就下结论,或插得不着边际,转移话题,或抢过话头,显示自己高明,则有不尊重或揶揄味道,闹不好还会引起争执,不欢而散。

四、控制发言时间

交谈时双方发言都要掌握各自所占有的时间,不能出现一方独霸的局面。

交谈过程中要常常说话,但不要说得太长,谈话并不是独白,如果只顾自己发表意见,而不愿听别人说话,甚至不容别人插话,便会使人厌倦而不耐烦。别人可能认为你自高自大,蔑视他人的存在。

聪明的谈话者不但自己说,通过发言以加深别人的印象,也要让别人说,谈他所关心的问题。鉴于此,对洽谈内容应先做妥善安排,以便在最短时间内以最有效的方式来进行。

五、提高谈话兴趣

任何有经验、有教养的人,在与人交谈时,都对对方的谈话及时做出呼应,让对方感受到你对其谈话的态度,或称道对方,或关怀对方,或对对方所说的一切表示出浓厚的兴趣,从而提高对方的谈话兴趣。

在谈判过程中,当双方的观点类似或基本一致时,谈判人员应当迅速抓住时机,用溢美的言辞,中肯地肯定这些共同点。赞同、肯定的语言在交谈中常常会产生异乎寻常的积极作用。当交谈一方适时中肯地确认另一方的观点之后,会使整个交谈气氛变得活跃、和谐起来,陌生的双方从众多差异中开始产生了一致感,进而十分微妙地将心理距离拉近。当对方赞同或肯定我方的意见和观点时,我方应以动作、语言进行反馈交流。这种有来有往的双向交流,利于双方谈判人员融洽感情,从而为达成一致协议奠定良好的基础。

当听到别人的意见与你不一致时,也要立即表示什么地方不同意,交谈中经常会遇到不同意对方某个观点,或某一明显错误的说法的情况,一般以表示疑问或商讨的语气提出为宜,以免伤害对方的自尊心。比如,若不同意对方的某个观点,可以说"我对这个问题也十分感兴趣,不过好像我不这么认为","你刚才的某个观点好像很新,能否再详细地解释一下"等。假如认为对方的某个观点和说法根本是错的,可以说"在我的记忆中,好像这个问题不是这样的",或者说"我在某本书上看到的好像与你讲的不完全一样"……虽然语言非常婉转,但这足以使对方明白其中的意思。遇到别人真的犯了错误,又不肯接受劝告和批评时,也不要急于求成,退一步想想,把时间延长些,隔一两天或一两个星期再谈,否则,大家固执己见,这样不仅没有进展,反而伤害了彼此的感情。如果对方反驳你的意见,大可不必急躁、恼怒,从容说出自己的道理便是。谈判争执时不要针对某一个人,避免使对手处于尴尬的境地。

【小贴士】

交谈时话题与内容的要求

(1) 交谈时,不要涉及令人不愉快的内容,如疾病、死亡、荒诞、淫秽的事情。最好交谈一些轻松愉快的问题,把快乐与人分享,把苦恼留给自己。这一做人的常识亦应在选择谈话内容时得到体现。

(2) 话题不要涉及他人的隐私。如对女士不问年龄、婚否、服饰价格等;不用身体壮实、保养好等模糊用语来形容女士的身材。对男士不问钱财、收入、履历等;不随便谈论他人的宗教信仰和政治信仰,以免犯忌讳,也不要随便散播和听信蜚语。

(3) 遇到不便谈论的话题不要轻易表态,应当转移话题以缓和气氛。涉及对方反感的话题应及时表示歉意。一般不宜用批评的语气谈论在场者和其他相关人士,也不要讥笑他人,更不能出言不逊,恶语伤人。

(4) 男士一般不参与女士圈内的话题议论,与女士谈话时要宽容、谦让、尊重,不随便开玩笑,也不可与女士无休止地攀谈,否则会引起对方的反感和旁人的侧目。

第六节 参 观 礼 仪

在商务谈判期间,为了融洽各方的关系,尽地主之谊,可适当安排参观活动。

一、参观计划的安排

制订参观计划,应根据来宾来访的目的、要求及他们的兴趣特点和我方当地的实际条件来确定。选择参观的项目和路线时,应考虑到以下几点。

1. 与本次商务活动的目的相结合

如洽谈中涉及某些合作项目,可安排参观某些相关单位,这样有助于加深对情况和问题的了解。

2. 安排相应的参观项目

要根据来访者的专业、兴趣、爱好与愿望,安排相应的参观项目。如果是初访者,还可安排客商游览普遍感兴趣的中国著名旅游景点。有些旅游项目和季节时令关系很大,安排时需要把气候因素考虑进去。同时,也应充分考虑参观时间和路途时间。

3. 参观项目的选择

参观项目的选择一般由邀请方先提出意见,并经双方协商确定。在选择参观项目时,还要考虑路程远近、交通车辆、日程安排、生活接待等。对于年老体弱的外宾外商,不宜安排过于辛苦劳累的参观项目。对于参观期间的休息、用餐、介绍情况、座谈、陪同、导游等,事先都应做出妥善的安排。

4. 确定参观日程

参观日程一旦确定后,应尽快通知参加接待的有关单位和部门,加以落实。无特殊情况,不应随便改变日程,如确需改变日程,也要妥善安排,尽可能保证整个活动的衔接。

【小案例】

参观工厂赢得机会

A公司与某国际大品牌G公司进行代工生产(OEM)的谈判。G公司自视甚高,对A公司苛刻要求,压缩利润,导致谈判无法进行下去。休会后,G公司谈判代表准备结束谈判立即返回总部。A公司谈判代表热情地邀请G公司谈判代表参观公司生产线,希望他们给予一些指导。参观过程中,A公司管理的井然有序、员工的勤奋敬业给G公司谈判代表留下了深刻的印象。参观完后,A公司谈判代表安排G公司谈判代表共进午餐,双方的交谈很愉快,G公司谈判代表也爽快地答应了择期再进行一次谈判。

资料来源:佚名.商务谈判[EB/OL].[2018-04-06].http://www.doc88.com/p-6823897308277.html.

问题:A公司在谈判即将破裂的情况下安排对方参观工厂的意义何在?

二、陪同参观的礼仪

来宾参观时,一般都要身份相当的人员陪同,并根据需要安排翻译、解说、导游人员以及必要的工作人员来维持参观的正常进行,但陪同人员宜少不宜多。

参观游览时,解说介绍是十分必要的。介绍情况要实事求是,运用材料、数据确切,对来宾有可能问的问题,事前要做好充分的准备,切忌一问三不知,回答得含混不清。同时,还要注意保密,遇有保密区域,不能介绍。若客人提问,要掌握分寸,随机应变。解说介绍要掌握时间和时机,让客人多看,介绍时要简明扼要,突出重点,使对方加深参观印象。介绍时,要尽量使所有人都能听清楚,人数较多时可分批介绍或使用扩音器材。

参观时,陪同人员除照顾好主宾外,也要注意照顾其他来宾,使他们看好、听好。有些来宾对参观内容有兴趣,看得细,应有专人照顾,并做好前后联络工作。

引导来宾参观的人,要走在左前方,如果为了表示尊重而让来宾走在前面反而会使他感到不知如何走才好。有时,为了对具有一定礼仪规格的外商表示欢迎,应该在被参观企业的适当地方,竖起参观客人国家的国旗和我国国旗。

要认真做好乘车用餐服务。出行前应检查车况,以保证参观游览活动的正常进行。用餐安排要心中有数,参观地点遥远或外出游览,应预先安排好用餐。另外,参观游览出发时间、集合地点也应事先通知客人和全体工作人员。

参观游览时,可以参观的地方通常都允许摄影拍照,而不允许摄影拍照的地方一般设有警告牌或外文说明标志,如无标志,一定要事先向外宾说明,以免引起误解。

【小幽默】

你在哪儿

老郭和一个朋友参观历史博物馆,因为人多而走散了。老郭找了一会儿,便给朋友打电话:"你在哪里呢?"电话里传来朋友的声音:"我在西周呢,你在哪儿?"老郭说:"我已经到汉代了,那一会儿在唐朝见吧!"

资料来源:佚名.搞笑笑话[EB/OL].[2018-04-09]. http://www.360doc.com/content/17/1129/20/38531447_708417599.shtml.

第七节 签约礼仪

签约是谈判成功的标志。商务谈判中的一切努力都是为了能在最后达成共识,签订合同、协议。合同、协议是把在谈判中所有经过确定了的权利和义务用书面形式固定下来,以便执行。签约仪式就是指订立合同、协议的各方在合同、协议正式签署时所举行的仪式。

一、签约仪式的准备

签约仪式是具有"里程碑"意义的大事,应予以充分准备,做到万无一失。

1. 准备待签文本

洽谈或谈判结束后,双方应指定专人按谈判达成的协议做好待签文本的定稿、翻译、校对、印刷、装订、盖印等工作。文本一旦签字就具有法律效力,因此,对待文本的准备应当郑重严肃。

在准备文本的过程中,除了要核对谈判协议条件与文本的一致性以外,还要核对各种批件,主要是项目批件、许可证、设备分交文件、订货卡等是否完备,合同内容与批件内容是否相符等。审核文本必须对照原稿件,做到每字不漏,对审核中发现的问题,要及时互相通报,通过再谈判,达到谅解一致,并相应调整签约时间。在协议或合同上签字的有几个单位,就要为签约仪式提供几份样本。如有必要,还应为各方提供一份副本。与外商签订有关的协议、合同时,按照国际惯例,待签文本应同时使用宾主双方的母语。

待签文本通常应装订成册,并以仿皮或其他高档质料作为封面,以示郑重。其规格一般为大八开,所用的纸张务必高档,印刷务必精美。作为主方应为文本的准备提供准确、周到、快速、精美的条件和服务。

2. 布置签约场地

签约场地有常设专用的签约厅，也有临时以会议厅、会客室来代替的。布置它的总原则，是要庄重、整洁、清净。签约厅布置如表6-3所示。

表6-3 签约厅布置

项　　目	操 作 说 明
挂屏风式挂画	厅室正面挂屏风式挂画
布置签字桌	(1) 将长条桌摆放在离墙2.5米处，并居中 (2) 在长条桌上均匀铺上深绿色台布；外侧长，距地面10厘米；内侧短，距地面40厘米
布置签字椅	将两张高背扶手椅摆放在签字桌后面，两椅相距1.5米
布置照相设备	(1) 在椅子背后1.2米处，根据人数多少摆上梯式照相脚架 (2) 照相架两侧陈设常青树
摆放待签文本	在两个座位前的台面上摆放待签文本，右上方放置文具
摆放旗架	签署双方性涉外商务合同时，需摆放旗架，将旗架摆放在两个文本中间的前方位置上，注意"客右主左"
摆放沙发	两侧可布置少量沙发，供休息用

3. 进行座次安排

签约仪式的座次安排最能体现礼仪的待遇，因此，主方应当认真安排签约仪式的座次。签约仪式的座次排列常有并列式、相对式和主席式三种。

(1) 并列式座次排列。并列式座次排列主要适用于双边签约仪式，其基本规则如下。

① 签约双方的主签人与其随席人员并列位于签字桌的一侧。

② 双方的主签人按照以右为尊（以室内面向正门的视角为基准）的惯例居中、面门而坐，客方居右，主方居左。

③ 双方的助签人站在各自主签人的外侧。

④ 双方的随席人员分别站在己方主签人的座位后面，并按照职位高低、由中间向两侧依次排开。

⑤ 若是涉外双边签约仪式，则还应将签约双方的国旗分别插放在主签人的正前方，并与双方的主签人相对应，即客方国旗居右，主方国旗居左，如图6-7所示。

(2) 相对式座次排列。相对式座次排列与并列式的座次排列基本相同，两者唯一的差别在于：相对式座次排列将签约双方的随席人员移到了主签人的对面，如图6-8所示。

(3) 主席式座次排列。主席式座次排列主要适用于多边签约仪式，其基本规则如下。

① 签字桌前只设一张签字椅，签约各方的主签人按照各方事先同意的顺序（如按国家英文名称首字母的先后顺序等）站在签字椅后面、面向签字桌，其中，排在第一顺序的主签人居中，其他主签人按照先右后左的顺序向两侧由近及远地依次排开。

② 签约各方的随席人员背对正门、面向签字桌就座于主签人的对面，并按照职位高低从前往后依次排开，通常，每一方随席人员的位置与其主签人的位置相对应。

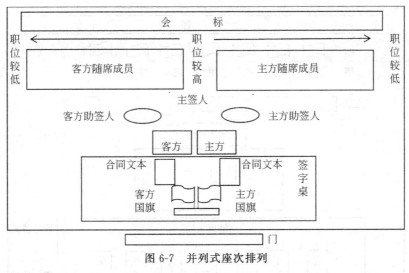

图 6-7 并列式座次排列

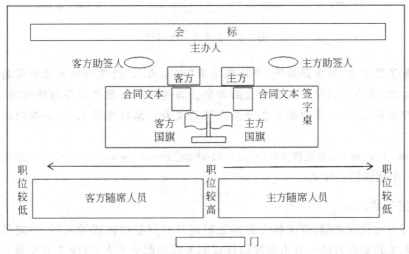

图 6-8 相对式座次排列

③ 签约时,各方主签人按照签约各方事先通知的先后顺序依次入座签字,各方的助签人则随其所在方的主签人上前助签,并按照以右为尊的原则站立在主签人的左侧。

④ 若是涉外多边签约仪式,则还应在会标与主签人之间插放签约各方的国旗,国旗的插放顺序应与各方主签人的位置相对应,如图 6-9 所示。需要注意的是,这种情况下只签一份正本。

【小案例】

小李的失误

小李大学毕业后在南方某家公司工作。由于其踏实肯干、业务成绩突出,他即将被提升为业务经理。最近小李主持同美国一家跨国公司谈妥一笔大生意,双方在达成合同之后,决定正式为此举行一次签约仪式。小李看成功在望,就派工作人员准备签约仪式。工

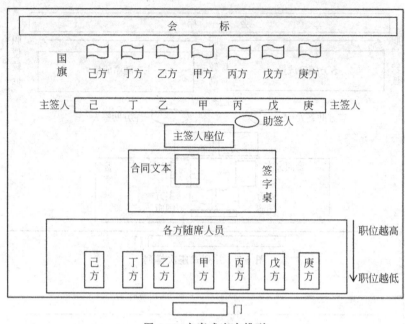

图 6-9 主席式座次排列

作人员准备了签字桌、双方国旗等,并按照中国"以左为上"的做法把美国公司的国旗放在签字桌的左侧,将中方国旗摆到签字桌的右侧。当美方代表团来到签约场地时,看到这样的场景立即拂袖而去,一场即将达成的生意临场变卦。总经理很生气,小李的提升计划也被搁浅。

资料来源:佚名.商务谈判礼仪[EB/OL].[2012-06-26].https://www.docin.com/p-430501208.html.

问题:小李做错了什么?

4. 安排签约人员

在举行签约仪式之前,有关各方应预先确定好参加签约仪式的人员,并向其有关方面通报。客方尤其要将自己一方出席签约仪式的人数提前给主方,以便主方安排。签约人要视文件的性质来确定,可由最高负责人签,但双方签字人的身份应该对等。参加签字的有关各方事先还要安排一名熟悉签约仪式详细程序的助签人,并商定好签字的有关细节。其他出席签约仪式的陪同人员,基本上是双方参加谈判的全体人员,按一般礼貌做法,人数最好大体相等。为了表示重视,双方也可对等邀请更高一层的领导人出席签约仪式。

由于签约仪式的礼仪性极强,签约人员的穿着也有具体要求。按照规定,签约人、助签人以及随员,在出席签约仪式时,应当穿着具有礼服性质的深色西装套装或西装套裙,并且配以白色衬衫与黑色皮鞋。

参加签约仪式的服务人员(礼仪人员),可以穿自己的工作制服,或是旗袍一类的礼仪性服装。签约服务人员应注意仪态、举止,要落落大方,得体自然,既不要严肃有余,也不要过分喜形于色。服务人员的具体礼仪如表6-4所示。

表 6-4　服务人员的礼仪

项　目	操作说明
门口候客	（1）服务人员站立在门口，迎候签约人员； （2）签约人员到达时，敬语相迎，引领至签约桌旁，并拉椅让座； （3）照应其他人员按顺序就位
双方仪式开始	服务人员手托摆有香槟杯的托盘（杯中酒约七分满），站立两旁，在距签约桌两侧约2米远处
双方签约完毕	（1）服务人员看到签约人员握手并交换文本时，迅速将签约椅撤除； （2）立即将酒杯送到双方签约人员面前，并讲"请"； （3）从桌后站立者的中间处开始，向两边依次分让； （4）等干杯后，立即上前用托盘接收酒杯
送客	（1）签约仪式结束，为签约人员开门； （2）引领签约人员到电梯口按电梯，用敬语送别

二、签约仪式的程序

虽然签约仪式的时间不长，但它是合同、协议签署的高潮，其程序规范、庄重而热烈。主要有以下几项。

1. 签约仪式开始

有关各方人员进入签约厅，在既定的位次上坐好。签约者按照主居左、客居右的位置入座，双方其他陪同人员分主客两方以各自职位、身份高低为序，自左向右（客方）或自右向左（主方）排列站于各签约人之后，或坐在己方签约者的对面。双方助签人分别站在己方签约者的外侧，协助翻揭文本，指明签约处，并为业已签署的文件吸墨防洇。

2. 签约人签署文本

其通常的做法是先签署己方保存的合同文本，接着再签署他方保存的合同文本，这一做法在礼仪上称为"轮换制"。它的含义是在位次排列上，轮流使有关各方有机会居于首位一次，以显示机会均等、各方平等。

3. 交换合同文本

双方签约人正式交换已经由有关各方正式签署的文本，交换后，双方签约人应热烈握手，互致祝贺，并交换各自方才使用过的签字笔，以志纪念。这时全场人员应该鼓掌，表示祝贺。

4. 共同举杯庆贺

交换完已签订的合同文本后，礼宾小姐会用托盘端上香槟酒，有关人员尤其是签约人当场喝一杯香槟酒，这是国际上通用的旨在增添喜庆色彩的做法。

5. 有秩序退场

举杯庆贺后，双方最高领导者及客方先退场，然后东道主再退场。整个签约仪式以半小时为宜。

签约仪式如图 6-10 所示(选自 http://news.163.com/11/0915/07/7DVPB98L00014AED.html)。

图 6-10　签约仪式

【小贴士】

产权交易项目签约仪式的主持用语

女士们、先生们、朋友们：

（出让方）_____与（受让方）_____就（项目名称）_____出售（兼并、租赁、经营权转让、合资、合作）的项目签约仪式现在开始。

A. （项目简介）：

该项目主要内容及规模

该项目总资产_____万元

成交额_____万元

B. 出席签约仪式的受让方代表（外方）：

单位_____（职务）_____（姓名）_____（先生、女士、小姐）

出席签约仪式的出让方代表：

单位_____（职务）_____（姓名）_____（先生、女士、小姐）

请二位先生（女士、小姐）到签约台前就座（待坐好后）

C. 请各位嘉宾领导到签约台上就位（待坐好后）

D. 签约开始（待双方签约完毕后）

E. 双方交换签约文本

F. 祝酒

G. 签约仪式结束

H. 鼓掌

点评：从上面的"产权交易项目签约仪式的主持用语"可见，签约仪式具有基本固定的程序，商务人员在策划、参加这一活动时，应尽量遵照执行。

课后练习

1. 接打电话应注意哪些礼仪？
2. 使用手机应注意哪些礼仪？
3. 在网络这个虚拟世界中应该注意哪些礼仪？
4. 商务旅行要做哪些准备？
5. 自驾车应注意哪些礼仪？
6. 乘飞机应注意哪些礼仪？
7. 入住酒店有哪些礼仪规范？
8. 怎样做好迎送工作？
9. 会见应做哪些准备？
10. 会见时应遵循哪些礼仪规范？
11. 请根据交谈礼仪的要求与同学模拟一次交谈。
12. 中国五湖四海饮料公司将迎来一批来自美国的华尔集团商务考察团，五湖四海饮料公司准备向华尔集团订购2条先进的罐装流水线设备。在这次考察活动中要进行谈判，将签订合同，举行签约仪式。请模拟这次签约仪式。
13. 案例分析。

AB汽车客户满意度回访

李新(以下简称李)是AB汽车特约维修中心的客户经理，最近他在通过电话回访进行客户满意度的调查。今天早上他一到公司，就开始电话拜访客户陈强(以下简称陈)。

【场景一】

李："是陈强吗？"

陈："我是，哪位？"

李："我是AB公司汽车特约维修中心的。"

陈："有事吗？"

李："是这样，我们在做一个客户满意度的调查，想听听您的意见。"

陈："我现在不太方便。"

李："没有关系，用不了您多长时间。"

陈："我现在还在睡觉，您晚点打过来好吗？"

李："我待会儿也要出去啊，再说这都几点了，您还睡觉啊，这个习惯不好啊，我得提醒您。"

陈："我用得着你提醒吗？你两小时后再打过来。"

李："您还是现在听我说吧，这对您很重要，要不然您可别怪我。"

陈：(挂断电话。)

【场景二】

李:"您好,请问是陈强先生吗?"

陈:"我是,哪位?"

李:"您好,我是 AB 汽车特约维修中心的客户经理,我叫李新。"

陈:"有事吗?"

李:"是这样,您是我们公司的老客户,为了能为您提供更好的服务,我们现在在作一个客户满意度的调查,想听取一下您的意见,您现在方便吗?"

陈:"我现在不太方便。"

李:"噢,对不起,影响您工作了。"

陈:"没有关系。"

李:"那您看您什么时候方便呢,我到时候再给您打过去。"

陈:"噢,您中午再打吧。"

李:"噢,那不会影响您吃饭吗?"

陈:"您十二点半打过来就可以了。"

李:"好的,那我就十二点半打给您,谢谢您,再见!"

资料来源:武洪明,许湘岳.职业沟通教程[M].北京:人民出版社,2011.

思考题:

(1) 本案例中的第一个电话回访和第二个电话回访在沟通上有何不同?

(2) 如何才能提高电话沟通的效果?

美国高管的网络沟通错误

一位美国公司的高管觉得员工太懒惰了,比如一上班就给自己冲咖啡,经常待在茶水间里聊天,不到 17 点经常有人偷偷下班。因此,他给全体员工发了一封 E-mail,邮件中说希望所有人 7 点到公司,8 点开会,17 点前不能离开。这封 E-mail 被一名员工传到雅虎网站,引起了轩然大波,因为美国文化是很反对高压管理的。结果这个公司的股价跌了很多,这名高管也因此辞职。

资料来源:薛莉.纠结的网络沟通[EB/OL].[2019-09-06]. http://finance.ifeng.com/job/zcpl/20090531/721179.shtml.

思考题:

(1) 试分析这位高管在网络沟通中犯了什么错误?

(2) 如果你是这位高管,你将采取什么样的沟通方式来达到严格要求员工的目的?

名 片

2017 年 4 月,新城举行春季商品交易会,各方厂家云集,企业家们济济一堂,华新公司的徐总经理在交易会上听说衡诚集团的崔董事长也来了,想利用这个机会认识这位素未谋面又久仰大名的商界名人。午餐会上他们终于见面了,徐总彬彬有礼地走上前去说:"崔董事长,您好!我是华新公司的总经理,我叫徐刚,这是我的名片。"说着,便从随身带的公文包里拿出名片,递给了对方。崔董事长显然还沉浸在之前的与他人的谈话中,他顺手接过徐刚的名片,说声"你好",草草地看一下名片,就放在了一边的桌子上。徐总在一旁等了一会儿,并未见崔董有交换名片的意思,便失望地走开了……

资料来源:佚名.日常交往的基本礼仪[EB/OL].[2017-09-01].https://www.doc88.com/p-8592863402204.html.

思考题:

(1) 结合名片礼仪知识谈谈这位崔董事长的失礼之处。

(2) 本案例对你有哪些启示?

狼狈不堪的签约仪式

2015年1月,宏达公司与美国戴维斯公司经过多轮磋商,达成了合作意向,他们决定于1月16日10点在嘉元宾馆举办正式的签约仪式。准备工作由宏达公司总经理秘书王芳负责。由于王芳最近工作比较忙,所以准备签约仪式的时候比较紧张。到了这天,她提前半小时到了会场,突然发现合同文本忘在办公室了,她赶快请办公室文员小李拿上合同,从后勤处要了一辆车火速赶往签约现场。幸好当天交通状况比较好,没有塞车,合同在会议开始前5分钟送到了,总经理秘书王芳悬着的心终于落下来了。可在主持人宣布签约仪式开始时,王芳发现她忘记安排助签人了,所以她自己临时上阵担任助签人,而她的着装与签约仪式的气氛不是很协调,导致场面有点尴尬。

资料来源:佚名.现代交际礼仪[EB/OL].[2015-05-26].https://www.docin.com/p-1161551921.html.

思考题:

(1) 举行典礼活动应做好哪些准备?

(2) 签约仪式对助签人有何要求?

参考文献

[1] 王玉苓.商务礼仪案例与实践[M].北京：人民邮电出版社,2018.
[2] 马春紫.商务谈判与礼仪[M].北京：北京理工大学出版社,2017.
[3] 孙玲,江美丽.商务礼仪实务与操作[M].北京：对外经贸大学出版社,2017.
[4] 孙淑艳,兰福.商务礼仪[M].北京：北京理工大学出版社,2017.
[5] 张永红.商务礼仪实践[M].北京：北京理工大学出版社,2017.
[6] 张铭.现代实用社交礼仪[M].北京：人民邮电出版社,2017.
[7] 高琳.人际沟通与礼仪[M].北京：人民邮电出版社,2017.
[8] 王芳.公关礼仪与口才[M].北京：人民邮电出版社,2017.
[9] 刘春生.商务谈判[M].北京：电子工业出版社,2016.
[10] 李海滨.商务谈判[M].上海：上海交通大学出版社,2016.
[11] 张岩松.知书达礼——现代交际礼仪畅讲[M].北京：清华大学出版社,2016.
[12] 张再欣.现代商务礼仪[M].北京：中国人民大学出版社,2016.
[13] 杨再春,陈方丽.商务礼仪实训教程[M].北京：清华大学出版社,2016.
[14] 陈玉慧,唐玉藏.商务礼仪实训[M].北京：机械工业出版社,2016.
[15] 李慧茹,王瑞春.商务礼仪[M].北京：清华大学出版社,2016.
[16] 杨贺,杨娟,马静静.商务礼仪[M].北京：北京理工大学出版社,2016.
[17] 黄琳.商务礼仪[M].北京：机械工业出版社,2016.
[18] 秦保红.职场礼仪教程[M].北京：中国人民大学出版社,2016.
[19] 聂元昆.商务谈判学[M].北京：高等教育出版社,2016.
[20] 鲁小慧.商务谈判[M].北京：中国财政经济出版社,2016.
[21] 王振翼.商务谈判与沟通技巧[M].大连：东北财经大学出版社,2015.
[22] 蒋小龙.商务谈判与推销技巧[M].北京：化学工业出版社,2015.
[23] 谢群英,丁小芳.商务沟通与谈判[M].大连：东北财经大学出版社,2015.
[24] 张学娟.实用商务礼仪[M].北京：人民邮电出版社,2015.
[25] 杨群祥.商务谈判[M].北京：高等教育出版社,2015.
[26] 陈文静.商务谈判中说服技巧的应用[J].对外经贸实务,2015(1).
[27] 张强.商务谈判学[M].北京：中国人民大学出版社,2014.
[28] 鲁小慧.浅析商务谈判中的说服技巧[J].江苏论坛,2014(9).
[29] 庞爱玲,岳军平.商务谈判[M].大连：大连理工大学出版社,2014.
[30] 吴湘频.商务谈判[M].北京：北京大学出版社,2014.
[31] 袁其刚.商务谈判学[M].北京：电子工业出版社,2014.
[32] 张强.商务谈判学[M].北京：中国人民大学出版社,2014.
[33] 李元授.人际沟通训练[M].武汉：华中科技大学出版社,2014.
[34] 李东芹,张幸花.推销与商务谈判[M].大连：大连理工大学出版社,2014.
[35] 刘洋.商务谈判与推销技巧[M].北京：清华大学出版社,2014.
[36] 李春红,李立,李婧.商务谈判与推销技巧[M].南京：南京大学出版社,2014.
[37] 王淙,丁晶.商务谈判[M].北京：对外经济贸易大学出版社,2013.
[38] 陈文汉.商务谈判实务[M].北京：电子工业出版社,2013.

[39] 黄婕,孙佳,郗敬华.商务谈判[M].北京:教育科学出版社,2013.
[40] 付强,施海霞.商务谈判[M].上海:上海财经大学出版社,2012.
[41] 于国庆.商务谈判[M].大连:大连理工大学出版社,2012.
[42] 刘宏,白桦.商务谈判[M].大连:东北财经大学出版社,2011.
[43] 郭秀君.商务谈判[M].北京:北京大学出版社,2011.
[44] 彭庆武.商务谈判[M].大连:东北财经大学出版社,2011.
[45] 张吉国.商务谈判[M].济南:山东人民出版社,2010.
[46] 陈岩.商务谈判学[M].北京:中国纺织出版社,2010.
[47] 陈丽清,韩丽亚.现代商务谈判[M].北京:经济科学出版社,2010.
[48] 龚荒.商务谈判——理论·策略·实训[M].北京:清华大学出版社,2010.
[49] 汤秀莲.商务谈判[M].天津:南开大学出版社,2009.
[50] 窦然.商务谈判与沟通技巧[M].上海:复旦大学出版社.2009.
[51] 白远.商务谈判——理论案例分析与实践[M].北京:中国人民大学出版社,2008.
[52] 吴炜,邱家明.商务谈判实务[M].重庆:重庆大学出版社,2008.
[53] 张翠英.商务谈判理论与实务[M].北京:首都经济贸易大学出版社,2008.
[54] 杨友苏,石达平.品礼:中外礼仪故事选评[M].上海:学林出版社,2008.
[55] 未来之舟.职场礼仪[M].北京:中国经济出版社,2008.
[56] 李军湘.谈判语言艺术新论[M].武汉:武汉大学出版社,2007.
[57] 徐春林.商务谈判[M].重庆:重庆大学出版社,2007.
[58] 吕晨钟.学谈判必读的95个中外案例[M].北京:北京工业大学出版社,2007.
[59] 王晓.现代商务谈判[M].北京:高等教育出版社,2007.
[60] 高建军.商务谈判实务[M].北京:北京航空航天大学出版社,2007.
[61] 王景山,范银萍.商务谈判[M].北京:北京理工大学出版社.2007.
[62] 李品媛.商务谈判[M].武汉:武汉大学出版社,2006.
[63] 万成林,舒平.营销商务谈判技巧[M].天津:天津大学出版社,2003.